国家级实验教学示范中心建设单位（安徽师范大学化学实验教学中心）资助

安徽师范大学教材建设基金资助项目

中学化学实验
技术与研究

◎　周瑞荨　编著

安徽师范大学出版社

责任编辑：汪鹏生　李　玲
装帧设计：桑国磊

图书在版编目（CIP）数据

中学化学实验技术与研究/周瑞荨编著．—芜湖：安徽师范大学出版社，2010. 12（2013
重印）

ISBN 978 - 7 - 81141 - 094 - 5

Ⅰ.①中… Ⅱ.①周… Ⅲ.①化学实验—教学研究—中学—师范大学—教材
Ⅳ.①G633. 82

中国版本图书馆 CIP 数据核字（2010）第 234529 号

中学化学实验技术与研究

周瑞荨　编著

出版发行：安徽师范大学出版社
　　　　　芜湖市九华南路 189 号安徽师范大学花津校区　　邮政编码：241002
发 行 部：0553 - 3883578　5910327　5910310（传真）　E - mail：asdcbsfxb@126. com
经　　销：全国新华书店
印　　刷：安徽芜湖新华印务有限责任公司
版　　次：2011 年 5 月第 1 版
印　　次：2013 年 6 月第 2 次印刷
规　　格：787×960　1/16
印　　张：15. 75
字　　数：300 千
书　　号：ISBN 978 - 7 - 81141 - 094 - 5
定　　价：32. 00 元

前　言

　　《中学化学实验技术与研究》是高师化学教育专业的一门选修课。它是一门将实验技术训练、实验理论研究、实验教学探讨三者融为一体的实践性较强的实验研究课，是《无机化学实验》、《有机化学实验》、《应用化学实验》、《分析化学实验》、《化学教学论实验》等基础实验课的继续、巩固和发展。

　　高师的培养目标是为基础教育培养合格的教师和为科研部门输送精英，尤其在国家教育部提出要在"几亿人口中普及实验教学"、"要提高全民的科学实验素养"的今天，更应该提高师范院校毕业生的科学实验素养。因此，本课程的设置目的在于：提高本科生的实验技能和实验管理、实验教学、实验研究以及开展化学课外活动等能力，为他们从事化学实验教学和科研创设有利的平台。

　　本课程尚无统一大纲和教材，笔者根据实际教学需要，结合多年的教学经验，参考 2001 年国家教育部制订的《全日制义务教育化学课程标准（实验稿)》和 2003 年《普通高中化学课程标准（实验稿)》的教材内容和实验要求而编写，并进行适当拓宽和加深，便于读者学习和提高。教材内容共分 5 章：第一章"中学化学实验概述"共 2 节；第二章"中学化学实验技能"共 5 节；第三章"中学化学实验的安全教育"共 3 节，其中第二节分为 3 个部分，着重介绍了无机和有机化学实验事故的发生与急救以及常见农药的中毒与急救；第四章"中学化学实验室的建设和管理"共 6 节；第五章"实验研究"共 5 个单元，第一单元"课堂实验研究"列举了 29 个实验，第二单元"趣味实验研究"列举了 26 个实验，第三单元"教学实验研究"列举了 15 个实验，第四单元"仿工业生产及其生产原理"列举了 5 个实验，第五单元"小化工制作实验"列举了 11 个实验。书后还另附了"化学谜语、口诀与歌谣（选)"（共选入 20 首谜语、5 首口诀、10 首歌谣）和"部分常见化合物的俗名和化学成分"等。

　　本书是高师化学教育专业的选修教材，也可作为大中学校师生、化学实验员与化学教研员的实验教学参考书。笔者对书中的每个实验都进行过实验与研究，对其操作步骤、实验现象及现象的理论分析、实验注意事项都交待清楚。同时，对相关的基础知识在"问题与讨论"中也作了简要介绍，既便于学生自学，又有利于拓宽学生的知识面。另外，每个实验都操作简便、现象明显、生动有趣，有利于提高学生的学习兴趣。

　本教材在我系（院）经过了十多年的教学试用，反复充实与修改，在教学中收到了较好的教学效果，现整理出来奉献给读者，为化学基础教育教学尽一份微薄力量。由于本人水平有限，缺点、错误敬请读者指正。

　本教材在编写过程中，吸取和应用了汪成范、王希通等老师的专著和有关的高校教科书以及国内外有关学术书刊的相关成果，同时，多年来我院闫蒙钢、熊言林、江家发三位教授为本课程的教学做了大量工作，也为本教材提供了不少宝贵意见。本教材受到国家级实验教学示范中心建设单位（安徽师范大学化学实验教学中心）、安徽师范大学教材建设基金资助项目的资助。在此一并表示感谢！

周瑞莼

2011 年 2 月

目　录

前　言 ………………………………………………………………………… 1

第一章　中学化学实验概述 ……………………………………………………… 1

　　第一节　化学实验在教学中的地位和作用 …………………………………… 1

　　　　一、化学是一门以实验为基础的科学，加强实验对化学科学发展

　　　　　　十分重要 …………………………………………………………… 1

　　　　二、化学实验在中学化学教学中的地位和作用 ………………………… 1

　　　　三、化学实验在培养人才中的作用 ……………………………………… 2

　　第二节　加强实验教学 ………………………………………………………… 2

第二章　中学化学实验技能 ……………………………………………………… 4

　　第一节　化学实验技能分类 …………………………………………………… 4

　　第二节　仪器使用技能 ………………………………………………………… 4

　　第三节　实验操作技能 ………………………………………………………… 6

　　　　一、仪器使用与操作技能 ………………………………………………… 6

　　　　二、加热操作技能 ………………………………………………………… 13

　　　　三、仪器洗涤技能 ………………………………………………………… 16

　　　　四、仪器干燥技能 ………………………………………………………… 20

　　　　五、物质干燥技能和干燥剂的选择 ……………………………………… 21

　　　　六、仪器装配技能 ………………………………………………………… 23

　　　　七、溶液的配制和稀释 …………………………………………………… 26

　　第四节　实验设计技能 ………………………………………………………… 31

　　第五节　绘制实验装置图技能 ………………………………………………… 32

第三章　中学化学实验的安全教育 ……………………………………………… 33

　　第一节　化学实验安全教育的意义 …………………………………………… 33

　　第二节　危险性化学实验事故的发生与急救 ………………………………… 33

一、无机化学实验事故的发生与急救 …………………………………… 34

二、有机化学实验事故的发生与急救 …………………………………… 47

三、常见农药的中毒与急救 ……………………………………………… 53

第三节 化学实验操作技术与管理上的事故 …………………………… 57

一、刷洗和安装仪器时的事故 …………………………………………… 57

二、加热时造成的事故 …………………………………………………… 57

三、取用仪器时的事故 …………………………………………………… 58

四、操作时粗心大意甚至蛮干造成的事故 …………………………… 58

五、实验结束工作中的事故 ……………………………………………… 59

六、仪器保管不善出现的事故 …………………………………………… 59

七、药品存放混乱出现的事故 …………………………………………… 59

第四章 中学化学实验室的建设与管理 ……………………………… 61

第一节 中学化学实验室 ………………………………………………… 61

一、中学化学实验室的基本要求 ………………………………………… 61

二、中学化学实验室常见设备和仪器的改进 ………………………… 62

三、中学化学实验室的管理 ……………………………………………… 67

第二节 仪器与工具的使用和管理 ……………………………………… 67

一、电学仪器 ……………………………………………………………… 67

二、称量仪器 ……………………………………………………………… 68

三、玻璃仪器 ……………………………………………………………… 69

四、其他仪器 ……………………………………………………………… 78

第三节 药品的使用和管理 ……………………………………………… 82

一、化学试剂的等级分类 ………………………………………………… 83

二、化学药品的使用和保管 ……………………………………………… 84

第四节 实验室规章制度 ………………………………………………… 88

第五节 实验室一般伤害与急救 ………………………………………… 89

一、实验室安全守则 ……………………………………………………… 89

二、实验室内一般伤害的急救 …………………………………………… 89

三、实验室的保健箱 ……………………………………………………… 90

第六节 多功能化学实验箱的设计 ……………………………………… 90

一、多功能化学实验箱的设计意义 …………………………………… 90

二、实验箱的特点和结构 ………………………………………………… 91

三、微型实验研究 ………………………………………………………… 93

第五章　实验研究 ·················· 98

　第一单元　课堂实验研究 ·················· 98

　　实验一　过氧化氢的强氧化性 ·················· 98

　　实验二　过氧化钠与铝粉的氧化作用 ·················· 99

　　实验三　过氧化钠与水的作用 ·················· 100

　　实验四　氯酸钾受热分解 ·················· 101

　　实验五　活性炭的吸附作用 ·················· 103

　　实验六　结晶热 ·················· 104

　　实验七　浓硫酸与蔗糖的作用 ·················· 106

　　实验八　硝酸钾的氧化性 ·················· 107

　　实验九　白磷的自燃 ·················· 109

　　实验十　温度对化学平衡的影响 ·················· 111

　　实验十一　浓度对化学平衡的影响 ·················· 113

　　实验十二　硫化氢与金属盐类的反应 ·················· 114

　　实验十三　碘酸钾的氧化性 ·················· 115

　　实验十四　溴水在酸碱条件下的平衡移动 ·················· 116

　　实验十五　氨与浓盐酸的作用 ·················· 117

　　实验十六　氯化汞与碘化钾的作用 ·················· 119

　　实验十七　硝酸铵溶解的热效应 ·················· 120

　　实验十八　碘和锌的作用 ·················· 122

　　实验十九　高锰酸酐的氧化性 ·················· 123

　　实验二十　氯化钴的吸水性 ·················· 124

　　实验二十一　阿伏加德罗常数的测定 ·················· 126

　　实验二十二　金属及其合金的熔点比较 ·················· 128

　　实验二十三　香烟灰的催化作用 ·················· 130

　　实验二十四　酶的催化作用 ·················· 131

　　实验二十五　固体酒精的燃烧 ·················· 132

　　实验二十六　乙炔的制取和性质 ·················· 133

　　实验二十七　苯酚的性质 ·················· 137

　　实验二十八　蛋白质的性质 ·················· 140

　　实验二十九　硝化棉（纤维素硝酸酯）的燃烧 ·················· 142

　第二单元　趣味实验研究 ·················· 144

　　实验一　滴水燃烧 ·················· 144

　　实验二　小火山喷发 ·················· 145

　　实验三　白磷水下燃烧 ·················· 146

实验四　发射火箭 …………………………………………… 148

实验五　自动燃烧的火柴 …………………………………… 149

实验六　褐蛇出山 …………………………………………… 150

实验七　会潜水的鸡蛋 ……………………………………… 151

实验八　滴水生烟雾 ………………………………………… 152

实验九　会变色的花 ………………………………………… 154

实验十　用火写字 …………………………………………… 155

实验十一　化学彩虹 ………………………………………… 156

实验十二　粉笔炸弹——氯酸钾与红磷的作用 …………… 157

实验十三　会变色的字——过氧化氢的氧化性 …………… 159

实验十四　变色溶液之一——无色→红色→无色 ………… 160

实验十五　变色溶液之二——红色→蓝绿色→橙黄色→暗红色 … 162

实验十六　变色溶液之三——Fe^{3+} 的配位能力 ………… 163

实验十七　变色溶液之四——茶水→"墨水"→"茶水" …… 164

实验十八　变色溶液之五——汽水→"牛奶"→"果汁"→
　　　　　"咖啡" ………………………………………… 165

实验十九　棉球自燃之一——钠的活泼性 ………………… 167

实验二十　棉球自燃之二——汽油的燃烧 ………………… 168

实验二十一　魔水喷字 ……………………………………… 169

实验二十二　水点酒精灯 …………………………………… 170

实验二十三　冰柱着火燃烧 ………………………………… 171

实验二十四　不烧手的火焰 ………………………………… 173

实验二十五　手帕燃烧——乙醇的燃烧 …………………… 174

实验二十六　地雷阵 ………………………………………… 175

第三单元　教学实验研究 …………………………………… 177

实验一　电解水课堂实验的教学 …………………………… 177

实验二　电解水最佳条件的选择 …………………………… 179

实验三　氢气性质的两个课堂实验的教学研究 …………… 180

实验四　Mn_2O_7 的强氧化性实验新方法 ………………… 182

实验五　彩色振荡实验研究 ………………………………… 183

实验六　摩尔数的课堂实验教学 …………………………… 185

实验七　茶汁、果汁酸碱指示剂的研制 …………………… 187

实验八　水果原电池实验研究 ……………………………… 189

实验九　蔬菜原电池实验研究 ……………………………… 190

实验十　离子迁移的投影实验研究 ………………………… 193

实验十一　有趣的颜色变幻实验 …………………………… 195

实验十二　多彩的萃取实验 ……………………………………… 195
实验十三　有颜色的自动催化实验 ………………………………… 196
实验十四　离子的结合与分步结晶 ………………………………… 197
实验十五　蓝色发光的喷泉实验 …………………………………… 199

第四单元　仿工业生产及其生产原理 …………………………………… 200
实验一　一氧化碳还原氧化铁 ……………………………………… 200
实验二　接触法制硫酸 ……………………………………………… 203
实验三　氨氧化法制硝酸 …………………………………………… 205
实验四　简易炼铜法 ………………………………………………… 207
实验五　酚醛树脂的制取 …………………………………………… 209

第五单元　小化工制作实验 ……………………………………………… 212
实验一　火柴的制作 ………………………………………………… 212
实验二　焰火的制作 ………………………………………………… 213
实验三　金属上写字用的墨水的配制 ……………………………… 215
实验四　蓝黑墨水的配制 …………………………………………… 215
实验五　彩色温度计的实验室制作方法 …………………………… 216
实验六　平面镜的制作与研究 ……………………………………… 217
实验七　几种塑料制品材料的简易鉴别 …………………………… 219
实验八　多种纤维常用的鉴别方法 ………………………………… 223
实验九　几种胶的制取方法 ………………………………………… 224
实验十　环氧树脂粘合剂的配制与研究 …………………………… 226
实验十一　自制汽水 ………………………………………………… 228

附　录 …………………………………………………………………… 230

附录一　化学谜语（20 首） ………………………………………… 230
附录二　化学口诀（5 首） …………………………………………… 232
附录三　化学歌谣（10 首） ………………………………………… 233

附　表 …………………………………………………………………… 236

附表一　部分常见化合物的俗名和主要化学成分 ………………… 236
附表二　可燃气体的着火点和混合气体的爆炸范围（在一个大气压下）
　　　………………………………………………………………… 237
附表三　化学武器 …………………………………………………… 238

参考文献 ………………………………………………………………… 240

第一章　中学化学实验概述

第一节　化学实验在教学中的地位和作用

一、化学是一门以实验为基础的科学，加强实验对化学科学发展十分重要

化学的许多重大发现和研究成果都是通过实验得到的。尤其是近半个世纪以来，化学科学发展更为迅速，新分子和新材料飞速增长，已知化合物的总数急剧增加足以说明这一问题：1880 年仅 1 200 种化合物；1900 年 55 万种化合物；1945 年 110 万种化合物，大约 45 年增加一倍；1970 年 236.7 万种化合物，大约 25 年增加一倍；1975 年 414.8 万种化合物；1980 年 593 万种化合物，大约 10 年增加一倍；1985 年 785 万种化合物；1990 年 1 057.6 万种化合物，大约 10 年增加一倍；1999 年超过 2 000 万种；2000 年超过 3 000 万种（课程教材研究所化学课程教材研究开发中心. 义务教育课程标准实验教科书·化学：九年级上册 [M]. 北京：人民教育出版社，2001.）。同时，纳米科学与技术的研究及其特定功能产品的出现，更实现了生产方式的飞跃。随着科学技术的发展，人们借助各种近代的科学仪器，已经可以测定各种物质的结构和组成，并能根据其结构设计出它的合成路线。但最终合成能否完成，还必须借助于科学工作者良好的实验操作技能和方法。由此可见，加强实验对化学科学的发展是十分重要的。

二、化学实验在中学化学教学中的地位和作用

学习化学的一个重要途径是实验。通过实验以及对实验的观察、记录和分析等，可以发现和验证化学原理，学习科学探究的方法并获得化学知识。所以，化学实验是中学化学教学内容的重要组成部分。它是一种最生动、最有效的直观教学，是检验化学原理的客观标准，是促进化学学科和化学工业发展的基本途径。所以，化学家们认为"实验是化学的灵魂，是化学的魅力和激发学习化学的兴趣的主要源泉"。因此，国家教育部制订的《全日制义务教育化学课程标

准（实验稿）》（2001 年 7 月第一版），在关于学习基本的实验技能中提出"化学实验是进行科学研究的重要方式，学生具备基本的化学实验技能，是学习化学和进行探究活动的基础和保证"。同时，通过科学探究，联系社会生活，不仅是帮助学生获得化学知识和技能的过程，也是形成科学价值观的过程。化学课程还要求学生遵守化学实验室的规则，初步形成良好的实验工作习惯。对于高中阶段，2003 年国家教育部制订了《普通高中化学课程标准（实验稿）》（2003 年 4 月第一版），其中前言第二部分"课程的基本理念"第 5 条指出："通过以化学实验为主的多种探究活动使学生体验科学研究的过程，激发学生学习化学的兴趣，强化科学探究的意识，促进学习方式的转变，培养学生的创新精神和实践能力。"另外，对初高中各年级的"基本实验技能"都提出了要求，对各年级的"实验内容"和"活动与探究"也都有明确规定。教师应根据课程标准设置的多样化的课程模块，加强实验教学，运用课堂实验产生的清晰、生动和神奇的现象，启迪学生思考，培养学生的科学思维能力，以提高学生的科学素养，促进学生全面发展，使他们能适应 21 世纪科学技术和社会可持续发展的需要，争取做一名符合时代要求的高素质人才。因此，加强实验教学对于化学课程目标的全面落实具有重要作用。

三、化学实验在培养人才中的作用

从认识论规律看，生动、直观的实验往往可以使人们容易理解某些化学基本概念和化学原理。根据信息论的观点，传递信息的量遵循如下公式：

$$S = B \cdot T \cdot \log_2\left(1 + \frac{P}{N}\right)$$

这里 B 是传递信号的频带宽，T 是传递信息量的时间，P 是传递信号的平均功率，N 是噪音的平均功率。这个式子表示，一定时间内，传递信息量 S 取决于频带宽 B 和信噪比 $\frac{P}{N}$。

物理学的研究表明，人的眼睛可以接受的光波频带宽度大大超过人耳朵可以接受的声波频带宽度。所以，化学课程标准在相同的时间和信噪比条件下，光波向人们大脑传递的信息量要比声波传递的信息量大得多。因此，化学实验（包括学生课内外实验和教师课堂实验）与其他形象直观的教学手段（如录像、电影和教具模型等）一样，对形成化学概念、获得较多的信息具有重要的作用。

第二节　加强实验教学

由于化学实验有如此重要的作用，许多国家的中学教材都十分重视化学实验。如美国的《化学——一门实验科学》实验课本的前言提出，把化学的研究作为一门实验科学，化学是一门以实验为中心的课程，把化学实验看做是发展新思想和提出新问题的适宜场所。英国的纳菲尔特教学计划规定中学第一、二学年每周四节实验课，第三、四学年每周两节实验课。日本的小学、初中和高中教学大纲里都规定"通过观察和实验来形成学生的化学概念和基本理论"。此外，我国台湾省规定学生从小学就开始动手做实验。目前，我国现行的《全日制义务教育化学课程标准》和《普通高中化学课程标准》（必修和选修课程）将科学探究作为课程改革的突破口。所以，化学课程标准对课程基本理论、教师课堂实验和学生实验（包括课内实验和家庭实验）以及活动与探究、实验讨论等内容都有明确规定，对实验操作技能也有具体的要求（如表 1 - 1、1 - 2 所示）。这就要求教师明确新课程的要求，认真做好实验，组织好学生课内外实验，注意安全教育，保证中学化学课程目标的实现。

表 1 - 1　九年级化学实验等教学内容的安排

	单元	课堂实验	家庭小实验	活动与探究	实验图	表	讨论	学习·技术·社会	调查与研究	拓宽性课题	资料
上册	7 单元	32	4	18	172	12	21	6	6	2	13
下册	5 单元	22	6	15	0	0	2	2	6	2	16

表 1 - 2　高中各年级化学实验等教学内容的安排

	章（单元）	课堂实验	学生实验	家庭小实验	学生设计实验	选做实验	趣味实验（选做）	实验图	表	研究性课题	资料	选学	讨论	阅读
高一	7	38	8	5	0	4	5	113	23	3	11	5	32	12
高二	8	62	13	7	0	4	5	146	26	3	15	8	26	13
高三	6（单元）	9	8	4	3	1	0	52	3	0	2	0	11	4

第二章 中学化学实验技能

第一节 化学实验技能分类

化学实验技能是《中学化学课程标准》规定的一项重要的基本技能，主要包括五类技能：①认识和使用仪器的技能；②实验操作的技能；③实验设计的技能；④绘制实验装置图的技能；⑤记录和分析实验中观察的现象、数据和书写报告的能力。

化学实验技能是否掌握，关系到所做的实验是否获得准确的结果和安全可靠，以及知识的获得、科学方法、创新精神和实践能力的培养等。这些都需要通过以实验为主的多种探究活动才能实现，以便为学生进一步学习及从事教学工作和研究打下基础。

为此，作为教师应掌握上述实验技能，提高自己实验操作的理论水平，提高对各种实验技能的熟练程度和概括化、系统化的程度，提高实验教学及创新研究的能力，这样才能更好地完成教育和教学任务。

第二节 仪器使用技能

在上述各类实验技能中，认识、使用仪器和实验操作的技能是关键。在中学阶段，各年级对此的要求也是逐步提高的，现以九年级上册化学教科书对此的安排为例来说明。

第一单元"走进化学世界"先后列出了 24 种常用的化学实验仪器：水槽、铁架台（附铁圈、铁夹）、酒精灯、圆底烧瓶、导气管、石棉网、集气瓶（附毛玻璃片）、坩埚钳、烧杯、玻璃棒、量筒、锥形瓶、普通漏斗、滴瓶、胶头滴管、试管架、试管、试管夹、试管刷、铁三脚架、蒸发皿、研钵、药匙和试剂瓶。要求学生初步认识这些仪器，能说出它们各自的名称，为以后的学习打下基础，然后在各单元通过实际操作，逐步认识并学会使用。如水槽、烧杯、集气瓶、导气管和滴管，学生在第一单元课题 1 和课题 2 时就先认识，再在课题 3 中通过"药品的取用"、"物质的加热"和"洗涤仪器"，初步学习试管、量筒、试剂瓶、烧杯、胶头滴管、酒精灯、集气瓶和水槽等仪器的使用，了解如何正确操作，进而懂得实验是科学研究的重要手段。在以后的各单元里，也多次出现这些仪器，学生可以进一步学习和掌握。同时，在以后的各单元里又增添 13 种新的仪器让学生认识。如第二单元增添了弹簧夹、药匙的使用，具支试管、点滴板、表面皿和注射器的认识；第三单元增添了冷凝管、尾接管、干燥管和温度计的认识；第五单元增添了托盘天平的使用；第六单元增添了平底烧瓶和长颈漏斗的选用；第七单元介绍了抽滤瓶的使用。加上第一单元列出的 24 种常用仪器，九年级上册中共有 37 种仪器。最后在附录Ⅰ中列举了其中要求学生了解的 11 种常用仪器的名称、用途和使用注意事项（如试管、试管夹、玻璃棒、酒精灯、滴管、滴瓶、铁架台、烧杯、量筒、集气瓶和托盘天平）。

在上述 37 种仪器中，根据仪器使用情况的不同，在技能要求上也不一样。有的仪器在教师课堂实验中多次出现，且在教材的"活动与探究"及"家庭小实验"栏目中也多次用到，如上述 11 种仪器，则要求学生不仅认识并能说出它们的名称，还要掌握其用途和使用的注意事项；有的仪器虽只在"活动与探究"里出现一次，但是对以后的学习很重要，必须让学生了解并学会使用，如"托盘天平"，在第五单元初次课堂实验时教师应作介绍，最后在上述附录Ⅰ中"3.托盘天平的使用"里专项介绍使用的方法和注意事项，教师应讲解清楚；有的仪器只在"活动与探究"中出现一次，如"抽滤瓶"以及在"课堂实验"中出现一次的"冷凝管"等，仅要求学生认识、能说出名称即可，以后在高中学习时再作介绍。但是，对每一种仪器是否会使用，要看是否达到使用技能的要求。如"试管"的使用技能，只有学会"拿、装、振、热、洗"五项技能，才算达到使用技能的要求；"滴管"的使用包括"拿、压、吸、滴"四项技能；"酒精灯"的使用包括"查灯、添酒、放置、点燃、熄灭"五项技能；"托盘天平"的使用包括"放、调、垫、称、记、整"六项技能；"漏斗与过滤"的使用包括"折纸、校正、放纸、湿纸、装配、过滤"六项技能；"容量瓶"的使用包括"洗涤、移液、定容、握取、振荡"五项技能；"启普发生器"的使用包括"检查、装试剂、试用、中途加试剂、装置拆除"五项技能；"滴定管"的使用包括"检查气密性、洗涤、注液、赶气泡、调整液面、滴定操作、正确读数、洗涤保存"八项技能。但是，仪器使用技能的要求是逐步提高的。首先认识仪器、了解仪器的特性，再初步学会独立使用仪器，最后熟练而规范地掌握使用技能。其熟练的程度与参加实验的多少有关，只有在实验过程中才能提高。因此，使用仪器的技能与实验操作的技能不能严格分开。

第三节　实验操作技能

实验操作能力的培养是化学课义不容辞的责任。教师在教学中应尽量多做实验，提高每次实验的效果，要有优化的操作步骤、熟练规范的操作技能，要严格要求学生，教会学生科学的实验方法，对学生进行科学态度和方法的教育。同时，对于每项实验操作，第一次进行时，要求教师示范讲解、明确要求。第二、三次出现时，教师的主要精力应重点放在指导操作技术上，尤其是纠正较难精确掌握的操作技术上，并且重点指导。另外，在实验过程中，要求学生反复练习，力求熟练掌握基本的实验操作技能，遵守操作规范，养成耐心、细致、整洁和一丝不苟的科学实验习惯。

一、仪器使用与操作技能

（一）试　管

1. 拿　法

用拇指、食指和中指拿住试管中上部，握成二指拳（三指握，二指蜷）。

2. 装药品

包括装粉末固体、块状固体（或金属颗粒）和液体药品。

（1）装粉末固体

为避免药品粘在管口，应把试管横放，把盛有药品的药匙或 V 型纸槽小心地送入试管底部，然后竖起试管，让药品全部落入试管底部，即"干净试管横卧，槽形纸条送药，试管慢慢竖起，抖动纸条药落"。

（2）装块状固体

装块状固体时应先把试管横放，把块状固体或金属颗粒放在试管口，然后把试管慢慢竖起来，使药品慢慢地滑到试管底部，以免打破试管，即"干净试管横卧，管口放置固体，试管慢慢竖起，块块滑入管底"。

（3）装液体药品

如从试剂瓶中把液体药品倒入试管里，应首先取下瓶塞，倒放在桌上，然后用右手拿起试剂瓶（标签对着手心），左手拿着试管，管口紧挨试剂瓶口，缓缓地倾倒，使液体沿试管内壁流入试管中，倒好后留在试剂瓶口的液滴，应用试管口刮一下，使之流入试管中。注入的液体体积一般不超过试管容积的 1/3，否则，太多不利振荡，受热难以均匀，易造成液体飞溅。倒完后应立即把瓶塞塞好，然后将试剂瓶放回原处，并使标签向外。即"取下瓶塞拿起瓶，标签对着右手心，管口瓶口挨紧靠，液体缓缓流管中，最后一滴应刮下，倒完瓶塞应塞紧"。

3. 振　荡

"三指握、二指蜷，握取试管靠上沿，甩荡试管动手腕。"注意：不能上下振荡或左右摇动试管，更不能用拇指堵住试管口上下振荡。

4. 加　热

用试管加热液体时应注意：

①试管外壁应干燥（如有水珠，加热时试管易炸裂）。

②液体不得超过试管容积的1/3。

③试管加热时应用试管夹夹住。其方法是：把试管夹张开，由试管底部套上，取下时由试管口拔出，不得横套横出。试管夹应夹在离试管口约2 cm 处（或离管口约1/4处）。试管夹的握法是：右手拇、食、中三指握住试管夹长柄，短柄对里，长柄对外，拇指不得顶住短柄，即"拇指、食指捏开夹，试管向下插夹中，夹在试管口下处，三指握住木长柄，短柄不准拇指碰，捏夹向上离管口"。

④加热时试管应倾斜并与桌面成45°角为宜。这样液体受热和蒸发面积较大，沸腾也较均匀。

⑤加热时先使试管均匀受热，然后小心地在试管的中下部（有药品的部位）加热并不断摇动试管，以防暴沸液体喷出。

⑥管口不能对着自己和别人，更不能用眼睛对着正在加热的试管口张望。

⑦加热时试管底部应位于灯焰外焰，不能使试管底部与焰心接触。因为这样会使试管因受热不均匀而炸裂。

以上注意事项可归纳为："试管外壁水擦净，液体容积应适度；试管插入试管夹，短柄对里长柄外；试管倾斜45°，管口向外勿对人；加热需用灯外焰，轻轻摇动防暴沸。"

5. 洗

化学实验所用仪器必须十分洁净，否则不仅会影响实验效果，甚至会导致实验失败，造成事故。如银镜反应实验，若试管内壁不洁净，就不能生成光亮的"银镜"；实验室制取氧气，若试管内壁有纸屑等有机物，加热时会有爆炸的危险等。

（二）滴　管

滴管是用来取少量液体的仪器，包括"拿、压、吸、滴"四项技能。

①滴管的拿法与挤压：中指、无名指夹住滴管上口，拇指和食指捏胶头，挤去滴管胶头里的空气。

②滴管的吸液与滴液：滴管插入试剂瓶中吸液时，拇指和食指松开，吸满后取出，再以拇指和食指轻捏胶头滴液（要控制液滴滴落的速度）。滴液时应注意让试管倾斜，滴管垂直拿好，且滴管的尖头勿碰到试管或其他接收仪器。同

时，滴管不用时应放回原滴瓶，不能平放或倒放（避免试剂腐蚀乳胶头），更不能放错滴瓶，"张冠李戴"使药品失效变质。

综上所述，滴管的使用与操作技能即"中指、四指夹管口，拇指、食指捏胶头；插入瓶内吸溶液，轻捏胶头液体滴"。

（三）移液管

取定量液体时可使用移液管，包括"拿、吸、放"三项操作。

①拿法：用右手拇指和中指拿在移液管标线以上的地方，食指微蜷。

②吸液：取洁净的洗耳球插在移液管的管口上，再把移液管插入试剂瓶，吸液至标线以上。取下洗耳球，用食指堵住移液管管口，然后用食指调整液面至标线。

③放液：食指松开把液体放在接收容器里。放液时，如果移液管上没有"吹"字，最后一滴不要吹下。

综上所述，移液管的使用操作技能即"使用之前溶液洗，拇指、中指拿移管；食指微蜷管口上，管尖入液 10 mm；吸满液体食指堵，食指微动调液面；食指松开放液体，管上无吹不用吹"。

（四）启普发生器

启普发生器的使用与操作技能包括：①检查是否漏液、漏气；②填装固体反应物；③添加液体反应物；④试用；⑤反应中途添加固液反应物；⑥反应后装置的拆除等。下面以粗锌和稀硫酸反应制取氢气为例来说明。

1. 检查是否漏液、漏气的方法

使用新的启普发生器时，在检查前，应先把容器半球部分的玻璃塞（即容器的下侧口塞）、球形漏斗及导气管的活塞（即容器的上侧口塞）的磨砂部分先涂上一层薄薄的凡士林，插入磨口内旋转，使之装配严密。然后开启导气管的活塞，从球形漏斗口注入水至充满半球体，若活塞处不漏水，则表示此装置不漏液。然后关闭导气管活塞，继续从漏斗口加水，至漏斗容积的 1/2 处时，停止加水，关闭导气管活塞，记下水面的位置。静置 5 min 后，观察水面是否下降，若水面不下降，则表明此装置不漏气。最后，慢慢拔掉下侧口活塞，放掉装置内的水，再把活塞塞上，用橡皮筋把塞子紧缚在容器下侧口塞孔的外壁上。

2. 装块状固体锌粒的方法

由于容器的上球形和下半球之间的峰腰处与漏斗颈间有空隙，装入锌粒时，容易掉进半球体部分。为此，可在容器的峰腰处填上玻璃丝、尼龙绳、多孔的橡皮垫或多孔塑料圈垫等任一垫料。然后将启普发生器直立在实验台上，把漏斗从容器中间插入插牢，拔下导气管上的橡皮塞，从塞孔（即容器上侧口）把锌粒加入容器的球体部分，其量以不超过球体容积的一半（最好为 1/3，以使酸液浸没锌粒）为度。轻轻摇动容器，使锌粒分布均匀。

3. 注入液体反应物稀硫酸的方法

往启普发生器里注入液体反应物稀硫酸时，先开启导气管的活塞，待注入的稀硫酸快要充满半球体时，关闭导气管的活塞，再继续加酸至漏斗某一部位，其量以在反应时，酸进入容器球体部分能浸没锌粒为度。不能过多或过少，过多则反应时酸会被冲入导气管；过少则反应速度慢，产气量少。

4. 试用的方法

打开导气管活塞，稀硫酸从漏斗注入半球体，再从半球体流入球体，与锌粒接触发生反应，产生氢气，氢气从导气管逸出。然后，关闭导气管的活塞，致使球体内气压增大，把酸压回半球体，进而压入球形漏斗。酸和锌粒脱离，反应自动停止。这就说明装置不漏液、不漏气，可以使用。如反应速度慢，可向稀硫酸中加几滴硫酸铜，使铜与锌形成原电池，加快反应速度。

5. 中途加锌和加酸的方法

反应中如锌粒即将用完，或硫酸浓度变稀，使反应速度减慢时，可以不拆除装置，中途加料。

（1）添加锌粒的方法

先关闭导气管活塞，把酸压入半球体和球形漏斗中，使锌和酸脱离，再用橡皮塞塞严球形漏斗口；然后拔去导气管上的橡皮塞，从容器的上侧口把锌粒加进去。添好后重新塞上导气管上的橡皮塞，最后再拔出漏斗口的橡皮塞。

（2）添加稀硫酸的方法

方法一：关闭导气管的活塞，酸被压入球形漏斗中，然后用移液管从球形漏斗中把稀酸吸出来，也可用虹吸管吸出。吸出部分废液后，再添加新的稀硫酸。

方法二：采用从容器的下侧口放出废酸的方法。首先，用橡皮塞塞紧球形漏斗口，打开导气管活塞，把启普发生器倾斜，再把下侧口放在废液缸上，然后旋开下侧口上的玻璃塞（只需半旋开，若全打开，废酸会猛烈冲出），使液体缓缓流出。废液流出后，把玻璃塞和下侧口内壁上的酸液擦干，再把塞子塞紧，让启普发生器直立，重新从漏斗口注入适量的稀硫酸。

在添加锌粒和稀硫酸时，要移动启普发生器。在移动时，应用手握在容器的"峰腰"处，或一只手握住容器球体部分的上口颈部，另一只手托住容器半球体底部。绝不允许只用一只手握住球形漏斗拿着移动，因为这样可能会使容器部分脱落，造成事故。

6. 使用后装置的拆除方法

启普发生器使用后应拆除装置。其方法是：首先排除废酸，方法同上述中途加酸时先排废酸一样，只是把废酸全部排掉；然后把锌粒从容器的上侧口倒出，再用水把锌粒冲洗干净，晾干后保存；最后再把启普发生器用水冲洗干净，并在漏斗与容器连接处、上侧口导气管活塞处及下侧口玻璃塞处都垫上纸片，或涂上凡士林，以防长期不用时粘结。

（五）滴定管

滴定管有酸式滴定管和碱式滴定管两种。碱性溶液应放在碱式滴定管中，其他溶液可使用酸式滴定管，但碱式滴定管不能盛放酸、高锰酸钾和碘等溶液。

1. 酸式滴定管

（1）检查活塞转动是否灵活、漏水

酸式滴定管下端为一玻璃活塞，开启活塞，液体即自管内滴出。使用前先把活塞取下，洗净后用滤纸把水吸干或吹干，然后在活塞的两头，抹一层很薄的凡士林在塞孔两旁（尽量少涂，以免凡士林堵住塞孔）。把活塞塞好，转动活塞，使活塞与塞槽接触的地方呈透明状态。然后，向滴定管内装水，使水充满至"0"刻度线以上，并将其夹于滴定管夹上，直立约 2 min，仔细观察有无水滴滴下，有无水从活塞缝隙处渗出。最后，把活塞旋转 180°，并用上述方法观察是否漏水。旋转活塞（开、关）的技能要求达到以下三点：①能使溶液逐滴滴下；②只加一滴立即关闭活塞；③使液滴悬而不落。

（2）洗　涤

滴定管使用前先依次用洗液、自来水、蒸馏水冲洗（或用滴定管刷刷洗）。洗净的标准是滴定管内壁上不附着液滴。最后，用少量（每次约用滴定管容积的1/5）滴定操作溶液冲洗 2~3 次，以免加入管内的溶液被留在管壁上的蒸馏水冲稀。

（3）注入操作溶液

左手拇、食、中三指握住滴定管上口下方无刻度处（若握住有刻度部分，会因手的温度使滴定管受热膨胀而影响容积造成误差），使滴定管稍稍倾斜，右手持试剂瓶往滴定管中倾倒溶液，至液面到"0"刻度以上一些为止。

（4）排除出口尖嘴中的气体

首先把尖嘴部分充满溶液，然后右手持滴定管，使之倾斜 30°，左手迅速打开活塞，让溶液冲出即可。如仍有气泡存留，可依上法连续操作几次，即可全部排出尖嘴中的气泡。

（5）调整管内液面

开启活塞让多余的溶液滴出，使液面位于"0"刻度处，或"0"刻度以下某一刻度处作为初读数。

（6）滴定操作

滴定管应垂直地固定在滴定管夹上，滴定管的液面呈弯月形。滴定时最好每次都从 0.00 mL 开始，这样可以在某一刻度范围内操作，减少由滴定管刻度不均匀带来的实验误差。

滴定时必须用左手拇指、食指及中指旋转活塞，控制流速流量。旋转活塞的同时应稍稍向里（左方）用力，以使玻璃塞保持与塞槽的密合，防止溶液漏出。

滴定时，滴定管下端伸入锥形瓶口下约 1 cm，锥形瓶下放一块白瓷板（便于观察溶液颜色的变化）。左手按上述方法操作滴定管，右手的拇指、食指和中指拿住锥形瓶颈，沿同一方向按圆周摇动锥形瓶，且锥形瓶口不能碰滴定管口。同时眼睛应一直注视锥形瓶，以观察指示剂颜色的变化。开始滴定时液滴流出的速度可快些，当接近临界点时，应逐滴加入，且加一滴后应把溶液摇匀，观察颜色的变化情况。最后，应控制液滴悬而不落，用锥形瓶内壁把液滴沾下来（这时加入的是半滴溶液），用洗瓶冲洗锥形瓶内壁，摇匀，直至颜色变化不再消失为止，这时即可认为到达终点。

（7）读　数

滴定停止后，需等 1~2 min 使附着在内壁上的溶液流下来后再读数。读数时视线应与弯月面下部实线的最低点保持在同一水平面上，偏低或偏高都会带来误差。常用的滴定管的容积为 50 mL。其刻度的每一大格为 1 mL，每一大格又分为 10 小格，每一小格的体积为 0.1 mL。因此，管内液面位置的读数可读到小数点后两位。为了便于观察和读数，可在滴定管后衬一"读数卡"或一张白纸。

（8）洗涤保存

滴定管用过后应及时洗净，晾干后妥善保存，并在活塞处垫上一小纸条，防止长时间不用，活塞被粘住致使旋转不动。如果已粘住，可在磨口四周涂上凡士林，然后用热水浸烫后，再轻敲塞子，便能使其松动。其他仪器如分液漏斗、容量瓶等的玻璃塞粘住时，也可用同样方法处理。

2. 碱式滴定管

碱式滴定管的构造与酸式滴定管不同的是，它的下端是用橡皮管连接一支一端有尖嘴的小玻璃管，橡皮管内装一个玻璃圆球，以代替玻璃活塞（碱溶液能与玻璃活塞槽作用，久而久之活塞即打不开，所以碱式滴定管不能用玻璃活塞）。碱式滴定管的使用顺序和酸式滴定管一样，只是在以下操作方法上略有不同。

（1）赶气泡

排除出口尖嘴里的气体，使之充满溶液的操作方法是：把碱式滴定管垂直地夹在滴定管夹上，用左手拇指和食指捏住橡皮管中的玻璃珠所在部位稍上一些的地方（如果放在玻璃珠的下部，则在放手时会在尖嘴玻璃管中出现气泡），把橡皮管向上弯曲，使出口尖嘴斜向上方，然后向右挤压橡皮管，使溶液从出口管喷出，气体也随之排出。继续一边挤压橡皮管并一边放直它，即可完全排出尖嘴里的气泡并使之充满溶液。

（2）滴定操作

用左手拇指和食指轻轻地往一边挤压玻璃珠外面的橡皮管，使管内形成一条缝隙，以缝隙的大小控制溶液流出的速度。

综上所述，滴定管的使用要掌握"检查气密性、洗涤、注液、赶气泡、调整液面、滴定操作、正确读数、洗涤保存"八项技能。

这里应区别为什么酸碱滴定管的"0"刻度在最上边，量筒的"0"刻度在最下边，温度计的"0"刻度在中间，而比重计的刻度则是上小、下大。这是因为滴定管是从下口逐渐放出溶液，液面逐渐下降，"0"刻度在最上面便于直接观察放出溶液的体积。用量筒取一定体积的液体时，是把所量的液体完全由上口倒出，"0"刻度在最下边，这样从下往上计算体积比较方便。温度计的"0"刻度在中下部，便于测量"0"以上及"0"以下的温度。比重计有重比重计（测定比重大于1的液体的比重计）和轻比重计（测定比重小于1的液体的比重计），它们的刻度是由上而下增大的，一般可读准到小数点后第三位。溶液比重越小，比重计放入其中时，沉下去的柱的长度越长，浮在液面上的柱的长度越短；溶液比重越大，比重计放入其中时，沉下去的柱的长度越短，浮上来的柱的长度越长，所以其刻度上小、下大。

（六）干燥器

1. 干燥器的构造

干燥器（或称保干器）因其构造不同可分为普通干燥器和带阀门干燥器，由容器和盖构成。容器下部放干燥剂，如硅胶、五氧化二磷、无水氯化钙、氧化钙等，中下部放一带孔的圆形瓷板，以承载装有被干燥物质的容器。盖子下面和容器口上玻璃平面进行过磨砂，在磨口处涂有一层薄而均匀的凡士林使之密闭，以防止外界水分进入干燥器内。

2. 干燥器的使用及注意事项

①使用干燥器时需要打开，其方法是以一只手轻轻扶住干燥器，另一只手慢慢地沿水平方向轻轻移动盖子。取下的盖子应倒过来放在实验台上，以免弄脏盖子。不用时盖盖子，也应以同样方法盖好，防止盖子滑动打碎。不能用一只手直接拿开盖子，而且这样也拿不掉。如能拿掉盖子，则说明此干燥器漏气，不能使用，必须清洗后再重新涂凡士林至能使用。

②焙烧后固体物质因温度很高，不能立即放进干燥器内，必须稍冷后才能放入。因为高温物质放入后会因器内空气的冷却使其压力降低，致使盖子打不开。所以，较室温高的物质放入后应在短时间内把盖子打开1～2次，以保持干燥器内外压力平衡，也便于再次使用时打开。

③移动干燥器时，必须同时用双手拇指将盖子按住，其他手指托扶着容器，以防盖子滑落打碎。

④干燥器内的干燥剂用过一段时间后会风化、潮湿或结块，降低了干燥效果，应及时更换干燥剂。

二、加热操作技能

在室温条件下，有些反应进行得很慢或难以进行，必须加热以提高反应速度。加热的方法和温度是否适当，往往与实验的进行有极大的关系。若控制不好，会产生副反应。

（一）加热方法

加热方法有水浴、沙浴、油浴等间接加热法和酒精灯、喷灯、电炉等直接加热法。

水浴、沙浴和油浴加热都是便于控制温度和保证受热均匀的间接加热方法。当加热温度不超过 100 ℃、且需要均匀受热时，可使用水浴加热法。水浴的载水量不能超过容积的 2/3，并应随时补充热水，以保持一定的水量。当所需加热温度在 100 ℃以上、400 ℃以下时，可以使用沙浴和油浴加热法。

酒精灯是一种较低温度的直接加热仪器，它的火焰温度可达 400 ℃～500 ℃。酒精喷灯或煤气喷灯的温度通常可达 700 ℃～1 000 ℃，也有的煤气喷灯温度可高达 1 560 ℃左右。电炉等电器的加热，一般可加热到 1 000 ℃左右。电炉可以代替酒精灯、酒精喷灯和煤气灯用于加热，而且电炉温度的高低可根据实际的需要，通过调节外电阻来控制，也可通过热电偶进行自动控制。使用电炉时应注意以下几个问题：

①为防止触电事故发生，使用电炉时，一定要接有可靠的地线；

②使用电炉时，玻璃器皿和电炉之间要垫以石棉网或电热板，以防玻璃器皿因受热不均匀而炸裂；

③加热液体时，要防止液体暴沸，不要让溶液溅出落入电炉丝槽内，否则会造成电热丝突然遇冷而炸裂或短路。

（二）加热操作

在中学化学实验中，加热时最常用的是酒精灯直接加热。常用的加热仪器有烧杯、试管、烧瓶、蒸发皿和坩埚等，现分别介绍。

1. 使用酒精灯的注意事项

①点燃酒精灯之前应进行"三查"。"一查"酒精灯有没有破裂；"二查"灯芯松紧、长短是否适度（灯芯太松易从灯管缩下去，太紧会影响酒精上吸），灯芯顶端应剪平或剪成扇形以使火焰匀正（因烧焦的灯芯不剪掉，加热时易使器壁有黑烟），火焰的大小宽窄可通过用镊子调节灯芯的高低宽窄来调节；"三

查"酒精灯中酒精的量是否合适，既不能多于灯身容积的3/4，也不能少于1/4，一般应在2/3左右。这是因为过多，燃烧时酒精受热膨胀可能会溢出灯外，同时液面离火太近，酒精受热挥发，蒸气从灯口逸出时，在灯颈处起火，容易燃烧；过少时灯芯不易吸上酒精，会使灯芯烧焦，同时灯内充满酒精蒸气和空气的爆炸混合物，容易在灯内着火而引起爆炸。

②点燃酒精灯应用火柴、细木条或纸捻等物引火，切不可用燃着的酒精灯去点燃另一只酒精灯，以防酒精倒出引起火灾。

③酒精灯燃着的时间不能过长。当灯内酒精只剩下容积的1/4时，应及时添加酒精。如不添加酒精，灯本身被烧热，使灯内少量酒精受热汽化，灯内充满酒精蒸气和空气的混合物，可能会引起爆炸。

④添加酒精时，应先把灯熄灭，切不可在燃着时添加（防止引燃灯里的酒精）。同时，添加酒精时应用小漏斗注入，防止酒精外洒。

⑤实验时酒精灯应放稳，更不能碰翻酒精灯，以免发生火灾及烧伤事故。万一酒精倒在桌上燃烧，应立即用湿抹布盖住扑灭。

⑥不用酒精灯时应及时熄灭，不要空烧，以免浪费酒精。同时还应盖好灯帽，避免因酒精蒸发使灯芯上残留水分，致使下次使用时不易点燃。

⑦熄灭酒精灯时不能用嘴吹（因为用嘴吹可能会使火焰缩入灯内，使灯内酒精燃烧而引起火灾，造成爆炸事故），应用灯帽盖。如用的是玻璃灯帽，盖时应注意"先烘后盖、再开、再盖"三步。因为灯帽是冷的（尤其在冬季），直接去盖热的灯口，会因骤然受热而炸裂，可以"先烘后盖"。若盖上后不放掉酒精蒸气，会因灯内酒精蒸气冷凝，压强减小，造成灯帽被吸紧，下次再用时，灯帽拿不掉，所以要"再开、再盖"。

⑧为了提高酒精灯的温度使火焰稳定、火力集中，可以用一个钢丝网或铁丝网罩上。

⑨为了提高酒精灯的温度，可以制作多头酒精灯（制法见本书第67页"多头酒精灯"）。

2. 烧杯、试管、烧瓶、蒸发皿、坩埚等五种常用加热仪器的加热操作

（1）共同点和不同点

共同点：加热前仪器外面的水分应擦干；加热前后不能使仪器骤热骤冷，以防炸裂；应把受热的仪器放在火焰的外焰部分加热。

不同点：试管可直接在酒精灯上加热；瓷蒸发皿和瓷坩埚可以在瓷三角上直接加热；烧杯和烧瓶加热时要垫上石棉网。

（2）在烧杯和烧瓶中加热液体的操作

液体量较多又需要加热时，常用烧杯进行实验。液体量较多且需要煮沸或蒸馏时，常用圆底烧瓶或蒸馏烧瓶进行实验。这是因为它们能承受高温和反应

物在沸腾时对其内壁的冲击。操作时应注意以下几个问题：

①所盛溶液量不得超过容积的 2/3，一般以占容积的 1/2 为宜。

②玻璃仪器因受热不均匀易破裂，所以不能直接在灯火上加热，应在烧杯和烧瓶下面垫上石棉铁丝网。

③加热前应将其外部的水擦干，加热后不应立即放在有水的地方，以防止其因骤热骤冷而炸裂。

（3）在试管中加热液体或固体的操作

少量液体或固体需要加热时，可以用硬质试管。实验时应注意以下几点：

①所盛液体量以不超过试管容积的 1/3 为宜，这样加热时便于振荡且沸腾时液体不易溅出。

②加热前试管外壁水应擦干，然后才可用试管夹夹持（防止试管夹内的水加热汽化，使试管骤热而炸裂），且试管夹应夹在试管的中上部（即距试管口 1/4 处），便于振荡。

③加热盛有液体的试管时，试管应稍倾斜，以扩大受热面积。试管口应向上并对前方倾斜，以防沸腾时溶液飞溅出，造成烫伤。

④为了使试管受热均匀，加热时应先来回移动试管，使整个试管受热，然后固定在盛液体部位加热并不断轻轻振荡，防止液体暴沸。

⑤加热盛放固体的试管时，基本操作同上，但必须注意：首先块状固体需用镊子夹持送入试管，粒状或粉状固体必须用药匙或槽型纸条送入试管，再堆成斜坡状；其次加热时试管口应略向下倾斜，这样可使反应物的湿存水汽化以及反应生成的水冷凝后流向试管口，而不致倒流到热的反应物上，使试管骤冷而破裂。

（4）蒸发皿的加热操作

在蒸发皿内直接加热的溶液，应是在高温下不易分解的稳定溶液。所盛液体的量不能超过蒸发皿容积的 2/3。加热时要轻轻地不断搅拌，防止暴沸和少量固体溅出。同时，蒸发到快干时，应停止加热，留点母液以利用蒸发皿的余热来蒸干，不能蒸发至完全干燥、固体飞溅时才停止加热。

（5）瓷坩埚的加热操作

需要在高温下加热固体、灼烧沉淀时可使用坩埚。使用时应将坩埚放在瓷三角上，用喷灯加热。灼烧时应用氧化焰加热坩埚，不要让还原焰接触坩埚底部，以免在底部结成黑炭。同时，坩埚不宜用来熔化烧碱、纯碱及氟化物，因为它们可和瓷釉共熔而使坩埚遭到腐蚀。另外，取放热的坩埚时，应用坩埚钳夹取，且坩埚钳的夹端还应在火焰上预热一下再夹取，或在坩埚稍冷后再夹取，以防热的坩埚骤然受冷而炸裂。取下坩埚钳后，应将热的坩埚钳尖端向上放置，以免烧坏桌面和使其尖端粘上污物。

三、仪器洗涤技能

化学实验常使用玻璃仪器，仪器洗不净，会影响实验效果。因此，仪器使用前应进行洗涤。洗涤仪器的方法很多，应根据实验的要求、污物的性质和沾污的程度来选择。一般来说，附着在仪器上的污物有尘土和其他不溶性物质、可溶性物质、有机物质和油污等。针对这些情况，可以分别用下列诸方法洗涤。

（一）有污迹仪器的洗涤

1. 水刷洗

大多数仪器使用前应先用水冲洗，以除去附在仪器上的尘土、不溶物质和可溶于水的物质。可以使用水冲洗和试管刷刷洗相结合的方法洗涤，但不能用试管刷捅洗，以免把仪器捅破。另外，由于多数物质在热水中更易溶解，所以有时也可用热水洗涤。刷洗后的仪器，继续用水再冲洗几次，必要时还要用蒸馏水漂洗。一般污垢用水刷洗后即可除去。

2. 用去污粉、肥皂水或合成洗涤剂刷洗

用水不容易洗去的污垢，常用去污粉、肥皂水或合成洗涤剂洗涤。

（1）去污粉刷洗

去污粉是由碳酸钠、白土和细沙等混合而成。其中碳酸钠是一种碱性物质，有很强的去油污能力，而白土有吸附作用，细沙能起摩擦作用，因而可以增强洗涤效果。使用时先把要洗涤的仪器用水润湿，加入少量去污粉，用试管刷擦洗。如果容器外壁上有污垢，可用潮湿的刷子蘸一些去污粉擦洗。经仔细擦洗后，用水冲去仪器内外的去污粉，直到白色颗粒粉末全部冲净为止。

（2）肥皂水或合成洗涤剂刷洗

普通肥皂约含70%高级脂肪酸钠盐、30%水以及少量盐和填充剂。合成洗涤剂的主要成分是烷基苯磺酸钠或烷基磺酸钠。它们都有很强的去污、润湿和乳化能力，因此，它们都可以除去油污和有机物质。但是刷洗后，都要用水冲洗干净，最后再用蒸馏水或去离子水洗去自来水中的 Ca^{2+}、Mg^{2+}、Fe^{3+}、Cl^- 等离子。

若仍洗不净，可用热的碱性洗液洗或向容器中滴入少量煤油，将容器微热并加以旋转，然后再用黄泥或洗涤剂擦洗，最后再清洗。

3. 酸碱试剂洗涤

（1）浓粗盐酸洗涤

可以除去附着在器壁上的二氧化锰、石灰迹和不溶性的碳酸盐等。对于氢氧化物如氢氧化铜、氢氧化铁等，可用稀盐酸洗去。如果还难以洗净，可再加入几滴稀硝酸并微热即可。

（2）酸性草酸溶液洗涤

对于 Fe^{3+} 盐或盛放高锰酸钾的试剂瓶，可用酸性草酸溶液洗涤（10 g 草酸溶于 100 mL 20% 的盐酸溶液中即制得酸性草酸溶液）。

由于高锰酸钾溶液在酸性溶液中不很稳定，会缓慢分解：

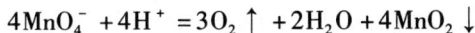

$$4MnO_4^- + 4H^+ = 3O_2\uparrow + 2H_2O + 4MnO_2\downarrow$$

在中性或微碱性溶液中也会分解，但速度更慢（光对高锰酸钾的分解起催化作用）。因此，高锰酸钾溶液放置过久，往往在容器内壁出现棕色二氧化锰的污迹。此污迹也可用酸性草酸溶液清洗，其反应方程式如下：

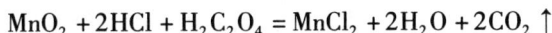

$$MnO_2 + 2HCl + H_2C_2O_4 = MnCl_2 + 2H_2O + 2CO_2\uparrow$$

如果还难以洗净，可再加入几滴稀硝酸并微热即可。

（3）石灰水或硫化钠溶液洗涤

粘有硫污迹仪器的清洗方法是：向有硫污迹的容器中，注入石灰水并加热煮沸，即生成溶于水的多硫化钙，再用水冲洗即可。其反应的化学方程式为：

$$3Ca(OH)_2 + 12S = 2CaS_5 + CaS_2O_3 + 3H_2O$$

$$3Ca(OH)_2 + 10S = 2CaS_4 + CaS_2O_3 + 3H_2O$$

也可用硫化钠（或硫化铵）溶液浸泡，形成可溶性的多硫化物而除去：

$$Na_2S + (x-1)S = Na_2S_x$$

（4）硫代硫酸钠溶液洗涤

向有银盐（AgCl 或 AgBr 等）污迹的容器中，滴加硫代硫酸钠溶液，银盐与硫代硫酸钠发生反应，生成可溶性的银的络合物和钠盐，即可除去污迹。其反应的化学方程式为：

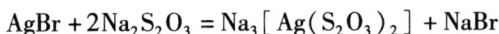

$$AgBr + 2Na_2S_2O_3 = Na_3\left[Ag(S_2O_3)_2\right] + NaBr$$

（5）稀硝酸洗涤

做"银镜"或"铜镜"实验后的玻璃仪器的内壁，附着致密而细小的银粒或铜粒。其除去方法是：向容器内注入少量稀硝酸并微热，则银或铜跟稀硝酸反应，生成可溶性的硝酸盐而除去。其反应的化学方程式为：

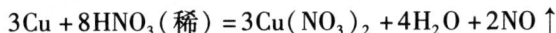

$$3Ag + 4HNO_3(稀) = 3AgNO_3 + 2H_2O + NO\uparrow$$

$$3Cu + 8HNO_3(稀) = 3Cu(NO_3)_2 + 4H_2O + 2NO\uparrow$$

（6）乙醇溶液洗涤

有些残渣如碘，附着在容器器壁上，用水是洗不掉的。由于碘易溶于某些有机溶剂，如乙醇、苯、四氯化碳等，故可用乙醇擦洗。

（7）磷酸钠洗液洗涤

做碳的实验留下的残留物，可用磷酸钠洗液洗涤（将 57 g 磷酸钠和 2.85 g 油酸钠加入 470 mL 的水中溶解制得）。将容器放在此洗液中浸泡几分钟后，取出用水刷洗。

（8）浓碱溶液（或热肥皂水、合成洗涤剂）洗涤

附着在容器壁的木焦油污迹，一般可用浓碱液（如纯碱 Na_2CO_3、烧碱 $NaOH$ 以及 Na_3PO_4 溶液等）浸泡或浸煮一段时间后（如 24 h），再用水刷洗的方法除去。再如，附着在仪器壁上的苯酚，可以利用苯酚的弱酸性，加入 $NaOH$ 溶液振荡，使之溶解，变成可溶于水的苯酚钠而除去。

浓碱液的浓度一般最高为 40%，最低为 5%。

（9）碱性高锰酸钾洗液洗涤

有些容器壁附有油腻物质及其他有机物，可用碱性高锰酸钾洗液来洗涤（将 4 g 高锰酸钾溶于少量水中，然后将其倒入 100 mL 10% 的氢氧化钠溶液中，搅拌均匀即成）。一般作用缓慢，洗涤后器皿上留有二氧化锰沉淀物，可再用浓盐酸处理。

（10）碱性乙醇洗液洗涤

对于附有油脂、焦油、树脂或苯等有机物的容器，可用碱性乙醇洗液（即将 1 L 95% 的乙醇溶液，加入到 157 mL 的氢氧化钠饱和溶液中，其浓度约为 50%）洗涤。用此洗液洗后的仪器，应立即再用水刷洗干净。

粘有酚醛树脂的试管的清洗方法是：在粘有酚醛树脂的试管中，加入 1 mL 乙醇和 3~5 滴浓盐酸，然后将其放在水浴中加热 2 min，这时液面呈乳液状，用试管刷的后端插入块状酚醛树脂的空隙中，轻轻转动几次后，顺势将其拉出。如拉出有困难，可先用洗涤剂润湿试管内壁，余下的附着物可加入少量上述碱性乙醇洗液，再用试管刷清洗即可。

（11）铬酸洗液洗涤

对于难以洗净或实验中要求清洁度较高的定量实验仪器，不能用刷子机械地刷洗，可用铬酸洗液洗涤。铬酸洗液是由等体积的浓硫酸和饱和重铬酸钾溶液配制而成，一般浓度为 5%~12%，具有很强的氧化能力。其反应过程如下：

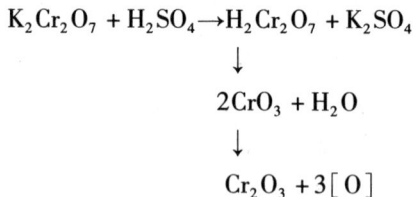

$$K_2Cr_2O_7 + H_2SO_4 \rightarrow H_2Cr_2O_7 + K_2SO_4$$
$$\downarrow$$
$$2CrO_3 + H_2O$$
$$\downarrow$$
$$Cr_2O_3 + 3[O]$$

Cr^{6+} 从还原剂中夺取 3 个电子而本身被还原成 Cr^{3+}，因而产生了氧化性。所以，$K_2Cr_2O_7$ 在酸性溶液中是一个强氧化剂，$Cr_2O_7^{2-} + 14H^+ + 6e^- \rightarrow 2Cr^{3+} + 7H_2O$，$E° = 1.33$ V。这里 H^+ 作为反应物出现，增加 H^+ 浓度，更有利于反应的自发进行，所以要加浓硫酸。若浓硫酸过量，重铬酸钾与浓硫酸作用会产生铬酐（CrO_3）晶体。此洗液对有机物和油污的去污能力特别强，特别对于一些口小管细的仪器，很难用其他方法洗涤时，可用铬酸洗液洗。使用时先要用水刷洗，

尽量除去其中的污物，然后倒掉仪器内残留的水，或把要洗的仪器先用水润湿，以免水过多把洗液冲稀。洗涤的方法是：先加入少量洗液，把仪器倾斜并慢慢转动，使仪器内壁全部被洗液润湿，旋转几周后，再静置片刻，然后把洗液倒回原瓶内，再用水把仪器壁上残留的洗液洗去，最后再用蒸馏水漂洗。对于难以洗净的仪器，也可在洗液中浸泡一段时间，再用水洗，或用热的洗液洗涤。铬酸洗液可以反复使用，但在使用过程中，随着还原反应的进行，$K_2Cr_2O_3$ 被还原成 $Cr_2(SO_4)_3$，溶液由红褐色变成了绿色，效力降低，表明已失效。失效的洗液不得随便乱倒，因 Cr^{6+} 有毒，必须处理后方可倒掉。其方法是：在废液里加入硫酸亚铁，使有毒的 Cr^{6+} 还原成无毒的 Cr^{3+} 后，再倒掉。另外，铬酸洗液有腐蚀性，操作时应注意安全，不要溅到衣服上或手脸上。凡能用其他方法洗涤的仪器，一般不用铬酸洗液洗，因其成本较高。

　　实验室用的铬酸洗液除用上述方法配制外，还可用以下配制方法：在一个洁净的 250 mL 的烧杯内，倒入 5 g 重铬酸钾（或重铬酸钠）和 5 mL 蒸馏水，搅拌使其溶解，制成饱和溶液。然后在搅拌下慢慢地加入 100 mL 浓硫酸，在加酸的过程中，溶液的温度可以上升到 70 ℃ ~ 80 ℃，待冷却到 40 ℃ 左右时，就制成了红褐色溶液，再把它倒入干燥而洁净的磨口细口瓶中保存。或取 20 g 重铬酸钾（工业品）溶于 40 mL 蒸馏水中，再缓缓加入 360 mL 工业浓硫酸，且边加边搅拌，制成红褐色的铬酸洗液。因为用的是工业品原料，里面常有红色针状结晶析出，这是产生铬酐的结果，不影响使用。

（二）特殊仪器的洗涤

1. 移液管、吸量管的洗涤

移液管或吸量管一般可用吸水洗涤的方法来洗涤。若洗不净可吸铬酸洗液洗涤。若仍洗不净，可把移液管或吸量管放在盛洗液的高型玻璃筒或大量筒内浸洗，再用水清洗几次，最后用蒸馏水冲洗 2 ~ 3 次。使用时，再用实验用的溶液吸洗一次。

2. 容量瓶的洗涤

容量瓶一般也是用水冲洗。若洗不净，则可倒入铬酸洗液摇动或浸泡，再用清水洗干净，最后用蒸馏水冲洗 2 ~ 3 次。但容量瓶绝不允许用瓶刷刷洗，以免划伤容量瓶内壁，影响其精确度。洗涤后应将瓶塞固定在原容量瓶瓶口上，防止塞错瓶塞。

3. 滴定管的洗涤

滴定管可以用水冲洗或滴定管刷刷洗，但刷中的铁丝不应接触内壁，以免划伤滴定管内壁，影响滴定时的精确度。若洗不净可用铬酸洗液洗，再用水及蒸馏水洗。最后，还要用标准溶液洗（具体方法如前所述，这里省略）。

4. 研钵的洗涤

常用的研钵有瓷研钵和玻璃研钵。因其内壁不光滑，有时不易洗干净。其洗净的方法是：取少许粗食盐放入研钵研洗，研洗后倒出食盐，再用水洗净即可。如一次洗不净，可以用粗食盐多研洗几次。

5. 瓷蒸发皿、瓷坩埚的洗涤

瓷蒸发皿和瓷坩埚的污垢，可用浓硝酸或水清洗，然后再用水冲洗干净。

综上所述，各种仪器、污迹对症清洗后，都应再用水刷洗干净，要求较高的仪器还应再用蒸馏水漂洗 $2 \sim 3$ 次，把由自来水带来的 Ca^{2+}、Mg^{2+}、Fe^{3+}、Cl^- 等离子洗去。使用蒸馏水洗涤仪器的原则是"少量多次"，注意节约，尽可能地使用少量药剂把仪器洗干净。玻璃仪器洗净与否的标准是：在仪器里装满水，倾出后再将洗涤的仪器倒置，若其中的水完全流出，器壁上不仅不留有点滴水渍，而且成一薄层均匀透明的水膜时，仪器才算是洁净的。若有水滴附在容器壁上，则必须重新洗涤。

四、仪器干燥技能

洗净的仪器应进行干燥。有些实验所用的仪器无须干燥，但有的实验仪器则需要十分干燥。如溴苯的制取、氯化氢和氨水的喷泉实验、甲烷的制取等，都要使用干燥的仪器才能使实验顺利进行并确保实验成功。在这种情况下，仪器是否干燥则成为实验成败的关键，因此应特别注意。干燥方式有以下两种。

（一）常温下的干燥

1. 晾 干

在中学化学实验中，对仪器的干燥除个别实验外，多采用自然晾干的办法。即把洗净的仪器，尽量倒去其中的水滴，然后用倒置的办法晾干。

2. 吹 干

用电吹风、压缩空气或吹风机把仪器很快吹干。

3. 用有机溶剂干燥

利用酒精可以和水互溶的性质，在仪器内加入少量酒精后，把仪器倾斜再转动仪器，仪器内壁上的水即和酒精混合，然后倾去酒精和水，最后留在仪器内的酒精挥发，而使仪器干燥。往仪器里吹入空气，可以使酒精更快地挥发，以达到快速干燥的目的。

（二）加热条件下的干燥

1. 烤 干

一些常用的烧杯、蒸发皿可置于石棉网上，小心地用酒精灯火焰烤干。试管也可用火直接烤干，但应先将其外壁上的水揩干，再用试管夹倾斜地夹持试管，使管口向下小心烘烤，以免水珠倒流，使试管骤然受冷而炸裂。同时，要不断地来回翻动（一直保持试管口向下倾斜），以求受热均匀。待不见水珠后，再将试管口朝上，继续加热片刻，赶尽水汽。

2. 烘 干

洗净的仪器可以放在电热恒温干燥箱内烘干。放置仪器时，应注意使仪器口朝下，并在恒温箱的最下层放一瓷盘，承受从仪器上滴下的水珠，使其不与电炉丝接触，以免损坏电炉丝。

带有刻度的计量仪器，不能用加热的方法进行烤干。因为加热会影响这些仪器的精确度，只能用晾干或烘干的方法来干燥，也可用上述有机溶剂干燥法。

五、物质干燥技能和干燥剂的选择

（一）物质干燥的操作方法

因被干燥的物质有气体、固体和液体之分，所以干燥的操作方法也不相同。

1. 气体的干燥

在中学化学实验中，制取的气体需要干燥时，通常用洗瓶或干燥管进行干燥。洗瓶中一般盛浓硫酸，其用量应占洗瓶容积的 $1/2 \sim 1/3$，太少则洗气效果差，太多则酸会被气体带出。干燥管中可根据需干燥的气体的性质，选择适当的干燥剂。干燥管使用前应先烤干或烘干，然后装干燥剂。对易吸潮的干燥剂，应在使用前临时填充，而且装入的量不能过多、过紧或过少、过松。过多、过紧气体通过困难，过少、过松气体通过时，会把干燥剂吹散或带出，这样会使干燥效果差。为此，要在干燥管的进口和出口处，分别填塞少许干燥洁净的玻璃丝或石棉绒，中间填干燥剂至球体充满。前棉团起到过滤作用，后棉团可防止干燥剂被吹出干燥管。使用过后应立即取出干燥剂，并清洗干燥管，以免干燥剂在空气中放置过久吸收水分变成湿糊状或结块不易取出。

2. 固体的干燥

某些固体物质需加高温煅烧除去水分，如制取甲烷所用的无水醋酸钠、碱石灰等，可用煅烧法干燥且不影响其成分。除去水分后，应密封保存，或放入干燥器内短期保存。某些易吸水或需要长时间保持干燥的物质，也应放在干燥器内干燥保存。

3. 液体的干燥

液体的干燥方法主要有两种：一是选用与被干燥的液体不发生化学反应的固体干燥剂，把它放在要干燥的液体里，充分振荡使干燥剂吸收水分，待完全静止后进行过滤，将溶液和干燥剂分离，然后将溶液蒸馏即可；二是干燥剂与水发生反应生成稳定的产物，则不需要过滤，可直接进行蒸馏，如由有水的酒精制备无水酒精，就是把生石灰直接放入有水的酒精中，酒精中的水与生石灰作用，生成不挥发的氢氧化钙以除去水分，然后进行加热蒸馏，得到无水乙醇。

（二）干燥剂的选择

在化学实验中，有时需除去物质中的水分，常用一些无机盐或无机氧化物作干燥剂来除去。选用干燥剂时，必须注意该干燥剂不能与被干燥的物质起反应，如果被干燥的物质是液体，则这种干燥剂不能溶解于该液体中。另外，干燥剂的效力与其蒸气压有关。干燥剂的蒸气压越低其干燥效力越强，这可用平衡移动原理加以解释。因为固体干燥剂吸收水分（或水蒸气）的反应是一个多相平衡体系。在一定温度时，干燥剂的蒸气压越低，越易吸收水分而形成水合物，其干燥效力也越强。现介绍几种在常温时使用的干燥剂。

1. 无水氯化钙

20 ℃时，水的饱和蒸气压为 2 338.5 Pa，而氯化钙的平衡蒸气压分别为 $CaCl_2$—$CaCl_2 \cdot 2H_2O$（45.6 Pa）、$CaCl_2 \cdot 2H_2O$—$CaCl_2 \cdot 4H_2O$（330.4 Pa）、$CaCl_2 \cdot 4H_2O$—$CaCl_2 \cdot 6H_2O$（803.9 Pa），远远小于同温度下的水的蒸气压，故氯化钙能吸收大量的水分而生成各种水合物，所以无水氯化钙是一种良好的干燥剂。在中学化学实验中，可用于干燥氢气、氧气、氮气、氯气、一氧化碳和硫化氢等气体。

2. 五氧化二磷

五氧化二磷的水蒸气压为 0.0013 Pa。它的干燥效力较强，干燥速度快。因它能与水发生非常强烈的相互作用生成磷酸，并且放出相当大的热量，它甚至可以从许多化合物中夺取化合态的水，如 H_2SO_4、HNO_3 等的脱水：

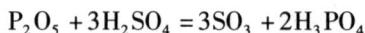

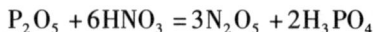

$$P_2O_5 + 3H_2SO_4 = 3SO_3 + 2H_3PO_4$$

$$P_2O_5 + 6HNO_3 = 3N_2O_5 + 2H_3PO_4$$

在化学实验中，可用于氧气、氢气、氮气、一氧化碳、二氧化硫、二氧化碳、硫化氢和甲烷等气体的干燥。

3. 浓硫酸

浓硫酸能与水作用形成 $H_2SO_4 \cdot H_2O$、$H_2SO_4 \cdot 2H_2O$ 和 $H_2SO_4 \cdot 4H_2O$ 等水合物，干燥速度较快。浓硫酸在室温下的蒸气压为 0.4 Pa，所以可用来干燥氢气、氧气、二氧化硫、一氧化碳、二氧化碳、甲烷和乙烯等气体。

4. 氧化钙

CaO 能与水作用生成 $Ca(OH)_2$，干燥效力强，干燥速度快。由于它和 $Ca(OH)_2$ 对热很稳定，又不挥发，适用于氨和低级醇的干燥。

5. 氢氧化钠

氢氧化钠室温时的蒸气压为 21.3 Pa，小于同温度下水的蒸气压，故吸湿能力强，干燥速度快，易溶于水，适用于不能用浓硫酸干燥的气体，如硫化氢和氨等的干燥。

6. 碱石灰

碱石灰适用于甲烷及碱性化合物等的干燥。目前是将氧化钙和氢氧化钠混合制成碱石灰干燥剂，其自制方法是：用两份重的粉状新鲜生石灰和一份重的饱和氢氧化钠热溶液混合后，放在铁制蒸发皿上煅烧至干。稍稍放冷，趁熔化物仍温热时，倒在铁片上使之凝固成白色固体，研细并贮藏在密封的容器内。有时由于加热过头，所得固体不是白色，而是灰黑色，仍可使用。

7. 硫酸钠

硫酸钠在 32.4 ℃ 以下能与水作用生成 $Na_2SO_4 \cdot 10H_2O$，吸水能力强但干燥速度慢。由于它是中性干燥剂，故使用范围广，但因其晶体在 32.4 ℃ 以上要失水，又不宜作干燥剂，故使用受到限制。

8. 硫酸镁

硫酸镁能与水作用生成 $MgSO_4 \cdot nH_2O$（$n = 1$，2，3，4，5，6，7），吸水能力虽较弱，但因是中性物质，干燥速度又较快，所以广泛用于许多不能用无水氯化钙干燥的化合物及不能用氧化钙干燥的某些醛、酮等物质的干燥。

9. 硅　胶

硅胶是实验室中为防止仪器受潮使用的干燥剂，它的突出特点是具有很大的内表面积（每克硅胶内表面积可达 $800 \sim 900 \ m^2$），而且硅胶中的小孔较多。因此，它有很强的吸附能力和吸水性。

为便于观察硅胶的干燥能力，把硅胶在氯化钴溶液里浸透后再烘干，得到蓝色硅胶。这种硅胶中的氯化钴可起到指示剂作用，因为二价钴盐会因含水分子数的多少不同而呈现不同颜色。无水时二价钴盐是蓝色，硅胶吸水后含水量最多的 $CoCl_2 \cdot 6H_2O$ 为粉红色。因此，在空气中随湿度的不同，二价钴盐会呈现不同的颜色。这样硅胶吸水后，蓝色的无水氯化钴变成粉红色的六水合氯化钴时，则表示硅胶已失去干燥能力。若将红色的硅胶烘干，六水合氯化钴又失水变为蓝色的无水氯化钴，这时蓝色硅胶又恢复了吸水能力，再生后的硅胶仍可使用。

六、仪器装配技能

大多数物质的制备和性质实验，都要把简单的仪器装配起来，成为一个整体后使用。因此，仪器的安装正确与否，不仅是实验成败的一个关键，而且与实验的安全也有很大的关系。

仪器的装配主要是用钻孔的塞子、橡皮管和式样各异、长短不同的玻璃管把各个仪器连接起来，使其符合各种不同的要求。因此，要将仪器安装好，必须掌握塞子的选配与处理、玻璃管的加工、仪器的连接与固定等操作技能。

（一）塞子的选配与处理

实验装置需要用塞子和玻璃管等附件连接起来，所以安装仪器的第一步是选配和处理塞子。

1. 塞子的性质

在选配塞子之前必须先了解塞子的性能。常用的塞子有橡皮塞、软木塞和玻璃塞。选用哪一种塞子，应根据它所接触的物质的性质而定。

（1）橡皮塞

此类塞子可使仪器连接得较牢固严密，又耐碱性物质的侵蚀，可用于贮藏气体和演示实验用的仪器连接上。但是，它易被强酸和某些有机溶剂（如苯、乙醚、四氯化碳、二硫化碳等）侵蚀，如汽油能使橡皮塞溶胀，氯溴等卤素和漂白粉能使橡皮塞变硬变脆，且在高温下易变形，价格也较贵。

（2）软木塞

此类塞子与有机物作用小，但强酸、强碱对它有腐蚀作用，所以盛浓酸、强碱的试剂瓶不能用软木塞。

（3）玻璃塞

盛酸或盐类物质的试剂瓶可用玻璃塞，但盛碱溶液的试剂瓶不能用玻璃塞。因为碱与玻璃中的氧化硅作用，生成粘性的 Na_2SiO_3（$2NaOH + SiO_2 = Na_2SiO_3 + H_2O$），造成瓶塞打不开。

2. 塞子的选配

玻璃塞是由和容器同材料的玻璃制成，塞子和容器都是在制造时一对一地配合磨成，极为严密，不可任意调换使用。橡皮塞和软木塞因有各种不同型号，在装配时应进行选择使用。

（1）橡皮塞的选配

常用的橡皮塞有 1～25 号，号数越大，塞子越大。一般情况，普通试管（18 mm×150 mm）可用 4 号塞子，大试管（20 mm×200 mm）用 8 号塞子。250 mL 烧瓶用 11 号塞子，500 mL 烧瓶用 14 号塞子。由于市售容积相等的容器，其口径不一定都是统一标准化的，所以选用塞子时必须按实际大小装配。一般应选塞进瓶口或试管口不多于全塞高度的 2/3，也不短于塞子高度的 1/2 的塞子为宜。同时，塞子表面也不应有裂纹，以免钻孔或插入玻璃管时被挤裂，造成漏气。

（2）软木塞的选配

软木塞是由多孔性软木制成的，也有各种型号，其大小与橡皮塞不一致。常用的有 1～15 号塞。普通试管用 4 号塞子，大试管用 9 号塞子，250 mL 烧瓶用 10 号塞子，300 mL 烧瓶用 14 号塞子。选用时以软木塞小的一端与瓶口或试管口的口径大小一样为宜。由于软木塞弹性较小，插入瓶口不要塞得过紧或过松，且塞入容器口内约为全塞高度的 1/3 即可。同时，在使用前应用压塞机或放在两块木板间用力来回滚动，逐步压实压紧。

3. 塞子的处理

（1）橡皮塞的处理

可将塞子放在熔化的石蜡中浸泡片刻，或在塞子的外边包扎塑料布，以防强酸或有机物的腐蚀。

（2）软木塞的处理

如需耐高温的木塞，可用水玻璃加以处理。有腐蚀性气体接触的塞子，应进行特殊处理，以保护其表面。其处理方法是：将木塞放在皮胶甘油溶液（由皮胶 3 份与甘油 5 份加水调成）中浸泡。晾干后，在甘油石蜡熔融混合液（甘油 25 份和石蜡 75 份）中浸润片刻，再晾干后使用。

4. 塞子的钻孔操作

钻孔时要用钻孔器。木塞的钻孔器的外径应略小于所装玻璃管（或温度计）的外径。对于橡皮塞则应选略大于或等于所装玻璃管（或温度计）的外径。

钻孔时，为减少钻孔器与塞子间的摩擦，可用水、肥皂水或甘油润湿钻孔器前端，将塞子小头向上（塞子下应垫上木板），以左手扶紧塞子，右手握钻孔器（使其垂直于塞面），一面按同一顺螺旋方向均匀垂直地旋转钻孔器，一面略微往下压，直至钻通为止。再以反螺旋方向转动，退出钻孔器，并用铁扦把钻孔器管内的塞子芯屑捅出。孔道如不光滑，可用圆锉略加修整，保持圆滑，否则使用时会漏气。

（二）玻璃管的加工（因教学论基础实验课已专章讲解并实际操作，这里省略）

（三）仪器的连接与固定

1. 仪器的连接

对仪器的安装一般是按照装置图用玻璃管和塞子等附件将仪器连接起来。操作时先将导管外壁蘸点水或润滑剂，可用左手握住塞子，右手握住接近玻璃管端的地方，缓缓旋转，边旋转边插入塞孔里，并使玻璃管插入端露出塞外约 5 mm 长。握玻璃管的位置，切不可距塞太远，以防玻璃管折断伤手。同时，在插入或拔出玻璃管时，手指不可捏在玻璃管弯曲处，因弯曲处较薄，易折断把手割伤。

在将两根玻璃管用橡皮管连接时，橡皮管口径应略小于玻璃管直径，这样才能紧密无隙。如果橡皮管内径略大于玻璃管外径，一时又找不到合适的橡皮管，可将橡皮管头向外翻卷一层，再插入玻璃管，就可以使它们连接紧密。连接用的橡皮管的长度应尽量短一些（以使装置紧凑、气流容易通过、两根玻璃管直接接触为宜），且松紧合适（以套好后轻拉不致脱落为度）。若使用弹簧夹时，则两根玻璃管间要留有适当距离。不能将连接的橡皮管取得过长当做导气管使用，尤其是跟有机溶剂和氯、溴、强酸等接触的橡皮管应更短一些，能使两玻璃管口接触即可，以防橡皮管被溶解或腐蚀而污染试剂或产品。

2. 仪器的安装与固定

仪器连接后应进行安装。安装时常用的夹持仪器主要有铁架台、铁夹、铁圈、滴定管夹和漏斗夹等。安装时应注意科学性、使用方便和稳定美观。安装的顺序应是由下而上，由左向右。被夹仪器的重心应落在铁架台的中心部位，不能过高或过低，以使仪器重心保持稳定，防止倒伏。用铁夹夹持仪器时，不能夹得过紧，以防玻璃仪器受热膨胀而破裂；也不能夹得过松，以防操作时碰掉仪器。同时，玻璃仪器不能直接夹在铁夹上，应在铁夹内垫上石棉布或橡胶垫（新的铁夹在制造时已贴上石棉布）。另外，课堂实验的仪器装置高度应合适，正面还应面向学生，既要便于教师操作表演，又要便于学生观察。

3. 检查装置的气密性

仪器安装好以后，应检查气密性。其方法是：在容器上接一根长导管并插入水槽中，再用双手的手掌握住仪器。仪器受热会使其中的空气膨胀，如装置不漏气，则导管口在水中有气泡逸出。当手松开，仪器冷却后，沿导管口有一段水柱上升，且较长时间（约 3 min）水柱不下落，才能表示装置气密性良好。反之，即为漏气，必须仔细检查原因，重新安装。如果在夏天，因气温较高，手捂仪器的方式不适宜，可采取微热反应仪器来检查。

4. 尾气回收装置

有关气体实验的装置中，如有有害气体逸出，会污染空气，造成人身伤害。因此，应加个尾气回收装置。

七、溶液的配制和稀释

（一）固体物质溶液的配制

1. 配制固体物质一定浓度溶液的方法

首先计算并称量所需固体试剂的重量。这里如遇有结晶水的固体，应将所含结晶水的量计算进去，如配制 1 L 0.1 mol/L 的 $CuSO_4$ 溶液时，需用无水 $CuSO_4$ 16 g，若用 $CuSO_4 \cdot 5H_2O$（胆矾）则需 25 g，然后用容量瓶配制。

2. 常用的几类固体试剂溶液的配制

（1）易水解的盐溶液的配制

如 $FeCl_3$、$SnCl_2$ 等遇水即水解成氢氧化物或碱式盐：

$$FeCl_3 + 3H_2O = 3HCl + Fe(OH)_3 \downarrow$$
$$SnCl_2 + H_2O = HCl + Sn(OH)Cl \downarrow$$

配制这类物质的溶液时，为防止水解，通常先将其溶于较浓的盐酸中，然后用水稀释到所需浓度。注意不可先加水后加酸，否则水解产物很难溶解。

如配制 1 L 0.1 mol/L 的 $SnCl_2$ 溶液：称取 22.5 g $SnCl_2 \cdot 2H_2O$，溶于 330 mL 6 mol/L 盐酸中，加水稀释至 1 L，再加数粒锡粒，以防氧化。

（2）易氧化的盐溶液的配制

如 $FeSO_4$、$HgNO_3$ 等溶液的配制，因它们在空气中易被氧化变质，配制时应加强酸和相对应的金属单质，以防氧化。

如配制 1 L 0.25 mol/L 的 $FeSO_4$ 溶液：称取 69.5 g $FeSO_4 \cdot 7H_2O$ 于适量的水中溶解，再加入 3~5 mL 浓硫酸（18 mol/L），加水稀释至 1 L 后再放入几根铁钉或几片铝片，以防止 Fe^{2+} 被氧化成 Fe^{3+}（$2Fe^{3+} + Fe \Longrightarrow 3Fe^{2+}$）。此溶液可保存半年至一年。

（3）遇酸分解的盐溶液的配制

如 Na_2S、$(NH_4)_2S$ 等硫化物溶液的配制，应在对应的碱溶液中，通入硫化氢气体，制成饱和溶液，再稀释至相应体积。

如配制 Na_2S 溶液：称取 200 g NaOH，溶于 800 mL 水中，然后取其一半溶液通入 H_2S 气体至饱和。最后把余下的一半溶液加入后，再用水稀释至 1 L。

配制 $(NH_4)_2S$ 溶液：在 600 mL 2 mol/L 氨水中，通入 H_2S 气体，制成饱和溶液，再加入 2 mol/L 氨水稀释至 1 L。

（4）见光易分解的盐溶液的配制与贮存

①$AgNO_3$ 溶液的配制与贮存：称取 1.7 g $AgNO_3$ 放入洁净的小烧杯里，加入 100 mL 蒸馏水，搅拌溶解制得 0.1 mol/L $AgNO_3$ 溶液。因其易受光照而逐渐分解，析出黑色 Ag 而变质，所以配好的溶液应装入棕色试剂瓶，贴上标签标明配制的浓度和日期，存放在阴凉避光处，且最好是现配现用。

②$KMnO_4$ 溶液的配制与贮存：称取 1.6 g $KMnO_4$ 放在一洁净的烧杯里，再加 1 L 蒸馏水，搅拌溶解制得 0.01 mol/L 的 $KMnO_4$ 溶液。但 $KMnO_4$ 水溶液不稳定，会慢慢分解，因为它会将水氧化而放出氧：$4MnO_4^- + 2H_2O \rightarrow 4MnO_2 + 3O_2 \uparrow + 4OH^-$。因此，$KMnO_4$ 溶液瓶中有 MnO_2 的膜和沉淀，而反应生成的 MnO_2 能起到自催化作用，见光可加速分解。所以，配制好的 $KMnO_4$ 溶液应立即装入棕色试剂瓶中避光保存。

（5）易吸收空气中 CO_2 的溶液的配制

如澄清石灰水的配制：实验用的澄清石灰水是 $Ca(OH)_2$ 的饱和水溶液。配制的方法一般是在烧杯里放入生石灰和蒸馏水，搅拌使其溶解，静止后取其清液过滤，即得饱和的澄清石灰水。由于石灰水在空气中易吸收 CO_2 生成 $CaCO_3$，逐渐变质、变浑浊，其反应为：$Ca(OH)_2 + CO_2 = CaCO_3 \downarrow + H_2O$，所以实验用的石灰水，应现配现用，不能使用久置的石灰水。

3. 常见固体试剂的浓度

①固体盐类一般配成 0.5 mol/L 或 10% 的浓度。如氯化钡的浓度为 10%，也有少数盐只能用稀溶液，如 $AgNO_3$（0.1 mol/L）、$KMnO_4$（0.01 mol/L）、$FeCl_3$（0.1%）等。

②固体碱类配成溶液则根据实际需要的浓度来配制。如 NaOH 稀溶液是 10% 左右，而用于酚酞指示剂的检验时，其浓度一般为 5% ~ 10%。又如用于检验 CO_2 的饱和澄清石灰水的浓度只有 0.02 mol/L，$Ba(OH)_2$ 溶液的浓度一般为 0.2 mol/L［63.06 g $Ba(OH)_2 \cdot 8H_2O$ 溶于水配成 1 L 溶液后过滤］。

（二）气体物质饱和溶液的配制

如硫化氢、氯水等，因气体的溶解能力随温度的不同而不同，所以配制时可在常温下，将此类气体通入蒸馏水中至饱和即可。配制好后应即时贮存在密闭的容器内，以防止挥发，且现配现用。

（三）常见液体试剂的配制与稀释

液体试剂的配制与稀释，一般先算出所需浓溶液的体积，用移液管吸取一定体积的浓溶液放入容量瓶中，然后加水稀释到标线，摇匀即可。有时中学不要求浓度十分准确时，可用近似方法（即浓溶液与水的体积比）稀释。

1. 氨水的稀释

浓氨水——15 mol/L（25% ~ 27%）、密度为 0.91 g/L

稀氨水——6 mol/L（10%）（2:3），5%（1:5），2.4%（1:9）

2. 硫酸的稀释

浓硫酸——18 mol/L（92% ~ 96%）、密度为 1.84 g/L

稀硫酸——3 mol/L（24.8%）（1:5）、密度为 1.18 g/L

3. 盐酸的稀释

浓盐酸——12 mol/L（37%）、密度为 1.19 g/L

稀盐酸——6 mol/L（20%）（1:1）、密度为 1.10 g/L

稀盐酸——3 mol/L（10%）、密度为 1.05 g/L

4. 硝酸的稀释

浓硝酸——16 mol/L（69.8%）、密度为 1.42 g/L

稀硝酸——6 mol/L（32.3%）、密度为 1.20 g/L

（四）酸碱指示剂的配制

1. 指示剂的分类

指示剂是化学试剂的一类，一般可分为酸碱指示剂、氧化还原指示剂、吸附指示剂和金属指示剂等。其中，酸碱指示剂是指能与酸或碱溶液作用而显示不同颜色的物质，主要用于定性分析和物质的检验。例如，检验气体或溶液中某些有毒、有害物质的存在或测定溶液的 pH，以及定量分析中指示滴定终点等。

2. 酸碱指示剂的变色原理

酸碱指示剂,通常简称指示剂,如石蕊、酚酞、甲基橙等,一般是有机弱酸或有机弱碱。它们的变色原理是其分子和电离出来的离子的结构不同,因此分子和离子的颜色也不同。在不同 pH 的溶液里,由于其分子浓度和离子浓度的比值不同,所显示的颜色也不同。

例如,石蕊是一种有机弱酸,是由地衣制得的一种蓝色色素。用 HIn 代表石蕊分子,它在水中发生下列电离:

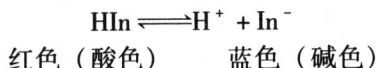

$$HIn \rightleftharpoons H^+ + In^-$$
$$红色(酸色) \qquad 蓝色(碱色)$$

在酸性溶液中,由于 H^+ 浓度增大,上述平衡将向逆反应方向移动,使 HIn 浓度增大,因此主要呈现红色(酸色)。如果在碱性溶液中,由于 OH^- 浓度增大,则 OH^- 与 H^+ 结合生成更难电离的 H_2O,使上述平衡向正反应方向移动,进而使 In^- 浓度增大,因此主要呈现蓝色(碱色)。如果 HIn 和 In^- 浓度相等,此时指示剂的电离度为 50%,呈中间色,则石蕊呈现紫色。

3. 酸碱指示剂的变色范围

实验测出,各种指示剂颜色的变化都是在一定的 pH 范围内发生的。因此,我们把指示剂发生颜色变化的 pH 范围叫做"指示剂的变色范围"。

4. 常用酸碱指示剂的配制

(1)石蕊试液

化学实验中所用的石蕊试液一般为 0.5% ~1% 的紫色石蕊水溶液,其变色的 pH 范围为 5.0 ~8.0。此试液在酸性溶液中(pH < 5.0 时)呈红色(酸色),在碱性溶液中(pH > 8.0 时)呈蓝色(碱色)。

①石蕊试液的配制方法。方法一:称取石蕊粉末 0.5 ~1 g 放在洁净的烧杯里,然后加入 100 mL 蒸馏水搅拌使其溶解,即得中性的紫色石蕊试液,贮存在滴瓶中。方法二:称取石蕊 1 g 放在洁净的烧杯里,再加蒸馏水 50 mL 搅拌使其溶解,静置 24 h 后过滤。在滤液里加入 95% 乙醇 30 mL,再加蒸馏水稀释至 100 mL,即得中性的紫色石蕊试液,贮存在滴瓶中。

②红、蓝石蕊试纸的制作。取两个洁净试管分别倒入上述紫色石蕊试液,然后向一个试管里滴入稀 H_2SO_4 至出现红色为止,向另一个试管里滴入稀 NaOH 溶液至出现蓝色为止。再分别向两个试管里放入洁净的滤纸条,浸湿,取出放在避光、避酸、避碱处晾干,即得红蓝两种试纸。

(2)酚酞试液(酚酞的酒精水溶液)

配制方法及变色范围:称取 0.5 g 酚酞粉末放在洁净的烧杯里,加入 60 mL 95% 的酒精使其溶解,然后加入约 40 mL 蒸馏水稀释至 100 mL,即得无色酚酞试液，其变色的 pH 范围为 8.2～10.0。或者用医药用的无色酚酞片（又名果乐比）两粒，放入烧杯，再加入约 50 mL 95％的酒精使其溶解，然后过滤制得无色酚酞试液。无色酚酞试液在酸性溶液中（pH＜8.2 时）不变色，仍为无色（酸色），在碱性溶液中（pH＞10.0 时）变为红色（碱色）。

这里应说明一下，当用酚酞做遇酸不变色的实验时，不能用浓酸。因为酚酞滴入稀酸中无显色反应，而把它滴入浓酸中，由于酚酞不溶于酸也不溶于水，便会游离出来，使溶液浑浊。同时，酚酞也不能滴入浓强酸中，因为它滴入浓强酸中会变成橙红色，这是由分子内部发生结构变化引起的。而且也不能用酚酞试液检验浓强碱（如 NaOH），因为向浓强碱中滴入酚酞时，刚开始呈现红色但很快会消失。这是由于酚酞与碱作用生成红色的酚酞二钠盐，而此二钠盐可继续与浓碱作用，生成无色的酚酞三钠盐，所以红色又消失。故此，酚酞遇碱变色实验所用的碱液浓度一般为 5％～10％。

（3）甲基橙试液

配制方法及变色范围：称取 0.1 g 甲基橙粉末放在洁净的小烧杯里，再倒入 100 mL 蒸馏水，搅拌使其溶解即得橙色甲基橙试液，其水溶液变色的 pH 范围是 3.1～4.4。中性显橙色，遇酸性溶液（pH＜3.1）时显红色（酸色），遇碱性溶液（pH＞4.4）时显黄色（碱色）。

（4）甲基红试液

配制方法及变色范围：称取 0.1 g 甲基红放在洁净的烧杯里，再倒入 100 mL 60％的乙醇，搅拌使其溶解，制成红色甲基红试液。变色的 pH 范围为 4.4～6.2。在酸性溶液中（pH＜4.4）显红色（酸色），在碱性溶液中（pH＞6.2）呈黄色（碱色）。

（五）几种常用试剂的配制

1. 品红试液

品红又叫一品红，是一种人工合成的红色染料。它溶于水，也溶于酒精。如 0.1％的品红溶液的配制，可用以下两种方法：

①取 0.1 g 品红溶于 100 mL 蒸馏水中即可。

②取 0.1 g 品红溶于少量酒精中，再加蒸馏水稀释至 100 mL 即可。

2. 淀粉溶液

称取 1 g 可溶性淀粉放在一洁净的烧杯里，加 5 mL 冷水调和成糊状，在搅拌下将糊状物注入 100 mL 沸水中，再煮沸 2～3 min 即制得 1％的淀粉溶液。此溶液不能久置，久置会发生沉淀，应现配现用。如果在此溶液里加入少量（约 1 g）氯化锌或碘化汞作防腐剂，可放置较久。或者在此上述溶液中，加入硼酸 0.3 g，浓盐酸 1 mL，继续煮沸 2～3 min，所制得的淀粉溶液可放置一年仍保持透明。

3. 淀粉碘化钾溶液

首先在洁净的烧杯中配制 1% 的淀粉溶液（方法如上），再将 0.5 g KI 及 0.5 g $NaNO_3 \cdot 10H_2O$ 放入试管，加少量水使之溶解，然后将此溶液倒入盛淀粉溶液的烧杯中，边倒边振荡，便制得了淀粉碘化钾溶液。此溶液不能久置，要现配现用。

用上述溶液可制备淀粉碘化钾试纸：取洁净的滤纸条，放在该溶液中浸湿，取出避光晾干，再放在密闭的广口瓶中贮存。

4. 碘水（0.01 mol/L）

取一洁净的大烧杯，称取 2.5 g 碘和 3 g KI 放在烧杯里，先加少量蒸馏水使其溶解，然后再加蒸馏水稀释至 1 000 mL，制得 0.01 mol/L 的碘水。

第四节　实验设计技能

化学是一门以实验为基础的科学，实验是科学研究的重要手段，实验可以培养学生的创新精神和实践能力。对中学生实验设计技能的培养，不是几节课、几个实验就能做到的，而应是贯穿于整个化学教学全过程并循序渐进，逐步提高。同时，设计实验方案是学生综合运用实验知识、实验原理、操作技能等全面进行科学思维的锻炼，是培养实验能力的重要手段。

在四年的中学化学学习中，通过教师的课堂实验和学生实验（包括实验习题、选做实验、家庭小实验、学生趣味实验和设计实验）等，学生学会了使用仪器并锻炼了实验操作技能，在教师的指导下，逐步学会实验方案的设计、选择与探索，最后能独立设计与研究。在设计实验方案时，应根据实验的目的和要求，运用相关的化学知识和技能，对实验的仪器、装置和方法进行初步规划。在方案实施的过程中，认真操作，细心观察，如实记录实验现象和数据，然后进行科学分析，找出成败关键，并在多套实验方案中找出切实可行的最佳方案，最后写出实验报告并绘制实验装置图。

化学实验方案的设计贯穿于化学科学发展的全过程，并直接关系到实验效率的高低，甚至实验的成败和人才的培养。为此，为调动学生做实验的积极性和创造性，作为教师，对他们设计的实验规划，只要原则正确、设计合理、方法简单又安全可靠，应尽量满足要求，为他们准备好所需仪器、药品和其他工具。不要只图省力、省时，只选一种实验方法。否则，久而久之，设计实验流于形式，学生的积极性和创造性也不能充分地调动起来。但是，对于不合理、不适用的设计方案，应帮助学生分析原因所在并修改，然后设计出多套合理方案，提高学生的实验设计能力，为学生今后进一步学习和科研打下一定的基础。

第五节　绘制实验装置图技能

　　绘制装置图是中学化学教学中的基本技能。学生绘制实验仪器装置图，有利于理解和巩固化学基础知识，理解仪器装置的原理，熟悉仪器的名称、构造、性能和规格，而且对于掌握实验装置的正确安装和规范化的实验操作都是十分有利的。同时，通过绘图，培养学生严格的科学态度和用图表达信息的科学方法。因此，在中学化学教学过程中要认真培养这些基本技能。

第三章　中学化学实验的安全教育

第一节　化学实验安全教育的意义

目前，我国的初高中化学课程标准都很重视安全教育。《全日制义务教育化学课程标准（实验稿）》中提出，"化学课程要求学生遵守化学实验室规则，初步形成良好的实验工作习惯"。同时，在实验技能的要求中提出，"能在教师指导下，根据实验目的选择实验药品和仪器，并能安全操作"。《普通高中化学课程标准（实验稿）》中"化学实验基础"标准也提出，"树立安全意识，能识别化学药品安全使用标识，初步形成良好的实验工作习惯"。因此，在中学化学实验教学中，安全教育显得非常重要，它既能引起学生对化学基础知识和实验操作技能的重视，又能保证在安全顺利的环境中进行实验教学工作。因为在实验过程中，一旦发生事故，将会危及人身安全，同时还会直接或间接地影响学习秩序和学生的学习兴趣。

众所周知，化学实验所用的药品中不少是有毒、有腐蚀性以及可燃、易爆炸的危险物质；实验时所用的仪器大都是玻璃制品，使用时容易打破；实验操作时经常使用加热方法，易引起火灾等。如果实验时粗心大意，不按规范操作或不熟悉试剂的性质及有关的安全知识，就会造成中毒、炸伤、割伤、烧伤和烫伤等事故。所以，在化学实验的教学过程中，要千方百计地预防和消除不安全因素，避免危险事故的发生。为此，教师一方面应了解实验中的不安全因素并掌握急救措施，另一方面要对学生加强安全教育，防患于未然，让学生了解药品和仪器的性能，严格遵守安全规则和操作规程，细心、大胆、认真地做好每个实验，避免可能发生的事故。

下面将专节结合中学化学实验教学的具体事例，对化学实验过程中容易发生的危险事故及预防和急救的措施进行介绍。

第二节　危险性化学实验事故的发生与急救

传统的化学工业给环境带来的污染十分严重。目前，全世界每年产生的有害废物达3亿~4亿吨，给环境造成危害，并威胁人类的生存。有识之士提出绿色化学的号召，其核心就是要利用化学原理，从源头消除污染，改变化学工业面貌，为子孙后代造福，这也对化学教学提出了新的任务。因为化学实验所用的化学药品，大多数是有毒物质，简称"毒物"。"毒物"是指进入人体以后，能引起局部或整个机体功能发生某些疾病的物质。由毒物引起的任何疾病现象都称为"中毒"。同时，在实验的过程中，物质之间发生反应，常伴有各种气体、蒸气、烟雾和粉尘等产生，这些物质对人体是有毒的，甚至有剧毒。

化学药品中毒一般是通过呼吸道、消化道、皮肤接触和五官粘膜引起不同症状的疾病。现结合一些有危险性的实验来说明事故的发生与急救以及如何防止环境污染的措施。

一、无机化学实验事故的发生与急救

（一）制取氧气的实验

一般中学所用的二氧化锰是化学纯或工业品，杂质较多，可能混有微量还原性物质或有机物，如木屑、纸屑等。当它和氯酸钾混合加热时易引起爆炸，若误将氯酸钾和二氧化锰混合研磨，更容易引起爆炸。因此，在用氯酸钾和二氧化锰混合加热制取氧气时，必须先将氯酸钾轻轻研细，再将二氧化锰放在蒸发皿中加强热，直至还原性物质和有机物氧化，去掉灰分后，方能混合加热。

（二）制取氢气的实验

1. 事故的发生与急救

在氢气可燃性实验中，若不注意操作规程，容易出现爆炸事故。如未经试纯直接点燃或试纯时气体发生器装置距火源太近等，都会造成火焰经导气管进入氢气发生器内，引起激烈的爆炸。为此，在氢气点燃之前，应检查发生器内导出的氢气的纯度，同时尽量不要直接在氢气发生器上点火。另外，进行氢气性质实验时，应将氢气的发生装置关闭并移远，酒精灯盖上灯帽，以避免事故的发生。

事故发生时应镇静，立即关闭氢气发生器并除去火源即可。

2. 问题与讨论

①实验室制取氢气的方法是用锌与稀盐酸（1:1）或稀硫酸（1:5）作用，但这种方法制得的氢气通常混有其他气体和水蒸气，如 PH_3、AsH_3、SO_2、N_2O、NO、CO_2、N_2、H_2S、O_2 及碳氢化合物等。为除去这些杂质，可以将制得的氢气通过盛有 $KMnO_4$ 的碱性溶液（含有 $KMnO_4$ 的 KOH 溶液）或铬酸洗液（含有 $K_2Cr_2O_7$ 的浓 H_2SO_4 溶液）的洗瓶除去 PH_3、H_2S、SO_2 等；通过盛有浓 H_2SO_4、无水 $CaCl_2$ 或磷酸酐（P_2O_5）的洗瓶，使其干燥以除去水蒸气；通过还原 Cu 燃烧管，以除去 O_2；通过装有生石灰的管，除去 CO_2；而 N_2 很难除去。

有关反应的化学方程式如下：

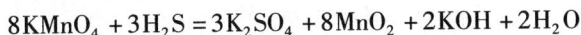

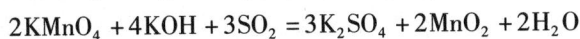

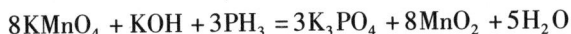

$$8KMnO_4 + 3H_2S = 3K_2SO_4 + 8MnO_2 + 2KOH + 2H_2O$$

$$2KMnO_4 + 4KOH + 3SO_2 = 3K_2SO_4 + 2MnO_2 + 2H_2O$$

$$8KMnO_4 + KOH + 3PH_3 = 3K_3PO_4 + 8MnO_2 + 5H_2O$$

$$2Cu + O_2 \xrightarrow{\triangle} 2CuO \qquad CO_2 + CaO = CaCO_3$$

②在整个宇宙中，氢是分布最广的元素，在星球的大气中，氢相对于其他元素显著地占大多数。如太阳大气的温度约为 6 000 ℃，它的主要组成部分就是氢（以原子百分数计），如表 3 – 1 所示。

表 3 – 1　太阳大气的组成

原子	H	He	O	Mg	N	Si	C	S	Fe	Ca	Na	Ni	Al
百分数	81. 17	18. 17	0.03	0.02	0.01	0.006	0.003	0.003	0.000 8	0.000 3	0.000 3	0.000 2	0.000 2

③氢气是无色、无味的气体，是气体中最轻的气体，扩散速度最大，这就决定了它具有高度导热性。氢气的熔点和沸点极低（熔点 – 259 ℃、沸点 – 253 ℃），在水中的溶解度不很大（100 体积水溶解 2 体积的氢气），但在许多金属中的溶解度却相当大，如 Ni、Pt 和 Pd 能很好地溶解氢气。1 体积的 Pt 能够吸收几百体积的氢气。相反地，其他的一些金属如 Ag，则完全不能溶解氢。

（三）一氧化碳的实验

1. 事故的发生

CO 是散布最广的生活性毒物之一。在实验室里用 CO 作还原剂的实验或碳的不完全燃烧实验中，都会有 CO 逸散到空气中。另外，室内用煤炉或用液化气、天然气作燃料的炉灶或淋浴器，在空气不流通时，也会因为 CO 等浓度较大而引起中毒。当空气中 CO 含量超过 30 mg/L 时，便会引起中毒；浓度在 0.02% 时，经 3 h 即昏迷；若达到 0.1% 时，1 h 意识不清，4 h 即死亡。所以，企业中规定空气中 CO 含量不得超过 0.02 mg/L。

2. 中毒机理

正常血液是深红色的，当 CO 经肺脏吸入，进入血液后，血液便由深红色变成鲜红色。这是因为 CO 与血液中携带氧气的血红蛋白（Hb）结合，形成稳定的络合物 HbCO（碳氧血色素），即 Hb + CO $\Longleftrightarrow$ HbCO，而 CO 与 Hb 的亲和力是 O_2 与 Hb 的亲和力的 200 倍。这样，一旦 HbCO 形成，会使 Hb 丧失输送氧气的能力，致使全身组织，尤其是中枢神经系统严重缺氧，发生中毒现象。中毒有轻有重，血液中有 50% 的 Hb 与 CO 结合时，就可能引起心肌坏死。

3. 中毒症状

①轻度中毒：头痛、眩晕、耳鸣、恶心、呕吐。

②中度中毒：除上述现象外，还会迅速发生意识障碍，全身无力，甚至肢体瘫痪等。

③重度中毒：迅速陷入昏迷，呼吸微弱而浅表，很快因呼吸停止而死亡。即使抢救而存活者，也会有部分后遗症，如持续性头痛、肢体瘫痪、肌肉强直、语言障碍和记忆力减弱等。

4. 急救措施

①轻度中毒者，应立即离开实验现场，在室外空气新鲜并有光线的地方躺下，下面垫以衣被，使中毒者保暖，不能受凉，同时清除口鼻的吐出物，喝浓茶、吸氧或嗅稀氨水。这是因为 CO 与 Hb 的结合是可逆反应，如能及时供给纯氧，则能使 HbCO 转变成 HbO_2（氧血红蛋白），即可解毒。

②重度中毒者，出现呼吸衰竭时，应立即就地进行人工呼吸并吸入氧或氧碳混合气体（CO_2 含量为 5%~7%），然后送医院抢救。

5. 注意事项

①有关 CO 的实验应在通风处进行，实验者应站在上风处操作。

②尾气应即时燃烧掉。

③在室内用煤炉或煤气喷灯以及使用天然气沐浴时，都应注意通风。

6. 问题与讨论

全世界每年向空气中排放的 CO 中，一半以上是汽车排放的废气。以下是煤气中毒食疗的三个例子，仅供参考。

①早期轻微中毒者，不能用喝白开水的方法来解毒。因为 CO 分子的极性极其微弱，在水中溶解度极小（0 ℃时 1 体积水仅溶解 0.035 体积 CO），也不与水作用。可用香醋 100 g 加白开水 100 g 给患者喝下以解毒。

②中毒较重者可用芥菜、白菜等泡成的酸菜，从中挤出菜汁半碗，给患者喝下以解毒。

③对于昏迷状态者，可用鲜白萝卜捣碎取汁约 100 g，一次灌下以解毒。

（四）二氧化硫的实验

SO_2 是大气污染中主要有害物质之一，它对人体的直接危害是引起呼吸道的疾病。

1. 中毒症状

在硫黄燃烧实验中，有 SO_2 生成（同时还有约 2% 的 SO_3），它会使口腔感觉不适。若空气中含量超过 0.2%，会引起嗓子变哑，很快失去知觉，刺激粘膜会出现结膜炎、流泪和畏光等。SO_2 慢性中毒会导致丧失食欲、呼吸器官发炎。空气中 SO_2 的最高容许浓度是 0.02 mg/L。

2. 急救措施

如出现上述症状，应立即离开现场，呼吸新鲜空气。眼受刺激时，应充分用苏打水洗眼。病情严重者，应立即进行人工呼吸，用1%的氨水擦身，然后送医院急救。为此，实验时应注意站在上风处进行操作。

（五）硫化氢的实验

1. 中毒症状

人们对硫化氢的毒性常常估计过低。其实，空气中 H_2S 的含量达 0.02% 时，就能引发中毒，含量达 0.2% 时，人就有生命危险。中毒症状的轻重依空气中 H_2S 的浓度而定。在 H_2S 浓度较小的环境下，如工作时间较长，可引起头晕、头痛、呕吐、呼气有 H_2S 味。当吸入相当大浓度时，会立即昏迷，甚至会呼吸麻痹而死亡。空气中 H_2S 的最大容许浓度为 0.01 mg/L。

2. 急救措施

①发现中毒时，应立即离开实验现场，吸入纯氧，必要时进行人工呼吸。

②吸入 H_2S 较多时，可临时吸入少量氯气催吐，然后送医院急救。

③眼受刺激时，应立即用2%的苏打水洗眼或用硼酸水作湿敷。

（六）浓硫酸的实验

1. 事故的发生

浓硫酸是化学实验经常接触到的试剂，常会出现事故。如做浓硫酸稀释的实验时，误将水加入浓硫酸里，会因迅速放热而使浓硫酸到处飞溅；也有的虽是将浓硫酸向水中加入，但由于添加速度快，烧杯质量差，骤然高温而使烧杯破裂，硫酸溢出；或倾倒浓硫酸时，不慎将浓酸溅到手上、衣服上等，均会引起烧伤事故。

2. 中毒症状

在实验室工作的条件下，主要是皮肤和衣物受到损害。如皮肤被浓硫酸烧伤，轻者局部发红疼痛，稍重者烧成水泡，周围大量出血，严重者可引起皮肤及皮下组织完全坏死，成焦黑色并结成灰色痂皮；衣服上溅到浓硫酸会被烧焦；眼睛受酸刺激会使眼睛发红、流泪、疼痛、畏光；鼻粘膜受刺激会出现鼻干、流涕等症状；咽喉受刺激会出现咽喉干燥、咳嗽等症状。

3. 急救措施

衣服上溅到浓硫酸时，应立即用大量水冲洗，再用小苏打水或肥皂水洗涤；皮肤烧伤，应先用大量水冲洗，再用稀氨水润湿伤处（或用3%~5%的碳酸氢钠溶液洗涤），最后再用水冲洗、擦干（也可再用1%的苦味酸湿敷），如出现水泡，必须再涂以红汞或甲紫溶液；眼、鼻和咽喉受浓硫酸刺激，可用温水或2%的碳酸氢钠溶液冲洗或含漱。

（七）钠的相关实验

1. 事故的发生

钠与水反应中，由于反应激烈，易使钠溅到面部或手上；取一块钠放在滤纸上，若将外表氧化膜切去，甩入废水缸，易引起爆炸事故；做醇化钠实验时，若误用消毒酒精，则易引起火灾。钠盐中硫酸钠毒性较小，但有强烈的导泻作用；硝酸钠为强烈的毒物，误服硝酸钠会引起中毒。

2. 急救措施

强碱（如 NaOH）液溅到手上或衣服上，应立即用水洗，然后用稀酸洒在受伤或受损的地方，最后再用大量水冲洗。误服硝酸钠，会引起剧烈恶心、呕吐、腹痛、腹泻等，严重者可因尿毒症而死亡。因此，发现中毒时，应立即送医院急救。

3. 事故的预防

①取钠时应尽量少，切下的"钠皮"应放回盛钠的煤油瓶内，不能随便乱丢。

②切下的钠和钾的碎渣，如果量很少，可以利用它和过量的醇相互作用来销毁；如果量较大时，可以把它放在炭火上烧毁。

③为了扑灭室内燃烧的少量碱金属，最好用熔烘过的苏打粉末铺盖。

④做钠与水的反应时，面部不要接近烧杯上方。

⑤做醇化钠实验时，所用的酒精应是无水酒精。

（八）氢氧化钠的实验

1. 事故的发生与中毒症状

强酸实验较能引人重视，而强碱（如 NaOH、KOH、CaO 等）则容易被忽视。其实，强碱类事故的后遗症比强酸类严重得多。主要是操作不规范，不慎腐蚀皮肤或误服导致事故发生。如 NaOH 溶解时放出的热量破坏玻璃容器（如烧杯），致使 NaOH 溶液流出，溅到手上使手强烈膨胀并变得粘滑，皮肤局部变白、刺痛。长时间接触会使手红肿，重者会引起手糜烂，呈严重的化学性烧伤现象。面部接近烧杯时，浓 NaOH 溶液会溅到眼睛里，使眼角膜发生混浊，轻微的灼伤会使视力下降。浓 NaOH 溶液不慎吸入口内，可使口腔、食道、胃粘膜糜烂，形成食道、胃狭窄，甚至会发生致命的胃出血。

2. 急救措施

皮肤烧伤时，应立即用大量清水冲洗，然后用 1% ~ 2% 的醋酸溶液或 2% 的硼酸溶液洗涤伤口，其中 $Ca(OH)_2$ 灼伤时，可用植物油洗伤处；若吸入口腔内，可用稀醋酸或 2% 的硼酸漱口；吸入胃里应避免洗胃和用催吐剂来催吐，而应口服稀醋酸、稀盐酸或稀柠檬酸等以中和强碱，同时口服蛋白水、生鸡蛋、牛奶和淀粉糊等以保护胃粘膜，若胃部剧烈疼痛，也可用止痛剂对症治疗。

（九）氨的实验

1. 中毒症状

空气中含有 0.5% 的气体氨时，便会引起中毒。使用氨水时不慎中毒，主要会刺激眼睛，使人不断流泪，不敢睁眼；刺激鼻粘膜，使嗅觉减退等。中毒较重时会引起中枢神经损害，如头痛、头晕、气喘及肺炎等。皮肤直接接触时会引起皮肤红肿、起泡脱皮，有刺痛感。所以，氨在空气中的最高容许浓度为 0.02 mg/L。

2. 急救措施

吸入氨的中毒者出现上述症状时，应立即离开中毒现场，吸入新鲜空气和水蒸气，也可口服 2% 的柠檬酸、稀醋酸、稀盐酸等。眼睛受刺激时，可用大量水冲洗；皮肤接触氨时，可用 2% 的稀醋酸充分洗涤，再用大量清水洗，也可以用 2% 的硼酸湿敷；误服中毒者，应立即送医院治疗。

为此，实验时取用氨水动作要快，尽量不让更多的氨逸散到空气中。同时，取用后应立即盖好试剂瓶瓶盖，密封保存。

3. 问题与讨论

氨是一种无色、有刺激臭味的气体，$-33\ ℃$ 时凝聚，$-78\ ℃$ 时凝为无色晶体。氨在水中的溶解度很大，$0\ ℃$ 时 1 体积水约溶解 1 200 体积的氨，$20\ ℃$ 时 1 体积水约溶解 700 体积的氨。市场上的浓氨水含 25% 的氨，医疗用的氨水浓度是 10%。氨溶于水时放出热量，而液氨又有很大的蒸发热，这与氨分子中有氢键并强烈地缔合有关。当它蒸发时从周围环境吸收大量的热，故液氨是常用冷冻机的冷冻剂。

另外，如吸入氨的蒸气或内服稀氨水（1 杯水含 3～10 滴氨水），可消除较强的麻醉状态；涂抹氨水可以减轻皮肤上的各种虫类咬伤。

（十）氯气的实验

1. 事故的发生

在中学化学实验中，用排气法收集氯气或制取氯气途中需要添加试剂（MnO_2 或盐酸）时，都会使氯气逸散到空气中，致使实验人员中毒。

2. 中毒症状

氯气有毒并有强烈的刺激性，主要通过皮肤和呼吸道对人体发生中毒作用。

①皮肤粘膜损害：眼结膜受刺激后，会导致眼酸流泪、畏光；鼻、咽粘膜发炎，会流鼻涕、打喷嚏、咽干、咽喉有灼烧感。

②呼吸道损害：吸入氯气后，会导致气管发炎，产生难以抑止的咳嗽，胸部有压迫感。中毒的轻重视空气中氯的含量及吸入时间的长短而定。如空气中氯气含量达 0.04～0.06 mg/L 时，30～60 min 即可导致严重中毒；含量达 3 mg/L 时，则会由于呼吸中枢突然麻痹，肺内化学性烧伤而迅速死亡。

在企业中，空气中可容许的自由氯的最高浓度为 0.001 mg/L。空气中含 0.01% 的氯或更浓时，很快会引起严重的病症。如在氯碱工业中，经常吸入少量的氯气，会引起面部呈淡绿色、支气管炎、严重消瘦和过早衰老。但是，氯虽有毒，患伤风感冒时吸入很少量的氯气反而是有益的。

3. 急救措施

①如发现已中毒应立即离开实验现场，同时吸入纯氧。

②对症处理：眼受刺激可用 2% ~ 3% 的苏打水洗眼；咽喉发炎可吸入 2% 的苏打水热蒸气；剧烈咳嗽或更严重者，可吸入氨水蒸气或酒精与乙醚混合的蒸气作为解毒剂。

4. 注意事项

①在通风条件差的实验室操作时，应站在上风向处操作。

②注意实验装置的密闭和尾气的回收，制取完毕将导气管插入碱液中。

③大量制备时，可戴上装有活性炭的口罩或防毒面具。

④制取氯气可用排饱和食盐水法收集氯气。实验结束后，应将氯气气体发生装置放在通风橱里。

5. 问题与讨论

①自来水中含氯气（0.002 g/L），对金鱼和花木有害，可将自来水放在日光下曝晒后使用。因为氯溶液在日光中迅速分解为氯化氢和氧气，其化学反应式为：

$$2Cl_2 + 2H_2O \xrightarrow{\text{光照}} 4HCl + O_2 \uparrow$$

②氯气几乎能和一切普通金属和除 C、N、O、F 外的所有非金属元素直接化合。由于氯气在完全没有水汽时不会与铁化合，因此可将氯气贮存在铁罐内。另外，氯被大量地用来漂白纸张和布匹及饮水消毒（1 m³ 约需 1.5 g），某些化学工业部门也常用到它。

（十一）溴的实验

1. 事故的发生

制备溴水时因不慎多取了液溴，或将液溴从试剂瓶中往容器里倒后没有立即盖上瓶盖，致使溴逸散到空气里，通过呼吸道引起中毒。取液溴时溅到手上，也会引起伤害。

2. 中毒症状

吸入溴蒸气后，立即会有咽喉发干、疼痛、不断咳嗽、粘膜发红、眼睛流泪、头晕、头痛、流鼻血等症状出现；严重者呼吸困难，甚至休克。皮肤接触溴，会发生各种皮疹，剧烈发痒。

3. 急救措施

轻微急性中毒时，应立即离开现场并吸入新鲜空气，或吸入水蒸气和氨水的混合物；若不慎吸入溴蒸气而中毒较重者，可立即吸入氨的酒精溶液来解毒（氨的酒精溶液是用10%的氨水与等体积的酒精混溶而成），并服用大量盐水或牛奶，咽冰块，吸入氧气；若不慎溅到皮肤上，应立即用大量水冲洗，再用10%的硫代硫酸钠溶液或氨溶液洗涤伤处，若伤处严重，应立即送医院治疗。

4. 注意事项

与"氯气的实验"注意事项相同（略）。

5. 问题与讨论

从装液溴的安瓿瓶里取出液溴时，为防止溴的挥发，应在盛液溴的试剂瓶内注入蒸馏水。由于溴比水重，大部分溴会沉在下层，上层为溴的饱和水溶液。这样既可防止溴的挥发，也便于取用。另外，溴的饱和溶液呈棕黄色，甚至在 $-20\ ℃$ 时不冻结，不稳定，加热时溴蒸气即从溶液中逸出。

（十二）　碘的实验

1. 事故的发生

制取碘水、碘的升华、地雷阵等实验中，均需取碘片。若不慎粘到手上或溅到眼睛里会引起灼烧感，吸入蒸气甚至误服也会引起中毒。

2. 中毒症状

碘蒸气有毒性和腐蚀性，吸入碘蒸气不仅会使人呼出的气体有特殊臭味，而且还会咳嗽、呼吸困难；刺激眼粘膜易引发结膜炎；皮肤接触会发炎；误服会使口腔粘膜水肿、咽喉有灼烧感、上腹部疼痛、呕吐黄色物质、头痛、头晕、虚脱等。

3. 急救措施

①碘灼伤的急救：不可将创面暴露于空气中或用油质类药物涂抹，应先用 $10\ g/L$ 的硫酸铜溶液洗净残余碘，然后用 $1:1\ 000$ 的高锰酸钾溶液湿敷，再用浸有 $CuSO_4$ 溶液的绷带包扎。

②碘蒸气造成的伤口，可用含碘5%的酒精溶液（碘酒）消毒。

③碘误服中毒者，应立即送医院急救。

4. 注意事项

与"氯气的实验"注意事项相同（略）。

（十三）　氢氟酸及氟化物的实验

1. 事故的发生与中毒症状

氢氟酸是无色、有强烈臭味的气体，易溶于水成无色可流动的氢氟酸。氟化氢在空气中由于与水蒸气形成溶液微滴而发雾。氢氟酸的蒸气有毒且有刺激性，能强烈腐蚀呼吸道。所有的氟化物或多或少都有毒，使用时要特别小心。

在用氢氟酸腐蚀玻璃进行雕刻的实验中，因操作不当而吸入过多的氢氟酸蒸气，会刺激气管粘膜，导致剧烈咳嗽；刺激咽喉使咽喉充血、肿胀、声音嘶哑；刺激眼睛，引起流泪、疼痛；刺激鼻粘膜可使嗅觉减退；刺激牙齿，使牙齿表面有锈黄色斑点；刺激皮肤会造成痛苦的难以痊愈的烧伤，使皮肤发痒、有灼烧感，严重时会使皮肤肿胀而迅速坏死。此外，氢氟酸还能使人体中的钙在组织中沉淀出来。

2. 急救措施

误服中毒者，可先服用 2% 的 $CaCl_2$ 溶液或稀氨水 200～300 mL 洗胃以急救，然后送医院治疗；呼吸中毒如出现气喘，应立即吸氧，然后送医院急救；皮肤被氢氟酸烧伤时，应迅速长时间用大量冷水（或稀氨水）冲洗伤处，直至伤口表面发红，然后用 50 g/L 的碳酸钠溶液洗，再用甘油与氧化镁（2∶1）悬浮剂涂抹，最后用消毒纱布包扎。

3. 问题与讨论

液态的 HF 是一种流动的液体，几乎不导电。很多无机化合物能溶解于 HF 液体中，而所形成的溶液一般是能导电的。

HF 和一些非金属氧化物（如 SiO_2）能作用。SiO_2 是玻璃的组成部分，HF 和 SiO_2 作用时生成气态的四氟化硅和水：$SiO_2 + 4HF = SiF_4 \uparrow + 2H_2O$。因此，氟化氢不能用玻璃仪器来制取或贮存。通常氟化氢的溶液是用铅、硬橡胶或塑料的瓶子来保存。基于氟化氢与 SiO_2 的相互作用，气态氟化氢被用来"腐蚀"玻璃。当玻璃表面去掉 SiO_2 的微屑，就变毛了，因此可用氢氟酸在玻璃上制作各种标记或刻字画等。市场上的氢氟酸通常含有 40% 的 HF。

（十四）氢氰酸与氰化物的实验

1. 中毒条件

氢氰酸是可流动的无色液体，是很弱的酸之一，其电离常数为 7.2×10^{-10}，甚至不使石蕊变成红色；易溶于水、脂肪和有机溶剂；有特别气味，极毒，误服 0.05 g 即可致命，每升空气中含 0.3 mg 就能使人丧命。实验时常用的氰化物有氰化钾和氰化钠，均为无色晶体，均溶于水。除直接误服中毒外，其蒸气与粉尘通过呼吸道吸入或皮肤渗入也可能引起中毒。氢氰酸在空气中的最高容许浓度为 0.000 5 mg/L。

2. 中毒症状

氰化物有剧毒，主要引起呼吸神经中枢麻痹。中毒较轻者，出现唇舌发麻、头痛、下肢无力、胸部有压迫感、恶心、血压升高、瞳孔散大等症状。中毒严重时，会出现呼吸不规则、昏迷、强直性痉挛、大小便失禁、皮肤出现鲜红色彩、血压下降、迅速发生呼吸障碍而死亡。

3. 急救措施

发现急性中毒时，应迅速到室外空气新鲜的地方，脱去外衣，解开衣扣，搔上颚或用肥皂水、呕吐剂帮助呕吐，同时内服 1% 的 $Na_2S_2O_3$ 溶液或 2% 的小苏打溶液或 1:5 000 的高锰酸钾溶液洗胃。氢氰酸蒸气中毒时吸入氨气也能解毒。发生晕厥时应立即进行人工呼吸，然后再送医院急救治疗。皮肤粘膜受刺激时，可用 2% 的小苏打溶液或大量清水多次冲洗。

4. 问题与讨论

①氰化物解毒剂的配制和服用：

A 溶液的配制：取 158 g $FeSO_4 \cdot 7H_2O$ 与 3 g 柠檬酸结晶溶于 1 L 冷蒸馏水中。溶解后倒在广口瓶内，塞上用聚乙烯薄膜包裹的软木塞。瓶外贴上"氰化物解毒剂 A"的标签。

B 溶液的配制：取 60 g Na_2CO_3 溶于 1 L 蒸馏水中，溶解后倒入广口瓶中，塞上用聚乙烯薄膜包裹的软木塞。瓶外贴上"氰化物解毒剂 B"的标签。

使用时将 A、B 两溶液各取 50 mL 混合均匀，混合后即生成氢氧化亚铁悬浊液，给患者一次服下并促使呕吐。$Fe(OH)_2$ 遇氰化物即生成不溶性的铁氰络合物。

②氰化物在工业上用于制丙烯腈和丙烯酸树脂，农业上用作杀虫剂，用于熏蒸仓库和果树、苗木等。

（十五）磷及其化合物的实验

1. 中毒条件

磷有白磷和红磷。白磷比红磷活泼，它在低温下也能在空气中慢慢被氧化，在 34 ℃ 时已能着火。红磷在空气中几乎不被氧化，着火点在 240 ℃ 以上。红磷毒性较小，白磷毒性大，误服 0.1 g 即可致死，空气中最高容许浓度为 0.03 mg/L。另外，磷化物如 PCl_3、PCl_5，是侵蚀性的液体，而 PH_3 是无色有恶臭的剧毒气体。

2. 中毒症状

主要引起肠胃与肝脏的损害。误服 0.1 g 白磷会使口腔内有灼烧感、恶心、呕吐，吐出物呈黑色，呼吸时口中有蒜味，严重时会发生昏迷、呼吸衰竭而死亡；刺激眼粘膜，可引起结膜充血；刺激皮肤可引起各种程度的化学性烧伤；侵入骨骼则会引起骨质松脆，甚至败血症等。

3. 急救措施

因误服中毒后，应迅速用 0.1% 的硫酸铜溶液（200 mL）催吐并洗胃（每过 5 min 服一茶匙直至呕吐），然后送医院治疗；皮肤烧伤者应注意不要把灼伤面暴露在空气中或用油质类药物涂抹，可用 5% 的硫酸铜溶液洗净残余的磷，再用 1:1 000 的高锰酸钾溶液湿敷，最后再用浸有 5% 的硫酸铜溶液的绷带包扎，也可用吸有饱和苦味酸溶液的药棉或纱布贴在伤处，再用绷带包扎后，速送医院治疗。

4. 注意事项

做磷的实验时，应进行密闭操作，严禁在实验场地进食、饮水和吸烟，避免事故的发生。

5. 问题与讨论

硫酸铜之所以可以用作白磷的解毒剂，是因为硫酸铜和白磷能发生反应，生成不溶性沉淀。其反应的化学方程式为：

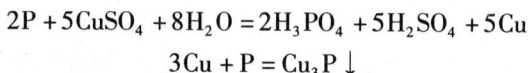

$$2P + 5CuSO_4 + 8H_2O = 2H_3PO_4 + 5H_2SO_4 + 5Cu$$

$$3Cu + P = Cu_3P \downarrow$$

（十六）汞及汞盐的实验

1. 事故的发生

封口的水银温度计、比重计的破裂，或实验时汞撒落等，都会导致与汞接触而中毒。由于汞的蒸气压在普通状态下为 0.001 mmHg，所以空气中有微量的汞，就有慢性中毒的可能。汞滴撒落在台面、地面的缝隙，形成细小的球状液滴的危险性更大。空气中汞的最高容许含量为 0.000 01 mg/L。

2. 中毒症状

汞蒸气可以通过呼吸道吸入或经消化道随饮食误服，以及皮肤接触吸收而使人中毒。急性中毒较少见，慢性中毒以消化系统与神经系统症状为主。

消化道损害主要影响口腔粘膜，表现为初期口内有金属味、流涎、齿龈松弛，随后发展为口腔粘膜溃烂、牙齿脱落、食道剧烈疼痛、恶心、呕吐、腹泻等。汞进入机体的作用进行得很缓慢，首先出现的是神经系统的损害，主要表现为嗜睡、四肢疼痛、记忆力减退，严重者发生内脏机能被迅速破坏、心脏作用逐渐衰退、上下肢远端麻痹、感觉丧失等。

3. 急救措施

急性误服中毒者，可以用手指压上颚，使中毒者呕吐，然后口服牛奶和蛋白，汞即被肾脏自机体内排出，也可用 20 ~ 30 g 的 $MgSO_4$ 作导泻剂，每日 1 ~ 2 次促使腹泻。中毒症状严重者，必须送医院急救。

4. 注意事项

①使用汞的实验室的室温不可过高，注意通风。

②撒落的汞必须立即清除干净。可在汞撒落的桌上和地上所有的缝隙，立即撒上硫粉，将汞的液珠全部覆盖 4 h。待汞与硫反应完全生成不挥发的硫化汞（或汞齐）后，尽快彻底清扫，用水冲洗，再长时间通风。

③使用温度计时，应特别小心，不要滚落到地上打破。

④储存汞时也应小心。盛汞的试剂瓶开启后，应注意密封，如密封不好，

可在盛汞的瓷瓶内注入一层水，水在汞上面，进行"水封"，防止汞挥发。

5. 问题与讨论

①汞蒸气比空气重1倍。在汞盐中有升汞（$HgCl_2$）、甘汞（Hg_2Cl_2）、硃砂（HgS）、硝酸汞［$Hg(NO_3)_2$］、氰化汞［$Hg(CN)_2$］。其中，以升汞的毒性最大，致死量为0.3 g，所以误服0.2~0.4 g即可死亡。

②汞撒落在地上或桌上易形成球状液滴，其危险性为什么会更大呢？因为汞是液态金属，而液体表面分子周围的分子比液体内部分子周围的分子少，因而具有表面张力。表面张力也是分子间作用力的量度。汞的表面张力比水的表面张力要大，所以汞是一种湿润能力特别差的物质。当它撒落在桌上或地上时，就形成了细小的球状液滴，到处乱滚，易滚在低洼的缝隙里，要想把它收集起来就很困难。由于细小的汞滴的蒸气压更大，致使汞的蒸发总表面积更大，因而慢性中毒的危险性也更大。

③汞的蒸气压随温度的升高而逐渐升高，如0 ℃时汞的蒸气压为0.025 Pa，10 ℃时为0.055 Pa，20 ℃时为0.16 Pa。

④汞齐，又称汞合金，是汞与一种或几种其他金属形成的合金。天然的汞齐有银汞齐和金汞齐，人工制备的有钠汞齐（作还原剂）、锌汞齐（制备电池）和锡汞齐（制镜）等。

（十七）砷及砷化物的实验

1. 砷及砷化物的性质

砷为无臭、无味、质脆、暗灰色、有金属光泽的结晶团状物。砷本身毒性不大，但部分可溶性砷化物是剧毒物质，如三氧化二砷（As_2O_3，砒霜）是白色无臭、几乎无味、很毒的粉状物；砷化氢（AsH_3）是无色具有不愉快气味的气体，有大蒜味，毒性极强；五氧化二砷（As_2O_5）是白色玻璃状固体，有剧毒，在空气中易潮解；三氯化砷（$AsCl_3$）是密度较大且发烟、有毒的无色油状液体；亚砷酸（H_3AsO_3）具有不愉快的甜味、金属味，仅以非游离状态存于溶液中。

2. 中毒症状

在所有动植物体内都含有极微量的砷，服用很少量的砷会刺激生命过程，但较多时则有强烈毒性，致死量为0.01~0.05 g，内服0.1 g As_2O_3（砒霜）即能立即致死。空气中最高容许砷的浓度为0.000 3 mg/L，通常可经口进入胃肠而中毒，蒸气和粉尘可由呼吸系统吸入，引起局部粘膜刺激或全身中毒症状。

若吸入砷化氢蒸气，会使鼻咽部干燥、流涕、剧烈咳嗽、呼吸困难，但砷化氢的中毒症状不是立刻出现，而是在吸入几小时后才表现出来。因此，危险性更大。

消化系统的损害：无论是急性误服还是慢性积累，都会有食欲不振、恶心、呕吐、昏睡不醒等症状出现，有时还会发生黄疸、肝硬化和肝脾肿大等。

皮肤损害：暴露在外的手和脸上会有各种皮疹和皮炎。

3. 急救措施

①鼻咽部损害者可用 1% ~2% 的苏打水冲洗和含漱。

②砷化物蒸气（如 AsH_3）吸入中毒者，应立即离开现场，呼吸新鲜空气或吸氧，做有效的急救。As_2O_3 中毒可用沉淀的 $Fe(OH)_3$ 和微热的 MgO 混合作解毒剂。

③皮肤受损害时，可以在受伤处涂硼酸软膏。

④消化道中毒症状严重者，可静脉注射葡萄糖或氯化钙，口服大量的食糖也有效。另外，用新制的 MgO 与 $Fe_2(SO_4)_3$ 溶液混合并强烈振荡，生成 $Fe(OH)_3$ 悬浮液，将此悬浮液每隔 10 min 给患者喝一茶匙，也有解毒效果。有条件的应送医院急救。

4. 问题与讨论

砷化氢加热时容易分解出元素砷（As），这种方法广泛用于法庭医学分析和卫生防疫分析上。具体做法是：把所产生的气体导入加热的玻璃管，如果有 As 存在，则在靠近加热的地方，玻璃管内会形成亮黑色元素 As 积累的"砷镜"。

（十八）钡盐的实验

1. 事故的发生

钡盐中以碳酸钡、氯化钡等可溶性钡盐的毒性最大，如氯化钡可用来制作农业杀虫剂，使用不当易引起中毒。不溶性硫酸钡（室温下每 100 g 水中约溶解 0.000 23 g）则几乎无毒，故可应用于医学 X 射线诊断中。但是，在硫酸钡中若混有可溶性钡盐，也可因"钡餐"透视服用而中毒。另外，在实验过程中，也可能因误服而中毒。

2. 中毒症状

钡化合物中毒时，主要表现为消化道和神经系统损害。误服中毒时食道和胃有灼烧感，有呕吐、腹泻、内溢血等症状。中毒严重时则脉搏慢而强、血压下降，进而心肌麻痹而死亡。神经系统受损时，可导致头痛、头晕、视力减退、全身无力，也可能发生惊厥、深度昏迷而死亡。钡盐的致死量为 0.8 g。

3. 急救措施

急性中毒时应立即用 1% 的硫酸钠洗胃，使可溶性钡盐变为不溶性硫酸钡而从体内排出。服用缓泻剂稀硫酸镁溶液 20 ~ 30 g 促使腹泻，也是一种急救的方法。如发现心力衰竭时，应立即送医院急救。

（十九）铜盐的实验

1. 中毒症状

硫酸铜是实验室经常用到的盐类，具有腐蚀及催吐作用，局部应用时具有刺激作用。误服后导致流涎、口内有金属味、恶心、呕吐、吐出绿色物质、腹痛、大便黑色等。严重者有头痛、眩晕、心跳迟缓、呼吸困难等全身症状。误服 3 g 硫酸铜就会有生命危险。

2. 急救措施

口服中毒者应用 0.1% 的黄血盐（亚铁氰化钾）洗胃，并注射止吐、止痛药，饮用鸡蛋白水，禁吃脂肪类食物。

3. 问题与讨论

游泳池中湛蓝的水，是由于在水里放入了少量的 $CuSO_4$。它能杀灭游泳者身上带到池里的细菌，保证游泳者身体健康。其离子反应式为：

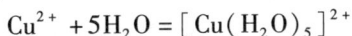

$$Cu^{2+} + 5H_2O = [Cu(H_2O)_5]^{2+}$$

二、有机化学实验事故的发生与急救

（一）三氯甲烷的实验

1. 中毒症状

三氯甲烷（$CHCl_3$，亦称氯仿）是无色、透明、易挥发的液体，沸点 61.2 ℃，有极微弱的芳香气味。慢性中毒时以神经系统损害为主，常见有嗜睡、头晕、无力、手脚麻木、视力减退等症状。吸入大量蒸气后，发生急性中毒时，会导致剧烈头痛、嗜睡、恶心、步态不稳等神经系统症状。严重者会产生意识不清等。

2. 急救措施

急性中毒者应立即吸氧，直到其鼻腔闻不到三氯甲烷的气味为止，然后送医院急救。头痛、呕吐难忍时，可先服止痛药、止吐药。三氯甲烷中毒应禁止使用氯化物治疗，如氯化钙等。

3. 注意事项

①实验时应注意在通风橱里进行操作，防止逸散。

②其试剂瓶应密封避光存于阴凉通风处，不能露天存放。

③禁止在实验室内进食或吸烟。

④实验操作时必须戴多层防护口罩。

⑤患肝脏病、气管炎或支气管炎、神经衰弱等病人，严禁接触此类药品的实验。

4. 问题与讨论

①足球运动员在球场摔伤时，医生在受伤处用喷壶喷几下，运动员很快又能冲向球场。此壶中装的是氯乙烷（CH_3CH_2Cl），它是一种无色、易挥发、沸点只有 13.1 ℃ 的有机物。由于它迅速挥发而使受伤部位皮肤的表面温度骤然下降，知觉减退，从而起镇痛和局部麻痹的独特作用。

②$CHCl_3$ 在光的作用下能被空气中的氧气氧化，生成氯化氢和有剧毒的光气。可通入 1% ~2% 的乙醇，使光气与乙醇作用生成碳酸乙酯，以消除光气的毒性。

（二）四氯化碳的实验

1. 中毒症状

CCl_4 主要通过呼吸道吸入而中毒，会引起肝脏与肾脏以及神经系统的损害，如剧烈的呕吐、腹痛、便血、肝大、尿量减少甚至完全闭尿、头痛、眩晕、意识不清，还会导致皮肤灼伤等。

2. 急救措施

轻度中毒者，只要离开现场，呼吸新鲜空气即可；吸入 CCl_4 蒸气量较多时，应立即用温水洗胃，饮用蛋清或 2% 的苏打水；急性中毒者应立即进行人工呼吸、吸氧；症状严重者，应送医院急救。

3. 问题与讨论

①CCl_4 为无色液体，易挥发，沸点 76.8 ℃，不能燃烧，其蒸气与空气混合不会产生爆炸性混合物，所以应用很安全。它是很好的有机溶剂和提取剂，又是人体麻醉剂，空气中容许的最高浓度为 50 mg/L。CCl_4 经日晒能在空气中形成剧毒的光气（$COCl_2$），受热到 250 ℃ 以上时，也能与水蒸气作用生成盐酸和光气：$CCl_4 + H_2O \xrightarrow{\text{高温}} COCl_2 + 2HCl$。

光气是一种无色气体，有特殊的臭味。由于光气的毒性大、密度大、容易制备且便宜，便被用作第一次世界大战中的化学武器。光气中毒时，患者必须得到充分休息并吸氧。空气中光气的最高容许浓度为 0.000 5 mg/L。

②世界卫生组织（WHO）所属国际癌症研究机构分析致癌因素时，认为化学因素大于 90%。目前国际癌症研究署（IARC）已将四氯化碳、苯等列为对人体致癌的化学物质。因此，实验时应注意密闭操作，或站在上风向操作并戴上口罩。

③由于 CCl_4 是无色液体，具有不助燃、不自燃、不导电、沸点低（76.8 ℃）、密度大（1.594 g/L）等特性，所以能用作灭火剂。当它喷到火区时，会迅速蒸发。由于其蒸气比空气约重 5.5 倍，故能密集在火源四周并包围住正在燃烧的物质，使之与空气隔绝。当空气中含有 10% 的四氯化碳蒸气时，燃烧的火焰可迅速熄灭。由于它不导电，故特别适用于电器设备的灭火。

（三）苯的实验

1. 事故的发生与中毒症状

在大中学的有机化学实验中都会接触到苯。苯有毒，在密闭室内工作易引起中毒。苯的渗透能力很强，易渗入皮肤。苯蒸气可通过呼吸道对人体产生损害，多为慢性中毒，其中以造血器官与神经系统损害最显著。造血器官受损害时，会出现齿龈、鼻腔及皮肤粘膜出血、月经过多、血液中红细胞数目减少等；神经系统受损害时，早期会出现头痛、眩晕、失眠，严重时可发生共济失调、感觉障碍等；急性严重中毒者常见有头痛、无力、肢体痉挛、恶心、呕吐等症，很快即昏迷死亡；皮肤接触苯后，会发红、搔痒，甚至起水泡等。苯在空气中的最高容许浓度为 50 mg/L。

2. 急救措施

慢性中毒引起贫血者，应去医院注射肝精、维生素 B_{12}，内服硫酸铁；皮肤受损时，应立即用肥皂和清水洗涤多次，然后去医院用白色洗剂或其他药剂洗涤；急性中毒应立即进行人工呼吸，同时吸氧（含 5% CO_2 的 O_2），然后去医院治疗。

3. 注意事项

①苯有毒，对于出血性体质，有贫血、肝脏疾病、顽固性皮炎及湿疹的患者，尤其是孕妇与哺乳期的妇女，严禁接触苯。

②实验时应注意通风，而且盛苯的容器应完全密闭贮存于阴凉通风处，远离火种热源。

③实验时必须戴多层防护口罩。

4. 问题与讨论

苯是易挥发、易燃烧的液体，有芳香味，沸点 80.1 ℃，不溶于水，溶于乙醇、乙醚等有机溶剂。其蒸气与空气的混合物的爆炸极限是 1.5% ~ 8.0%（体积比）。

（四）硝基苯的实验

1. 中毒症状

硝基苯（苦杏仁油）为无色或微黄色液体，具有苦杏仁味，有毒，几乎不溶于水，易溶于酒精与乙醚，沸点 210 ℃。接触时会因吸入或皮肤渗入而中毒。

中毒症状主要表现为头痛、眩晕、呕吐，严重者呼吸困难、言语不清等。中毒后经急救与治疗，常常仍留有后遗症，如头痛、易疲倦、贫血、胃痛等。另外，皮肤接触硝基苯，也可引起结节性或渗出性湿疹。若误服 2 滴硝基苯就可能引起死亡。

2. 急救措施

与"苯的实验"急救措施相同（略）。

3. 问题与讨论

吸入硝基苯蒸气会发生中毒，这是由于硝基苯有氧化作用，它把人体内的血红蛋白氧化成氧化血红蛋白（即高铁血红蛋白），大大阻碍了血红蛋白输送氧的作用。因而，吸入硝基苯的蒸气，会发生呼吸急促和皮肤苍白等现象，若长期中毒会损坏肝脏。

贮存条件：密封存于阴凉通风处，远离火种热源，防止受热与冻结。

（五）甲醇的实验

1. 中毒症状

甲醇又名木精，常温下为无色易挥发、易燃液体，易溶于水，沸点64.65 ℃，具有极强的毒性。吸入一定量（10～20 g）蒸气便会中毒，出现头痛、头晕、恶心、耳鸣、手抖、视力模糊甚至完全失明等症状。误服液体5～10 mL即产生严重中毒症状，如恶心、呕吐、全身皮肤变成青紫、呼吸困难、四肢痉挛等。致死量为25 g，因呼吸麻痹而死亡。

2. 急救措施

吸入少量蒸气而中毒者，应立即迅速离开现场，吸入新鲜空气，必要时进行人工呼吸并保暖，中毒严重者可注射解毒剂。乙醇为甲醇中毒的解毒剂，可静脉注射1 000 mL含5%乙醇的葡萄糖盐水。急性内服中毒者，应立即去医院急救洗胃，吸入氧气（含5% CO_2 的 O_2），放血并注射生理盐水或葡萄糖盐水，并内服碱性饮料，静脉注射小苏打溶液50～60 mL，保持血液的pH呈碱性。

（六）苯酚的实验

1. 中毒症状

苯酚（石炭酸）在医药中及实验室用作消毒剂，也是合成各种芳香化合物的化工原料，并用于配制农药等，因其具有特殊气味、有毒且有腐蚀性，使用时应小心。

苯酚常由皮肤接触或其蒸气及粉尘经呼吸道吸入而中毒。皮肤接触会引起皮肤发红、搔痒、先麻木后发白，皮肤表面起皱纹、刺痛，甚至发生局部水肿；吸入呼吸道则会恶心、呕吐、呼吸困难、上腹部痛，甚至昏迷致死等。

2. 急救措施

苯酚溅到皮肤上，应先用水洗，再用2%的苏打水或生理盐水冲洗；或先用大量水冲洗，然后用4体积乙醇（70%）与同体积三氯化铁（0.1 mol/L）的混合液洗。咽喉受刺激可用2%的苏打水含漱。内服中毒者可用温水和氧化镁溶液（30 g/L）洗胃，洗胃后再用轻泻剂，最后再服牛奶保护胃。

3. 问题与讨论

①苯酚之所以能用作消毒剂，是因为苯酚对细胞的原生质蛋白质有变性作用或凝聚作用，故能杀灭细菌及其芽孢。医疗上用的消毒剂是0.5%～3%的苯酚水溶液。但是，苯酚对皮肤有强烈的腐蚀性，故只适于对外科手术用具的医疗器械及病人排泄物的消毒，不适于对人体皮肤的消毒。因它的毒性较大，目前已不大使用。此外，用于消毒的"来苏儿"水是甲酚和肥皂溶液的混合物；用作木材防腐剂的"杂酚油"是用从煤焦油中提取出的苯酚和甲酚的混合物；

用于血吸虫疫区杀灭钉螺的是五氯酚钠。

②纯净的苯酚是无色或白色晶体，但它在空气中能被空气中的氧气慢慢地氧化成对苯醌：

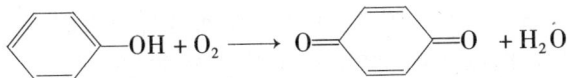

$$\text{\includegraphics{benzene}}-OH + O_2 \longrightarrow O=\text{\includegraphics{quinone}}=O + H_2O$$

对苯醌能进一步和苯酚结合，生成一种结构复杂的红色物质。通常苯酚在空气中会逐渐呈现粉红色，就是由于这个原因，变红色的苯酚不影响实验。

（七）甲醛的实验

1. 中毒症状

甲醛在常温下为无色气体，沸点 $-19\ ^\circ C$，具有强烈臭味。甲醛的40%水溶液俗称福尔马林，用作消毒剂和防腐剂。

实验时接触甲醛或消毒时使用福尔马林，易使皮肤和粘膜受刺激而受伤。吸入过多蒸气会引起口腔粘膜受刺激，如出现鼻炎、支气管炎、咽炎、咳嗽；眼粘膜受损害时，会产生眼结膜炎、大量流泪、视力模糊等；面部、手臂接触福尔马林时，皮肤会肿胀、发红，产生剧烈的灼烧感，严重者手指会泡成腊肠状等。

2. 急救措施

急性中毒时，应吸入氧气，注射葡萄糖；粘膜受刺激时，用2%的苏打水洗涤或喷雾吸入；皮肤受损害时，应用氧化锌、硼酸软膏涂敷。

3. 问题与讨论

①甲醛水溶液的浓度最高可达55%，其蒸气和空气混合物的爆炸极限为7%～73%（体积比）。

②甲醛为什么能用于防腐及消毒呢？因为甲醛能与蛋白质中的氨基酸结合而使蛋白质变性、酶的活性消失，因而有很强的杀菌作用。通俗地说，即甲醛能使蛋白质凝固，并使它变成不溶状态，使蛋白质失去腐败的能力。所以，福尔马林可以用于空气消毒和保存尸体及生物标本。

（八）乙酸的实验

1. 中毒症状

乙酸即醋酸，是一种弱酸，有固体和液体两种：无水的固体醋酸为冰醋酸；液体醋酸为无色透明液体，沸点118 $^\circ C$，熔点16.7 $^\circ C$，密度1.05 g/L，可溶于水、乙醇和乙醚。它是一种重要的有机酸，又是生活中常遇到的食醋的主要成分。醋酸的刺激性较强，会刺激皮肤、粘膜，吸入其蒸气亦会引起中毒症状。皮肤受醋酸侵害后，先是皮肤表面发红、疼痛，然后形成灰白色痂皮；急性吸入醋酸蒸气，会引起剧烈的干咳，严重者会呼吸困难；慢性吸入则引起鼻粘膜发干、流鼻涕、鼻炎、咽炎、气管炎；眼受刺激会引起粘膜发红、充血等；内服大量醋酸会引起呕吐、腹泻，甚至休克而死亡。

2. 急救措施

内服中毒者，首先用温水 7~10 L 洗胃，少量多次；眼受损害可用温开水或 2% 的苏打水冲洗；皮肤受刺激，只要用清水冲洗几次即可；呼吸道受损害，可用 2% 的 $NaHCO_3$ 溶液含漱，严重者可喷入 2% 的苏打水。

3. 问题与讨论

无水乙酸在 16 ℃ 以下会凝固成冰醋酸。普通的乙酸是约含 36% 乙酸的无色透明液体。

（九）丙酮的实验

1. 中毒症状

丙酮是无色、易挥发、易燃液体，有令人愉快的气味，沸点 56.5 ℃，可溶于水，是一种常用的有机溶剂。吸入其蒸气对人体有麻醉效应，轻则刺激人的眼睛及呼吸道，出现流泪、畏光、流涕等症状；重则有晕厥、痉挛、尿中出现蛋白和红细胞等症状。

2. 急救措施

发现上述症状时，应立即离开现场，呼吸新鲜空气，严重时应送医院急救。为此，使用丙酮进行实验时，应戴双层口罩并站在上风向操作。另外，用它作粘合剂时，应随取随用，迅速盖上瓶盖并快速操作，不用时应密封避光存于阴凉通风处，室温不超过 30 ℃，防止阳光直射，并与氧化剂分开存放。

3. 问题与讨论

丙酮能与水、甲醇、乙醇、乙醚和氯仿等混溶，能溶解油、脂肪、树脂和橡胶等。其蒸气与空气混合物的爆炸极限为 2.55%~12.80%（体积比）。

（十）三聚氰胺

1. 物理化学特性

三聚氰胺又称密胺，为纯白色单斜晶体，无味，密度为 1.573 g/L（16 ℃时），常压下熔点为 354 ℃。急剧加热则分解，快速加热会升华，升华温度为 300 ℃。溶于热水，极微溶于热乙醇，不溶于醚、苯和四氯化碳，可溶于甲醇、甲醛、乙酸、热乙二醇和甘油等，低毒。在一般情况下较稳定，但在高温下可能会分解放出氰化物。

三聚氰胺呈弱碱性，与盐酸、硫酸、硝酸、乙酸和草酸等都能形成三聚氰胺盐。在中性或微碱性条件下，与甲醛缩合生成各种羟甲基三聚氰胺，但在微酸性环境中（pH 为 5.5~6.5），能与羟甲基的衍生物进行缩聚反应而生成树脂产物，其产物遇强酸或强碱水溶液会水解，氨基逐步被羟基取代，先生成三聚氰酸二酰胺，进一步水解生成三聚氰酸一酰胺，最后生成三聚氰胺。

2. 用　途

三聚氰胺是一种化工原料，用途广泛，可用于塑料、涂料、粘合剂和食品包装材料的生产。在牛奶中作为添加剂，虚增了牛奶中蛋白质的检测量，可使原奶在掺入清水后，仍然符合国家收购标准。不法分子利用此性质，增加交奶量以图暴利。

3. 中毒症状及危害

三聚氰胺会造成食源性疾病，如泌尿系统结石，也可能由环境、食品包装材料等途径进入食品中。其中，婴幼儿食用受污染的配方奶粉（如三鹿婴幼儿配方奶粉，其三聚氰胺的含量高达 2 563.0 mg/kg）是引起中毒的主要途径。

一般婴幼儿配方奶粉中三聚氰胺的限量值为 1 mg/kg；液态奶（包括原料奶）、奶粉、其他配方乳粉及含乳 15% 以上的其他食品的限量值为 2.5 mg/kg。高于上述限量值的产品一律不得销售。这一限量值不是一个保护健康的标准，而是用于监管非法添加三聚氰胺的。食用含三聚氰胺的配方奶粉可导致婴幼儿患肾结石。中毒的主要临床表现为：出现不明原因的哭闹，排尿时尤甚，可伴呕吐；肉眼或镜下血尿；急性梗阻性肾衰竭，表现为少尿或无尿；尿中可排出结石，男婴结石阻塞尿道，可表现为尿痛，排尿困难；高血压、水肿、肾区叩击痛。

4. 诊疗方案

卫生部公布的诊疗方案如下：除重症患者应卧床休息外，一般患儿一是应多活动，以利结石排出；二是积极预防感染；三是多饮水，无尿期的患者应根据病情限制饮水；四是严密观察患儿尿色、尿量及性状；五是适当限制摄入含钙高的食物，免食草酸盐多的食物如果汁、巧克力等，可口服维生素 B_6 预防结石；六是加强患儿的基础护理，勤换内裤，婴幼儿勤换尿布，大便后及时清洗。因此，大量饮水、多活动是最有效的预防泌尿结石的方式；其次要控制蛋白质、糖的摄入量，增加新鲜蔬菜、水果的摄入量；合理补钙，不要过量服用鱼肝油；不要憋尿，憋尿易造成尿液浓缩，增加结石的发病率。

三、常见农药的中毒与急救

（一）农药的毒性

各种农药对人畜的毒害程度各不相同，其毒性的大小和强弱常用大白鼠口服急性中毒致死的量来表示，符号为 LD_{50}。它表示能够把一群试验动物毒死一半时所需的药量。其用药量的单位是每 1 kg 体重动物使用的农药的毫克重量数。农药的 LD_{50} 值越小，表示这种农药的毒性越大，对人畜越危险。反之，农药的 LD_{50} 值越大，则表示这种农药毒性越小，对人畜越安全。部分农药的毒性如表 3-2 所示。

表 3 - 2　部分农药的毒性

LD_{50}值（mg/kg）	农药毒性	代表农药
<1	极毒	涕灭威
1~50	剧毒	呋喃丹、甲拌磷（3911）、对硫磷（1605）
50~100	高毒	敌敌畏、毒杀芬、氧化乐果等
100~500	中等毒性	乐果、氯氰菊酯、稻瘟净等
500~5 000	低毒	敌百虫、皮绳磷、除草醚等
5 000~15 000	微毒	多菌灵、灭菌丹、代森锌等
>15 000	实际无毒	井冈霉素、调节灵等

（二）常见农药的中毒与急救

农药的"药害"主要对作物而言。施用农药后，作物或种子出现不良生长现象，甚至出现整枝死亡等病态，称为"药害"。为避免药害，应了解各种农药的性能、施用浓度和剂量、施用时间和方法以及注意事项等。这里介绍的农药的"毒害"主要是指农药对人畜的毒性。一般来说，农药对人体都有一定的毒性。农药侵入人体后，轻者皮肤红痒灼痛、头昏、腹痛，重者昏迷死亡。因此，除注意安全施用农药外，还应了解一些农药的中毒急救措施。

在施用农药的过程中，万一吸入农药发生中毒，应立即离开现场，呼吸新鲜空气。中毒者可喝牛奶、豆浆、蛋白、米汤等保护剂保护胃粘膜。活性炭等吸附剂和浓茶、硫化钠溶液等沉淀剂能临时帮助排毒。严重者应去医院急救，洗胃、导泻，并静脉注射阿托品、氯磷定、解磷定等解毒。皮肤吸收中毒者，可用大量温水洗手、脸、毛发和眼睛等污染部位，被污染的衣服也应脱掉。这里应注意，不能用热水洗皮肤，因用热水会加速皮肤对毒物的吸收。

现针对各种常用农药的中毒症状与急救措施作简单介绍。

1. 有机磷农药

这类农药具有高效、低毒、低残毒、广谱等特点，发展很快，品种较多，主要有久效磷、甲胺磷、亚胺硫磷、敌百虫、马拉松、稻瘟净、克瘟散、1605、1059 等。

（1）中毒症状

误服或吸入过多会出现头痛头昏、恶心呕吐、多汗、胸闷、腹痛腹泻、视力模糊、呼吸困难等症状。严重者心跳加快、血压升高、口吐白沫甚至发生中毒性休克。

（2）急救措施

可口服2%的苏打水或1∶5 000 的 $KMnO_4$ 溶液或1%~3%的双氧水洗胃，

再用 0.2% ~ 0.5% 的 $CuSO_4$ 溶液催吐，然后送医院急救。

（3）注意事项

①敌百虫遇碱可转变成毒性比它大 10 倍左右且挥发性很强的敌敌畏，所以误服敌百虫中毒时应用温水或生理盐水洗胃，严禁用苏打水、肥皂水洗胃，防止加重中毒症状。

②马拉松、乐果、1605 等硫代磷酸酯类有机磷农药中毒时，禁用 $KMnO_4$、双氧水洗胃。因为它们能使硫代磷酸酯类转化成毒性更高的氧化物，如马拉松转变为马拉氧磷、乐果转变为氧化乐果。

③乐果、磷胺、敌百虫等中毒时，静脉注射解磷定的治疗效果不好。解磷定在碱性溶液中可水解成剧毒的氰化物，故应严禁将解磷定与碱性药物混合使用。

2. 有机氯农药

这类农药主要有毒杀芬、螨卵酯、稻丰宁、氯丹、三氯杀螨醇等。

（1）中毒症状

误服或吸入中毒时，会出现头痛眩晕、软弱无力、恶心呕吐，亦会引起接触性皮炎。轻者抽搐、腹泻，重者全身抽搐、昏迷，甚至死亡。

（2）急救措施

发现中毒时，先用 2% 的苏打水或生理盐水洗胃，再口服 0.2% ~ 0.5% 的 $CuSO_4$ 溶液催吐，严重者应去医院急救。治疗时，为防止肝脏受损，需吃些含淀粉和钙质较多的食品。

3. 有机氮农药

这类农药主要有杀虫脒、多菌灵、螟蛉畏等。

（1）中毒症状

因误服中毒者会出现反应迟钝、四肢无力、胸部不适、睁眼困难、血压下降、尿频、尿痛、尿血等症状。皮肤接触中毒时，皮肤有灼烧感、头痛头晕、呕吐，严重者会出现昏迷。

（2）急救措施

出现上述症状时，可先服 2% 的苏打水或 5% 的硫代硫酸钠溶液或 1:5 000 的 $KMnO_4$ 溶液洗胃，然后送医院急救。

4. 有机硫农药

这类农药主要有代森锌、代森铵、灭菌丹、福美锌、福美铁等。

（1）中毒症状

经消化道中毒者会恶心呕吐、腹痛腹泻、头痛头晕，严重者会出现血压下降、呼吸中枢麻痹等症状。

（2）急救措施

中毒者如发现上述症状，可先用 1:5 000 的 $KMnO_4$ 溶液洗胃，再用 5% 的 $MgSO_4$ 溶液导泻（禁食油类食物），然后送医院急救。

5. 汞制剂农药

这类农药主要有西力生、赛力散、谷仁乐生、富民隆等。

（1）中毒症状

中毒后口内有金属味和灼烧感、流涎、恶心呕吐、腹痛腹泻、口腔粘膜肿胀、出血、牙痛、四肢麻木，严重者会伴有语言障碍、肢体瘫痪等症状。

（2）急救措施

发现上述症状时，应立即用 2% 的苏打水或 5% 的硫代硫酸钠溶液洗胃。洗胃后可灌服蛋清，忌用生理盐水洗胃。若疼痛厉害，应立即送医院急救。

6. 砷制剂农药

这类农药主要有退菌特、稻脚青、甲基胂酸钙、田安等。

（1）中毒症状

吸入此类农药中毒者，会出现干渴、咽喉肿胀、胃腹剧痛、上吐下泻、四肢发冷，甚至脱水虚脱等症状。若短时间内吸入大量砷化物，会出现全身衰弱、头痛、狂躁、昏迷、呼吸中枢麻痹等症状。

（2）急救措施

出现上述症状时，应立即用 1% 的苏打水、生理盐水等洗胃液洗胃，洗胃后再服用鸡蛋清加明矾催吐，然后送医院急救。但是，小儿以及脱水虚脱和中毒休克者不宜长时间洗胃。

7. 氨基甲酸酯类农药

这类农药品种较多，主要有速灭威、混灭威、巴沙、灭草灵、害扑威、燕麦敌、西维因等。

（1）中毒症状

此类农药的中毒症状和有机磷农药相似，如头痛头晕、全身无力、面色苍白、呕吐、流涎、视力模糊等。有时出现接触性皮炎，奇痒无比。但从出现症状到完全恢复，一般只需 2~4 h。

（2）急救措施

中毒后可立即用 2% 的苏打水洗胃，再去医院治疗。但是，在治疗时不能任意加大阿托品的剂量。

8. 铜制剂农药

这类农药主要有硫酸铜、波尔多液等。

（1）中毒症状

误服此类农药后会出现头痛头晕、全身无力、舌及口腔粘膜显蓝色、口内有金属味、流涎、呕吐绿色物、剧烈腹痛、血压下降、昏迷等症状。皮肤接触会引起皮炎，甚至皮肤坏死等。

（2）急救措施

误服中毒后应立即用 1:5 000 的 $KMnO_4$ 溶液洗胃，再去医院治疗。治疗时最好内服大量鸡蛋清保护胃粘膜，忌食油类、脂肪、牛奶及酸性物质。

9. 磷化物农药

这类农药主要有磷化锌、磷化钙、磷化铝等。

（1）中毒症状

误服或吸入这类农药中毒后会头痛头晕、恶心呕吐、食欲不振、鼻咽发干、胸闷、咳嗽、呼吸困难，严重者会出现昏迷、肺水肿、呼吸衰竭、肝脏严重受损等症。

（2）急救措施

出现上述症状时，可用 1:5 000 的 $KMnO_4$ 溶液或 3% 的双氧水洗胃，洗胃后再服用 1% 的 $CuSO_4$ 溶液导泻，然后送医院治疗。但是，导泻时忌用 $MgSO_4$，治疗时禁食鸡蛋、牛奶、脂类及油类食物。

第三节　化学实验操作技术与管理上的事故

化学实验中操作技术上的事故，大多数是由于粗心大意、违反操作规程造成的。现结合中学教学中常出现的错误加以说明。

一、刷洗和安装仪器时的事故

①刷洗试管时，由于用力过猛或试管刷头没有棕毛而把试管捣通，甚至将手划破。

②安装玻璃仪器或向橡皮塞孔中插入玻璃导管时，由于用力过猛或用力部位不对，导致仪器或导管破裂把手割破。

③有毒气体的制备实验中，由于装置漏气或尾气不进行处理造成毒气逸散，使人吸入过量的毒气而中毒。

④用分液漏斗盛放浓酸时，由于漏液致使浓酸腐蚀手或衣物。

⑤制备气体时，安装有错误，因冷水回流使仪器炸裂。

⑥因装配时加药过量，致使反应激烈、溶液溅出，伤害实验人员。

二、加热时造成的事故

①对玻璃仪器进行加热时，因受热不均匀而使仪器破裂，液体外流造成烫伤。

②加热装有浓硝酸的试管时，发生突沸现象，造成实验人员头部、手部受伤。

③用锥形瓶进行液体高温操作时，因瓶的各部位薄厚不一样，受热不均匀而使锥形瓶破裂，液体溢出。

④用手摸正在加热或刚加热后的仪器而被灼伤。

⑤用酒精灯加热时，头部接近火焰，使头发燃烧，引起烧伤事故。

⑥酒精灯未放稳而使正在燃烧的酒精灯倒伏，引起局部火灾。

⑦加热后的玻璃仪器，放在有水的实验台上，或将受热的试管放在有水的试管架上，都会造成仪器骤然受冷而破裂，液体外流。

⑧把普通玻璃制的烧杯或锥形瓶等直接放在酒精灯或喷灯上加热，使烧杯或锥形瓶受高温而破裂。

⑨在加热试管里的溶液时，因试管的位置不当，暴沸的溶液喷到别人的脸上或衣物上等。

三、取用仪器时的事故

①拿启普发生器时，不是用手握住容器球型部位，而是抓漏斗，造成漏斗和容器分开，容器滑落摔破。

②开启分液漏斗或启普发生器导管等仪器的活塞时，用力过猛而将其扭断。

③一只手同时抓几只烧杯，使其相互碰撞而破损。

④使用玻璃仪器时，仪器未放稳或放在桌边，容易碰落而打破。

四、操作时粗心大意甚至蛮干造成的事故

①点燃氢气之前不试纯便直接在气体发生器的导管处进行点燃，或点燃氢氧混合气体时，气体发生器距火源太近，又不关闭气体发生器的导管，都会发生爆炸事故，造成玻璃碎片炸伤实验人员。

②加热制备气体并用排水法收集气体（如氧气的制取）时，或有冷却、吸收装置的加热实验（如 CO 还原 Fe_2O_3 或接触法制 H_2SO_4 的课堂实验），不按操作规程进行操作，造成"冷的液体倒吸"现象发生，使受热仪器骤然受冷而炸裂。

③做"铝热剂"实验时，由于药品用量过多，造成灼伤事故。

④向烧瓶或试管中猛投大块固体，如大理石、铜片、锌粒等，将仪器砸破。

⑤使用浓酸、浓碱时，随便乱甩，烧坏衣服。

⑥做有关金属钠或磷的实验时，用纸去擦掉下来的碎钠皮或磷粉时，将手烧伤。

⑦做"粉笔炸弹"或"地雷阵"等趣味实验时，处理不当或面部接近实验

仪器时，会因突然爆炸而将面部、眼睛、手等炸伤。

⑧把集气瓶、广口瓶等直接放在电炉或酒精灯上烘烤而致使其炸裂。

⑨当用温度计测量液体温度时，误把温度计当玻璃棒使用而将其碰破，水银滚出来，造成污染。

⑩在寒冷的天气里，为使凝固的冰醋酸融化，不是将试剂瓶放在热水中温热，而是在火焰上直接烘烤，结果使试剂瓶炸裂等。

五、实验结束工作中的事故

实验过后的废液乱倒引起的事故：

①将浓废硫酸倒入废液缸，造成与废液的猛烈反应，废液四溅，烧伤衣物。

②废银氨溶液未经处理便倒入废液缸，引起爆炸，废液四溅，腐蚀皮肤和衣物。这是因为久置的银氨溶液会产生迭氮化银（AgN_3）、氮化银（Ag_3N）、亚氨基化银（Ag_2NH）等爆炸性沉淀。

③切下来的碎钠皮甩进废液缸而引起爆炸，废液四溅，腐蚀皮肤和衣物。

以上都是不了解仪器和药品的性能，不按操作规程进行操作而造成的事故。

六、仪器保管不善出现的事故

①仪器不分种类，胡乱堆放，尤其是将铁制、木制和玻璃仪器堆在一起，造成玻璃仪器被砸破。

②存放高型直立的玻璃仪器（如量筒）时，由于放的不稳而倒伏打破，或未将易滚动的玻璃仪器放到盒内（如试管、干燥管等），造成滚落地面而打破。

③带活塞的玻璃仪器，如分液漏斗等，用后不洗净，又不在活塞处垫上纸片，放置过久，造成下次使用时活塞打不开。另外，容量瓶等若不把活塞用橡皮筋固定在容器上，活塞易滑掉。若再更换活塞，易造成漏气漏液，致使该容量瓶不能再使用。

④酒精灯使用后，不把酒精蒸气放掉，再次使用时，灯帽会被吸紧而拿不掉（指的是玻璃灯帽）。

⑤铁制仪器放在潮湿又有酸雾的地方，易被腐蚀而生锈，结果变成废铁而不能使用。

七、药品存放混乱出现的事故

药品的种类繁多，易燃、易爆、易挥发的强氧化剂及有毒和有腐蚀性的药品，应严格按各自的特性分别放置，妥善保管，绝不能混放，以免发生事故。下列各物质若混放在一起，都会发生猛烈的爆炸事故：

①过氧酸和酒精或其他有机物混放；

②高锰酸钾和甘油或其他有机物混放；

③高锰酸钾和硫或浓硫酸混放；

④浓硝酸和有机物混放；

⑤硝酸和镁或锌混放；

⑥硝酸铵和锌粉遇水；

⑦过氧化物和锌或镁或铝混放，等等。

以上诸问题在化学教学论实验课中均有叙述，这里不再赘述。

第四章　中学化学实验室的建设与管理

第一节　中学化学实验室

一、中学化学实验室的基本要求

中学化学实验室是中学化学教学的重要场所。实验室的设置要适用于开展各种教学活动，既要能当教室，使教师可以在这里讲课、做课堂实验、指导学生实验，又要能作为学生课外科技活动的场所。其基本要求见化学教学论实验教材，这里仅作简单的介绍。它应符合下列条件：

①学生实验室应跟教师预备室和仪器、药品贮藏室相连并有门相通，或设在它们的附近。这样有利于实验教学的进行。有条件的学校还可以把实验室按年级分成初三、高一、高二和高三专用室。因各年级实验内容不一样，这样可使各年级实验所用的仪器和药品的准备工作更方便，以免互相拉用，造成混乱。

②学生实验室应宽敞适用（以每个学生平均约占 $1.5 \sim 2 \ m^2$ 的使用面积为宜），布局合理。最好三面有窗，使光线充足，通风良好。同时，应把学生实验室建成阶梯式的，自前向后地面逐渐抬高（以前后排高度差为 $0.1 \ m$ 左右为宜）。这样既有利于学生观察教师的课堂实验，又有利于教师巡视学生的分组实验。或者把教师的演示桌抬高些（一般比教室内的讲台高出约 $30 \ cm$）。

③实验室和预备室内都要保证供水、供电。同时，为了适应电化教学的需要，实验室内要能放映幻灯片、录像和电影等，条件好的学校如果有多媒体教室的话，这一要求可免。

④有条件的学校最好将课堂实验和学生分组实验所用的仪器和药品按初、高中化学课程标准的内容要求成套配齐，按一定顺序存放，贴上标签，随手可取。这样既节省时间，又有利于提高教学质量。

⑤实验室内要经常保持整洁，仪器应洗净分类存放，药品也要分类安全存放，注意通风、防潮和避光。尤其是有剧毒、易燃和易爆炸的药品，更应有专人妥善保管。同时，要配齐灭火器、沙箱、水龙头等消防器材和常用的医护急救药品。

⑥实验室要订立各种规章制度，并把规章制度张贴在实验室和预备室内，教师和学生都应自觉严格遵守。

二、中学化学实验室常见设备和仪器的改进

设备条件好的学校，能达到上述要求。但条件较差的学校，可能仅有一个共用的实验室，既是教师预备室，又是学生实验室和保管室，而且设备又差，仅能完成部分实验任务。尤其是农村中学或边远地区中学，缺仪少药，无法开展正常的实验教学，实验台也是旧的木桌。为了帮助延长其使用年限，这里介绍几种木质实验台面防火、防酸、防碱的处理方法，以及简易实验仪器代用品的制作方法供参考。

（一）木质化学实验桌的防火、防酸、防碱处理

首先将旧木实验桌用刨刀刨平，再洗掉油漆和其他污迹，刷洗干净并晾干，然后涂以自制的耐酸、耐碱的苯胺黑涂料，这样即可延长木桌的使用寿命。

1. 苯胺黑涂料的制作

第一种方法：

（1）涂料的配制

①甲液的配制：取 4 mL $NH_3 \cdot H_2O$ 溶于 100 mL 水中，然后向此溶液中加入 9 g $CuCl_2$，搅拌溶解后呈蓝绿色溶液，再加入 7 g $KClO_3$ 搅拌溶解，配制成苹果绿色的溶糊。

②乙液的配制（盐酸苯胺溶液的配制）：在 36 mL 苯胺中加入浓盐酸 50 mL，边加边搅拌至呈现浅棕色糊状，再加入约 20 mL 水稀释，然后再加入浓盐酸约 2 mL，边加边搅拌至无油滴为止，配制成棕色透明的液体。

③乙液的稀释：取上述盐酸苯胺溶液 30 mL，注入 200 mL 蒸馏水中，搅拌均匀，待用。

④涂料的配制：取上述甲液和乙液的稀释液以 1:4 的体积比混合，搅拌均匀呈亮绿色透明溶液。

（2）涂料的试验

①准备工作：将旧油漆桌上的油漆刨掉，并把桌面刨平，然后用清洁剂洗掉油漆和灰尘，再用水冲洗干净、擦干，待完全干燥且无污后使用。新木板（或木桌）也应刨平、洗净并擦干，待用。

②试验方法：取上述配制的涂料（冷的混合液），用毛刷均匀地涂在桌面或木板上，晾干。待完全干燥后再涂一层，共涂 5~7 层。此时刷过的桌面上（或木板上）有绿色结晶出现，可用干抹布轻轻地彻底擦掉，然后再均匀地涂上 2~3 层热的亚麻仁油（也可用桐油）即可（注意：必须在涂的前一层完全干后才能涂下一层。空气干燥的条件下，一般需 6~7 天即可完成。但一定要在室内

晾干，不能在太阳光下曝晒，否则涂面会干裂）。

③试验记录（略）

第二种方法：

（1）涂料配制（同第一种方法）

（2）涂料的试验

①准备工作（同第一种方法）

②试验方法：将上述甲液（热的或冷的）均匀地用毛刷涂在桌面或木板上，待晾干后再涂一层乙液（热的或冷的）。干后再重复涂上甲液、乙液各两遍。晾干后，再均匀地涂上三遍亚麻仁油（热的）（此处也是要在每涂过一遍干后，才能涂第二遍、第三遍）即可。

③试验记录（略）

2. 苯胺黑涂料性能的检验（见表4-1）

表4-1　苯胺黑涂料性能的检验

试验方法	涂两遍亚麻仁油		涂三遍亚麻仁油		涂两遍亚麻仁油	涂三遍亚麻仁油
原涂材料	桌面光滑	桌面不光滑	桌面光滑	桌面不光滑	木板板面光滑	木板板面不光滑
滴浓 H_2SO_4	只留滴印	只留滴印	只留滴印	只留滴印	只留滴印	只留滴印
滴浓 NaOH	无变化	无变化	无变化	无变化	无变化	无变化
酒精燃烧	无变化	无变化	无变化	无变化	无变化	无变化
说明	①桌面滴上浓 H_2SO_4 或浓 NaOH 后，必须用水冲洗掉浓酸或浓碱后，再轻轻擦干。干后，观察桌面有无损坏。再倒上酒精点燃，燃后自动熄灭。冷后，观察桌面有无损坏。 ②没有亚麻仁油，可用桐油代替，但用亚麻仁油的效果更好。 ③桌面或板面光滑比不光滑的涂层更均匀、更光亮。					

（二）实验仪器代用品的制作及实验举例

在当前中等学校迅猛发展，化学实验仪器一般供不应求。尤其是近年来中等学校教材中还规定了不少课外实验、家庭小实验的背景下，为完成课内外教学任务，可以用一些简易的代用仪器来进行。这里对曲管、横口管、水电解器和多头酒精灯的制作以及典型实验举例作简单介绍。

1. 曲 管
（1）几种常见的曲管

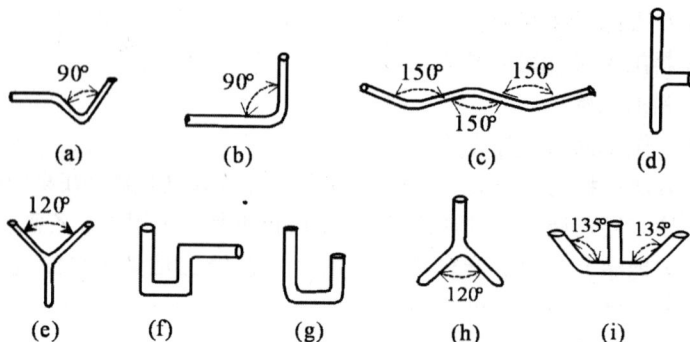

图 4 - 1　曲管

（a）90°直曲管；（b）90°曲管；（c）150°曲管；（d）T 形三通管；（e）上 Y 管；（f）U 形管；（g）L 形管；（h）下 Y 管；（i）锚形三通管

（2）曲管的实验举例

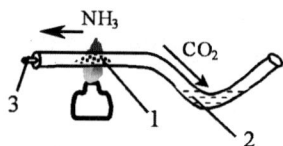

图 4 - 2　NH_4HCO_3
的分解

1 - NH_4HCO_3；2 - 澄清石灰水；
3 - 湿红石蕊试纸或浓盐酸纸条

图 4 - 3　氯化铵
的形成

1 - 浓氨水；
2 - 浓盐酸

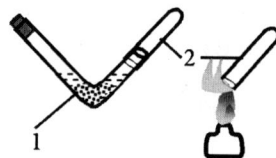

图 4 - 4　氢气的制取
及可燃性

1 - 锌粒，稀 H_2SO_4；
2 - 小试管

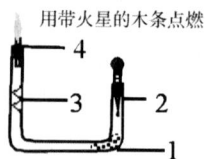

图 4 - 5　Na_2O_2 的性质

1 - $CaCO_3$；2 - 稀盐酸；3 - 玻璃丝作
载体的 Na_2O_2；4 - 尖嘴导气管

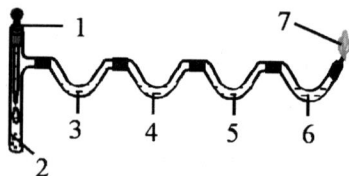

图 4 - 6　乙炔的制取和性质

1 - 食盐水；2 - 电石；3 - $CuSO_4$（饱和）；
4 - 溴水；5 - $KMnO_4$ 溶液；6 - 银氨溶液；
7 - 点燃尾气

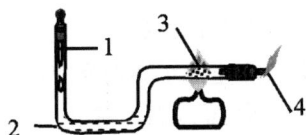

图 4 - 7　一氧化碳还原氧化铜
　　1 - 浓 H_2SO_4；2 - 甲酸；
　　3 - CuO；4 - 点燃尾气

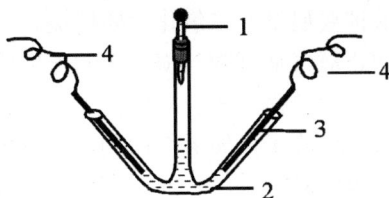

图 4 - 8　电解食盐水制烧碱
　　1 - 酚酞试液；2 - 食盐水；
　　3 - 碳棒；4 - 电源

2. 横口管的实验

（1）制　作

横口管的形状基本上有两种：一种是在离试管底部 2~2.5 cm 处的试管壁一侧开一小孔；另一种是球形横口管，这种试管除下端侧壁开一小孔外，还在试管上侧吹制成球形，根据需要球形横口试管的口径大小、长短可有不同，一般以能套用为准，如图 4 - 9 所示。

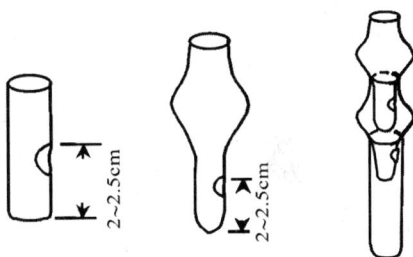

图 4 - 9　横口管

（2）实验举例：用横口管进行氧气的制取及性质实验

图 4 - 10　氧气的制取与性质实验
　　a - 石蕊试液；b - 细沙；
　　c - $KClO_3$ 和 MnO_2

实验步骤：

①用干燥洁净的试管 c 作为氧气的发生装置，取 3~4 g 氯酸钾和 1~2 g 二氧化锰，混合均匀装入试管 c 内并将其固定在铁架台上。

②在 a 管里滴入少量稀的石蕊试液，在 b 管里加入少许沙子或水。

③在 c 管上套上横口管 b 和 a，然后加热试管 c，收集氧气。

④进行氧气性质的连续实验。先在 a 管内做硫的燃烧实验，然后拿下 a 管，在 b 管内进行铁丝的燃烧实验。再拿下 b 管，在 c 管内做木炭的燃烧实验。

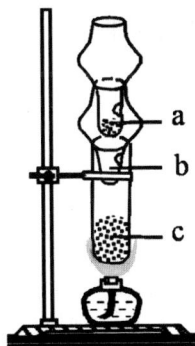

⑤分别检验 a、b、c 三管内的反应生成物。

注意事项：

①因为本实验是连续实验，所以事先必须把一切准备工作都做好，这样实验才能有条不紊地充分利用反应产生的氧气，做完氧气的性质实验。

②氯酸钾要研细,二氧化锰要焙烧。

③为防止氧气从试管与横口管的连接处逸漏,应在各连接处涂上凡士林。

④实验后的热横口管,应放在干燥的试管架上,防止遇水骤然受冷而炸裂。

⑤用横口管除了可做氧气的制取和性质实验外,还可以做乙烯和乙炔等的制取和性质等实验。

3. 自制电解水装置

(1)电解槽

将一个普通的 500 mL 大口玻璃瓶或广口瓶,在距瓶口约 10 cm 处截下,并在瓶口上配一个大小适当的橡皮塞,再在瓶塞上钻两个小孔,各插入一根直径约为 1 mm 的保险丝作为电极,然后用石蜡(黄蜡、松香、沥青等均可)封住,使瓶塞与瓶颈部分不漏水即可。

(2)集气管

用两只大小相等的试管(也可用废针剂瓶或安瓿瓶代替,即它们的大小无严格要求),直径为 1.5 cm 左右,长 5~10 cm,再给集气管准备一个塞子,备用。

(3)电解液

每 100 mL 水中加入浓硫酸 1 mL 或氢氧化钾 2 g。

(4)电　流

6 节 1 号电池,串联起来,并给以固定,彼此接触良好即可。

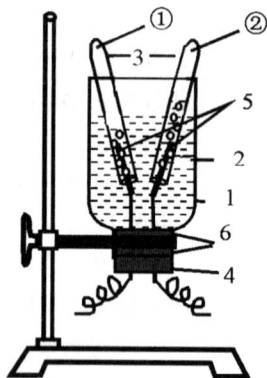

图 4-11　自制电解水装置

1-电解槽;2-电解液;3-集气管(①氢气,②氧气);4-瓶塞;
5-电极(保险丝);6-石蜡

(5)进行电解

如图 4-11 所示,将电解槽放在铁架台铁圈上支好,倒入电解液(将电极全部淹没),再把两个集气管都装满电解液,用塞子塞好(注意勿让管内有气泡),然后把它们倒立在电解槽的电解液中(这时如有漏气可在瓶塞处用手涂凡士林），取下塞子，移动管口并对准电极，接通电源后即有气泡从两极产生。片刻，停止电解，注意观察两管气体的体积比。检验气体时，可用塞子在液下塞紧集气管管口，然后从水槽中取出。体积多的试做氢气性质的实验，体积少的试做氧气性质的实验。

4. 多头酒精灯

用手提蓄电池的废玻璃槽，上面做一个大小合适的白铁盖，在盖上打几个孔，每个孔都焊接一小段白铁细管，供穿纱线做灯芯用。所有焊接处都要严密，不能漏气漏液。另外用白铁做一个灯罩盖，以便熄灭灯焰。若无此种废玻璃槽，也可以全部用白铁片焊成，灯管

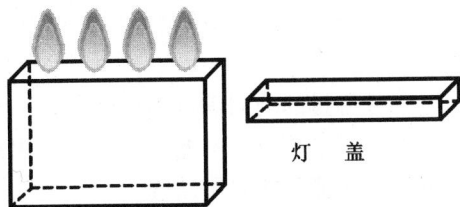

图 4-12 多头酒精灯

可多可少，3~6 个灯管都可制作。此灯有以下优点：温度高、火焰较集中、受热范围较大。例如，CO 还原 Fe_2O_3、接触法制硫酸、氨氧化制硝酸等课堂实验，都可用它代替喷灯使用。

三、中学化学实验室的管理

中学化学实验室里的仪器、药品、材料和工具等品种繁多，规格各异，使用频繁，且玻璃仪器常有损坏，药品性质复杂、常有消耗，铁制仪器易被腐蚀，木制器材易摔坏等。所以，对于仪器、药品和材料等的登记、使用和保管等都必须周密考虑并遵守一定的规章制度，这样才能繁而不乱、忙而不疏，才能更有利于化学实验的进行。因此，对于化学实验室的管理，应给以足够的重视。不仅实验室管理员要管，教研组长、学校负责教学工作的领导以及每位化学教师都要管，要避免事故的发生，保证化学实验教学安全顺利地进行，努力实施好各年级化学课程标准规定的实验教学任务。

第二节　仪器与工具的使用和管理

中学化学实验室的教学仪器一般分为四类：电学仪器、称量仪器、玻璃仪器以及其他仪器和工具。

一、电学仪器

中学化学实验室保管的电学仪器有低压电源、感应圈、铅蓄电池等；电教器材有幻灯机、投影仪等。这些仪器在化学教学论实验及物理学教材中都已有介绍，这里不再重复。

二、称量仪器

（一）托盘天平（台秤）

台秤用于称量药品，是中学最常见的天平，精密度不高。最大载荷为 200 g 的台秤，一般能准确到 0.1 g（即感量是 0.1 g）；最大载荷为 500 g 的台秤，一般能称准至 0.5 g（即感量为 0.5 g）。有关托盘天平使用和保养的注意事项大体如下：

①欲称量的药品重量不得超过天平的称量限度（最大称量）。

②使用砝码时，不能用手拿，应用镊子镊取。同时，每台天平都配有固定的砝码，不能随便串用砝码。

③称量前应先把托盘天平平放在实验台上，再把游码放到刻度尺的零点并检查或调整零点（可调节左右螺母，使中间指针在静止时恰好对准中央刻度线），待称。

④称量时左托盘放称量物，右托盘放砝码（注意：向天平中放砝码和药品时，一定要轻放，以免震动过大损坏天平的刀口）。若称量的是干燥的固体药品，则应在两个托盘上各放一张质量相同的纸，然后把药品放在纸上称量。添加砝码时从估计称量物的最大值加起，逐步减小。加减砝码并移动标尺上的游码，直至指针再次对准中央刻度线。物质的质量等于砝码的质量加上游码的质量。若要称取某特定质量的物质，则可先调好砝码和游码，再用药匙取药品放在左盘中，待接近平衡时，用药匙取少量药品再用左手轻拍右手，使药品慢慢落下来直至天平平衡。

⑤不能称热的东西，也不能直接称潮湿或腐蚀性的固体药品。如需称量潮湿或腐蚀性的固体药品，应放在表面皿或烧杯里称量，避免腐蚀天平。

⑥称量完毕后应把砝码放回砝码盒中，把游码移回零点。

⑦不用时应保持托盘天平整洁，同时还应将天平放稳，不能摇摆。为此，将两盘放在一起，或移动游码，使托盘一边偏重，均能避免天平摇摆，以便保护天平刀口。

（二）分析天平

用于很精确地称量药品，可精确到 0.000 1 g。称量时应使用称量瓶做容器，其构造和使用方法详见《无机化学实验》。这里只介绍分析天平和砝码的使用规则和维护要求。

1. 分析天平的使用规则和维护要求

①天平应放在避阳的房间，并保持干燥（室内应放干燥剂），且不能受腐蚀，同时，天平台应坚固稳定。

②天平盒内应保持清洁、干燥。为此，需放置硅胶干燥剂并定期更换。

③称量前，应检查天平是否正常。应适当调节使天平处在水平位置，调整后不要随便移动天平。

④称量时从左右两门取放称量物和砝码。称量物放在左盘中央，砝码放在右盘中央，称量时要把左右两边门关严。

⑤称量湿的和腐蚀性的物体时，应放在密闭的称量瓶内，不能直接在托盘上称量，也不能称量热的物体，更不能让称量物的重量超过天平的负载。

⑥开启升降旋钮时，一定要轻启轻放，以免损伤玛瑙刀口。每次加减圈码或取放称量物时，一定要先关升降旋钮，加减完圈码或取放完称量物后，再开启旋钮，进行读数。

2. 砝码的使用规则和维护要求

①每架分析天平都有固定的砝码，不能互相串用。

②每个砝码在砝码盒中都有固定位置，用过后应放回原处，不允许放在桌上或书上。同时，砝码只能用镊子夹取，绝不允许用手拿，以免沾污砝码，改变砝码的重量。

③转动圈码读数盘时，动作要轻而慢，以免圈码跳落或变位。

④称量完毕应检查盒内的砝码是否清洁和完整无缺。

三、玻璃仪器

(一) 仪器玻璃简介

用于制作玻璃仪器的玻璃称为"仪器玻璃"，它具有很高的化学稳定性和热稳定性、很好的透明度、一定的机械强度以及良好的绝缘性能。此外，它还易洗、不生锈，能长期存放一般的化学药品。

玻璃的化学成分主要是 SiO_2、B_2O_3、CaO、Na_2O、K_2O 及引入的 Al_2O_3、ZnO、BaO 等。根据其组成和性能，一般可分为特硬玻璃（即 GG – 17 料耐高温玻璃）、硬质玻璃（如 95 料耐高温玻璃）、一般仪器玻璃和量器玻璃。

1. 特硬玻璃（即 GG – 17 料耐高温玻璃）

特硬玻璃类似于"派力克司"高硼硅酸盐玻璃，其 SiO_2 和 B_2O_3 的含量高，亦称"硼玻璃"。该种玻璃内部结构稳定性极为良好，因而具有很好的物理性能和化学性能，如硬度高、膨胀系数很小等，故能更好地耐受很高的温度差变，主要用于制作烧器类耐热产品（如硬质大试管等）及各种灯工精密玻璃仪器。

2. 硬质玻璃（如 95 料耐高温玻璃）

95 料耐高温玻璃是一种碱含量低的硼硅酸盐玻璃，不含有 Ca、Mg、Zn 和 Pb 元素，SiO_2、B_2O_3、K_2O 含量较高，亦称"钾玻璃"。由于这种玻璃具有高度良好的化学稳定性、热稳定性与机械性能，如硬度较高、膨胀系数较小等，所以可以加热，主要用于制作烧器类及各种技术要求较高的灯工仪器，如烧杯、普通试管、锥形瓶等。

3. 一般仪器玻璃（管料）

这种玻璃中 B_2O_3 的含量不高，Na_2O 的含量较高，亦称"钠玻璃"。它的膨胀系数较大，不宜加热，主要用于制作滴管、吸管、培养皿等。

4. 量器玻璃（白料）

这种玻璃中 SiO_2 的含量较低，Na_2O 的含量高，膨胀系数大，不能加热，主要用于制作量器，如量筒等。

各种玻璃的化学组成及性质详见下表（表 4 – 2）。

表 4 – 2　各种玻璃的化学组成及性质[①]

玻璃名称	通称	化学组成（%）						线膨胀系数[②]（$\times 10^{-6}$）	耐热急变温差	软化点（℃）	主要用途
		SiO_2	Al_2O_3	B_2O_3	K_2O、Na_2O	CaO	ZnO				
特硬玻璃	特硬料	80.7	2.1	12.8	3.8	0.6	—	3.2	不低于 270 ℃	820	制作烧器类耐热产品
硬质玻璃	95 料	79.1	2.1	12.5	5.7	0.6	—	3.9	不低于 220 ℃	750	制作烧器类及各种玻璃仪器
一般仪器玻璃	管料	74	4.5	4.5	12	3.3	1.7	5.8	不低于 140 ℃	740	制作滴管、吸管及培养皿等
量器玻璃	白料	73	5	4.5	13.2	3.8	0.5	9.8	不低于 120 ℃	720	制作量器等

注：①以上数据均参考北京玻璃厂产品样本所得；

②线膨胀系数是指当物体温度升高 1 ℃ 时，单位长度的材料所增加的长度。表中数据为各种玻璃在 20 ℃ ~300 ℃ 时的线膨胀系数。

综上所述，玻璃的化学稳定性较好，但并不是绝对不受侵蚀。因玻璃被侵蚀而有痕量离子进入溶液中和玻璃表面吸附溶液中的待分析离子，是微量分析中要注意的两大问题。氢氟酸能强烈地腐蚀玻璃，故不能用玻璃仪器进行有氢氟酸参与的实验。碱液，特别是浓热的碱液对玻璃也有明显的腐蚀，贮存碱液的玻璃仪器如果是磨口的，还会使磨口粘在一起，无法打开。因此，玻璃容器不能长时间盛放碱液。盛放碱液的试剂瓶应用橡皮塞，不能用玻璃盖或玻璃塞。另外，玻璃最大的缺点是易破碎、炸裂，碰撞和受热不均匀是玻璃破碎和炸裂的两大原因。因此，实验台应垫上橡胶皮垫，使用时要轻拿轻放；搅拌溶液时，玻璃棒不要触及容器内壁。加热时除硬质试管可直接加热外，其他一切玻璃仪器都应垫上石棉网以使其受热均匀。

（二）玻璃仪器的规格

仅以中学化学实验常用的玻璃仪器的规格列表加以说明。

表4-3　常用玻璃仪器的规格

1. 低型烧杯

容量（mL）	高度（mm）	外径（mm）
50	58	46
100	72	52
200	88	64
500	115	87
1 000	150	110

2. 高型烧杯

容量（mL）	高度（mm）	外径（mm）
50	67	40
150	100	53

3. 平底烧瓶（细口长颈）

容量（mL）	全高（mm）	球外径（mm）	颈外径（mm）
250	160	88	25
500	200	110	30

4. 圆底烧瓶（长颈）

容量（mL）	全高（mm）	球外径（mm）	颈外径（mm）
150	145	76	22
250	165	88	25
500	210	110	30

5. 容量瓶（具塞）

容量（mL）	瓶高（mm）	瓶外径（mm）	瓶颈外径（mm）
50	140	46	13
100	180	59	15
250	225	80	17
500	250	100	21

6. 三角烧瓶

容量（mL）	瓶高（mm）	底外径（mm）	颈外径（mm）
50	90	52	20
150	120	69	25
250	144	83	30

7. 蒸馏烧瓶（具支管）

容量（mL）	全高（mm）	球外径（mm）	颈外径（mm）
125	190	70	23
250	220	88	25
500	270	100	30

8. 圆底蒸发皿

直径（mm）	皿高（mm）
60	30
90	40

9. 表面皿

直径（mm）
60
80

10. 球形冷凝管

球数	外套管长（mm）	全长（mm）	上管外径（mm）	下管外径（mm）
4	250	420	20	12
5	300	480	20	12
6	400	590	22	13

11. 蛇形冷凝管

外套管长（mm）	全长（mm）	上管外径（mm）	下管外径（mm）
250	420	20	12
300	480	20	12
400	590	22	13

12. 弯形接管

管外径（mm）	全长（mm）	下管外径（mm）
15	150	8
25	180	10

13. T 形接管

管外径（mm）	全长（mm）	支管长（mm）
7~8	100	50
10~11	120	60

14. 厚料平口试管

管外径（mm）	全长（mm）
10	75
10	100
15	150
18	180

15. 厚料卷口试管

管外径（mm）	全长（mm）
10	100
16	125
18	150
20	180

16. 刻度试管

管外径（mm）	全长（mm）
10	100
15	150
18	180

17. 具支试管

管外径（mm）	全长（mm）
15	150
18	150
20	180

18. 离心管（尖底）

容量（mL）	外径（mm）	全长（mm）
10	17	110
15	19	120

19. U 形干燥管

管外径（mm）	全高（mm）
13	100
20	200

20. 一球干燥管（直形）

全长（mm）	长管外径（mm）
145	17

21. 二球干燥管（直形）

全长（mm）	长管外径（mm）
160	17

22. 玻璃管

管外径（mm）
7~60

23. 玻璃棒

棒外径（mm）
4~10

24. 干燥器（附磁板）

器口内径（mm）	器体深度（mm）	全高（mm）	磁板直径（mm）
180	100	280	150
210	120	320	185

25. 气体发生器（附安全漏斗、活塞、橡皮塞）

容量（mL）	中球外径（mm）	发生器高（mm）
250	82	314
500	98	360

26. 酒精灯（具塑料盖）

容量（mL）	全高（mm）
150	118
250	130

27. 水 槽

外径（mm）	全高（mm）
180	100
210	110

28. 研钵（具研杆）

内径（mm）	高（mm）
60	40
75	40
90	50

29. 小口试剂瓶（无色和棕色）

容量（mL）	瓶高（mm）	瓶外径（mm）	瓶口外径（mm）
30	76	40	18
60	85	46	22
125	110	57	24
500	172	85	35

30. 大口试剂瓶

容量（mL）	瓶高（mm）	瓶外径（mm）	瓶口外径（mm）
30	72	40	25
60	80	46	30
125	108	57	38
500	165	85	58

31. 集气瓶（附磨砂玻片）

容量（mL）	瓶高（mm）	瓶外径（mm）	瓶口外径（mm）
125	108	57	38
250	130	70	50

32. 过滤瓶（具硬质上嘴）

容量（mL）	瓶高（mm）	底外径（mm）	瓶颈外径（mm）
2 500	295	190	55
5 000	370	235	65

33. 滴瓶（白色和黄色）

容量（mL）	瓶高（mm）	瓶外径（mm）
30	76	40
60	85	46
125	110	57

34. 直形滴管（附乳胶头）

管长（mm）	管外径（mm）
9	7~8

35. 平底洗瓶

容量（mL）	洗瓶头长（mm）	瓶外径（mm）
250	190	86
500	210	108

36. 长管标准漏斗（60°角）

口径（mm）	毛细管长（mm）
50	150
60	150
75	150
90	150

37. 直形安全漏斗

斗径（mm）	全长（mm）	管外径（mm）
40	350	7~8

38. 一球安全漏斗

斗径（mm）	全长（mm）	管外径（mm）
40	350	7~8

39. 滴液漏斗

容量（mL）	球直径（mm）	全长（mm）	管外径（mm）
60	55	290	7
125	67	310	7
250	84	336	8

40. 球形分液漏斗

容量（mL）	球外径（mm）	全长（mm）	管外径（mm）
60	55	270	7
125	67	290	7
250	84	315	8
500	100	375	8

41. 量　筒

容量（mL）	筒高（mm）	筒径（mm）	最小分度（mL）
5	115	12	0.1
10	150	13	0.2
25	170	18	0.5
100	250	30	2
500	360	54	5

42. 碱式滴定管

容量（mL）	全长（mm）	管外径（mm）	最小分度（mL）
25	550	12	0.1
50	750	18	0.1

43. 酸式滴定管

容量（mL）	全长（mm）	管外径（mm）	最小分度（mL）
25	550	12	0.1
50	750	13	0.1

44. 刻度吸管

容量（mL）	全长（mm）	外径（mm）	最小分度（mL）
0.5	320	6.5	0.005
1	320	6.5	0.01
5	330	8	0.05
10	330	11	0.1

注：以上数据均参考北京玻璃厂产品样本所得。

（三）玻璃仪器的管理和使用

1. 一般玻璃仪器的存放与养护

（1）玻璃仪器的性能

由于玻璃仪器不易被一般药品腐蚀，耐酸性较强，且是透明的，用其进行化学反应易于观察发生的变化，所以化学实验中所用的仪器基本上是玻璃仪器。但是，玻璃制品性脆易碎，使用时应轻拿轻放，防止碰撞，同时还应根据玻璃的质量选择使用。

（2）玻璃仪器的分类

常用的玻璃仪器分软质和硬质两类。前已说明，普通钠钙玻璃是软质玻璃，GG－17料、95料玻璃都是硬质玻璃。另外，还有介于两者之间的八一料玻璃等。使用时应注意软质玻璃仪器不耐高温，故不宜用来直接加热，如量筒、容量瓶、滴定管、广口瓶、集气瓶、滴瓶、漏斗、表面皿、冷凝管、U形管等。硬质玻璃仪器膨胀系数小，可用于加热，如烧杯、烧瓶、硬质试管等，但不可骤冷骤热，以防炸裂，而且在加热前容器外面的水必须擦干，加热后不能立即与潮湿的物体接触。

（3）玻璃仪器的存放与养护

①常用仪器的存放与养护：常用仪器应洗涤干净，根据其形状排列整齐，分类存放，以便取用。平底仪器应直立排列成行。如集气瓶、广口瓶、锥形瓶、平底烧瓶、启普发生器、普通漏斗、干燥器、酒精灯等。不能直立的仪器应装在盒内并垫以棉花，防止滚碰，如试管、干燥管、玻璃管、滴管、玻璃棒、燃烧管、冷凝管、温度计等。

②配有磨砂玻璃塞仪器的存放与养护：容量瓶、酸式滴定管、分液漏斗、启普发生器等，不用时应单独存放，把磨口处洗净、擦干并垫以纸条或涂以凡士林，以防日久粘结。同时，还应用橡皮筋将瓶塞固定在瓶颈上，以防脱落。这是因为瓶和塞是配套的，口径大小一致，若任意配塞，会因大小不一致而造成漏水、漏气。另外，若塞子已粘住，可在磨口四周涂上凡士林并用热水煮一下，再轻敲塞子使其松动，即能打开。

2. 常用玻璃仪器使用和保管时的注意事项

①常用仪器使用后应立即洗净，倒立在托盘或试管架上，以便随时取用。

②普通试管不能用来进行高温加热的实验。

③集气瓶、广口瓶、量筒不能用来配制溶液（集气瓶和广口瓶的区别：集气瓶瓶口上边是磨砂面，广口瓶瓶颈内侧是磨砂面）。

④酒精灯用后应拿开灯帽放掉酒精蒸气，以防再用时打不开灯帽（指玻璃灯帽）。

⑤普通漏斗不能用来过滤过热的溶液。分液漏斗常用于互不相溶的液液分离，以及装配气体发生装置时，用来加入液体反应物。

⑥温度计使用和保管时应注意：不能用于测量超过其刻度范围的温度；不能作搅拌之用；使用过后不能立即用冷水冲洗，以防骤然冷却而炸裂，应自然冷却后再用水冲洗；用后应洗净擦干并放在温度计纸盒内，以防滚落打破。

⑦焰色反应用的铂丝玻棒，应单独存放，以防铂丝与玻棒脱节或折断铂丝。此实验也可用铁丝、镍铬丝（电阻丝）、铁镀镍丝（白炽灯泡中两根支持钨丝的金属丝顶端部分）等。

⑧水电解器的电极是铂合金片，也可用银牙的铂锗合金片、铁镀镍丝、铁丝等代替。使用后应将两电极取下，洗净、擦干，用纸包好，与电解器一同放入包装盒内。

四、其他仪器

（一）瓷制品

瓷制品的软化温度很高，膨胀系数很小，可以耐高温，但不耐骤冷骤热。同时，由于其表面涂了一层釉，所以能耐酸，但是不能耐碱及氟化物，因为碱溶液及氟化物能与釉起作用而使其表面被腐蚀。另外，瓷制品易碎，使用和保存时应当注意。在中学化学实验中常用的瓷制品有蒸发皿、瓷坩埚和瓷研钵等。

1. 蒸发皿的使用和养护

蒸发皿因形状不同而有平底、圆底和带柄三种，用于蒸发液体（从溶液里结晶出晶体或稀溶液浓缩成浓溶液）。加热时应注意：

①加热前应把蒸发皿外面的水擦干。

②加热时下面应垫以铁丝网，也可放在铁架台的铁环（或瓷三角）上直接用灯加热，但加热前应先预热，以防蒸发皿因骤热而炸裂。

③加热液体时，所盛液体不宜超过蒸发皿总容量的2/3。

④加热时，要用玻棒不断轻轻地搅动，这样一方面能使液体受热均匀并使溶剂蒸发，同时也能避免蒸发皿局部过热而使液滴飞溅出来。

⑤如需蒸干，应注意在溶剂快蒸干前减小火焰或停止加热，最后剩下少量母液，则利用蒸发皿的余热，使溶剂蒸干。如此操作可防止加热时固体颗粒飞溅或因过热使固体发生化学变化，以及蒸发皿由于强热而炸裂。

⑥对于高温易分解的物质，不宜在蒸发皿内直接加热，而应在水浴中加热蒸发，但在蒸发过程中操作人员的头部不能接近蒸发皿，防止烧伤脸和眼睛。

灼烧或烘干较多固体（如二氧化锰的焙烧、氯化钙和碱石灰的烘干等）时，可以把固体放在蒸发皿中进行，但应充分搅拌，使固体受热均匀。加热后的带柄蒸发皿取下后，应放在石棉网上冷却。无柄蒸发皿（平底或圆底）加热后应用坩埚钳夹取。使用坩埚钳时，应先把坩埚钳放在酒精灯上烤热，然后才能夹持热的蒸发皿。灼热或烘干后的固体，为防止吸潮，应立即使用。如暂时不用，应将固体连同蒸发皿一并放入干燥器内保存。

2. 坩埚的使用和养护

坩埚有瓷坩埚、铁坩埚、铂金坩埚和石英坩埚等。中学化学实验常用的是瓷坩埚。需要高温加热固体或灼烧沉淀时，可以在瓷坩埚中进行（灼烧时的注意事项见本书第15页"瓷坩埚的加热操作"。这里还应注意，上釉的瓷坩埚可加热到1 050 ℃，不上釉的可加热到1 350 ℃。）

3. 瓷研钵的使用注意事项

研钵有瓷研钵、铁研钵、铂金研钵和玛瑙研钵等。中学化学实验常用瓷研钵，研钵中的棒槌状物体叫杵。要将固体物质研碎或将两种及两种以上的固体物质混合压碎时，需使用研钵。使用研钵时应注意：

①放入的固体的量不应超过研钵容积的1/3，以防研磨时把固体甩出。

②对于大块固体物质不能用力敲碎，只能缓慢地稍加用力地转动压碎。对于受机械作用易爆炸物质（如氯酸钾），只能用研杵轻轻压碎，不能研磨。对于混合研磨易发生爆炸事故的物质，如氯酸钾和二氧化锰混合，应先分别研磨，

再将其按比例混合。

（二）木制品

试管架、试管夹、漏斗架等都是木制品。为防止其被化学药品腐蚀，尤其是浓硫酸的腐蚀，应涂以油漆。存放时要放在木架上，不要随便乱放，更不能与铁制器具胡乱堆放在一起，以免砸坏。

（三）金属器具

中学化学实验室经常使用一些钢铁或铜制器具，如钢铁制品有铁架台、铁圈、铁夹、坩埚钳、三脚架、钻孔器、镊子、滴定管夹、弹簧夹（又叫橡皮夹、螺旋橡皮管夹、松紧夹、输血夹等）、三角锉、圆锉、剪刀、锤子等。铜制品有燃烧匙、喷灯、水浴锅等。金属制品容易生锈，而且实验时沾上酸碱等溶液更容易被腐蚀。为此，金属器具表面应保持干燥并涂以油漆。使用过后应将沾上的酸碱试剂冲洗干净并擦干，然后放在干燥通风的地方存放，以防止酸碱的腐蚀和因潮湿而锈蚀。另外，铁架台不用时应将铁圈和铁夹取下来并在螺旋处涂上少量润滑油，以防生锈结牢。对于镊子、弹簧夹、钻孔器、剪刀等小件金属器具也应分类存放在抽屉内。三角锉和圆锉等不用时应用蜡纸包好，放在锉刀盒里保存。

（四）橡胶制品

橡皮管、橡胶管、乳胶管和橡皮塞等橡胶制品也是实验室内经常使用的。不用时应洗净阴干后撒上滑石粉放在密闭箱里或置于盛放清水的器皿内，或用塑料袋分类包装起来。存放时应防止受热、光照和与有机试剂接触，避免橡胶制品脆裂，过早老化。

白橡皮塞的大小用"号"表示，如 0 号、4 号等。实验室较常用的有 3 号、4 号、5 号和 10 号等几种。购买橡皮塞一般按千克称量计价，较大号的按个计价。实验室常用的白胶塞的型号、规格及重量如表 4-4。

表 4-4　白胶塞的型号、规格及重量

型号	规格			重量	
	上底直径（mm）	下底直径（mm）	高（mm）	计量单位	单位重量
000	12.5	8	17	千克	约 588 个/千克
00	15	11	20	千克	约 227 个/千克
0	17	13	24	千克	约 151 个/千克
1	19	14	26	千克	约 115 个/千克
2	20	16	26	千克	约 100 个/千克
3	24	18	26	千克	约 74 个/千克

续表

型号	规格			重量	
	上底直径（mm）	下底直径（mm）	高（mm）	计量单位	单位重量
4	26	20	28	千克	约 55 个/千克
5	27	23	28	千克	约 47 个/千克
6	32	26	28	千克	约 35 个/千克
7	37	30	30	千克	约 26 个/千克
8	41	33	30	g/个	约 49.5 g/个
9	45	37	30	g/个	约 59.4 g/个
10	50	42	32	g/个	约 80.4 g/个
11	56	46	34	g/个	约 109.7 g/个
12	62	51	36	g/个	约 142.7 g/个
13	69	55	38	g/个	约 175.9 g/个

　　除以上四种类型的实验用品外，还有一些小件零星物品，如石棉网、药匙、滤纸、试纸、托盘以及模型、挂图等也应分类妥善保管。

（五）高压钢瓶

　　气体钢瓶是储存气体的特制耐压钢瓶。使用时通过减压器（气压表）有控制地放出。由于钢瓶的内压很大，而且有些气体易燃或有毒，所以使用钢瓶时，一定要注意安全，操作要特别小心。

　　为了避免各种气体钢瓶混淆，通常将钢瓶涂以不同颜色以示区别。我国通常用的标记如表 4 - 5 所示。

表 4 - 5　气体钢瓶的标记

气体名称	瓶身颜色	标记颜色	腰带颜色
氮	黑	黄	棕
氧	天蓝	黑	—
氢	深绿	红	—
空气	黑	白	—
氨	黄	黑	—
二氧化碳	黑	黄	—
氯	黄绿	黄	绿
乙炔	白	红	—
其他一切可燃气体	红	白	绿
其他一切非可燃气体	黑	黄	—

使用高压钢瓶时应注意：

①钢瓶应放在阴凉、干燥、远离热源（阳光、暖气、炉火等）的地方，以免发生因内压增大造成漏气或爆炸等危险。可燃性气体钢瓶必须与氧气钢瓶分开存放。

②搬运钢瓶时动作要轻，放置要稳。使用时必须靠牢（用架子或铁丝固定），不要摔倒或剧烈振动，以免爆炸。钢瓶总气门较脆弱，搬动时应旋上瓶帽。

③使用时用气表（CO_2、NH_3 可例外）。一般可燃性气体钢瓶气门的螺纹是反扣的（即左旋螺纹，如 H_2、C_2H_2 等），不燃性或助燃性气体钢瓶则是正扣的（即右旋螺纹，如 N_2、O_2 等）。各种气表一般不能混用，以防爆炸。开启气门时，应站在气表的另一侧，以防气表冲出被击伤。

④钢瓶上不得沾染油点及其他有机物，特别是气门出口和气表处应保持洁净，不可用麻、棉等物堵漏。因为气体急速放出时，会使温度升高而引起爆炸。使用氯气瓶更要注意。

⑤用可燃性气体时要有防回火装置（有的气表有此装置）。导管中塞有细钢丝网可防止回火，管路中加液封也可起保护作用。

⑥不可把气瓶内气体用完，一定要留 0.5 表压以上（乙炔则应留 2~3 表压），以防重新灌气时发生危险。

⑦高压气体钢瓶在使用时，要用气表表示瓶内总压，要会控制使用时气体的压力，避免损坏。

为了更安全地使用高压钢瓶还需要知道气瓶的型号。根据工作压力的差别，气瓶型号分类如下：

表4-6　气瓶型号

气瓶型号	用途	工作压力（$kg \cdot cm^{-2}$）	试验压力（$kg \cdot cm^{-2}$）	
			水压试验	气压试验
150	充装氢气、氧气、氮气、甲烷等	150	225	150
125	充装水煤气、二氧化碳等	125	190	125
30	充装氨气、氯气、光气等	30	60	30
6	充装二氧化硫	6	12	6

第三节　药品的使用和管理

中学化学实验室所用的试剂种类繁多、性质复杂、使用要求严格。因此，需要了解和掌握化学试剂的性能，妥善使用和保管，防止事故发生。

一、化学试剂的等级分类

表 4-7　化学试剂的等级与标志

等级	代号 （进口试剂代号）	质量和用途
一级品 （保证试剂或 "优级纯"）	GR （Guaranteed Reagent）	纯度高，杂质含量低，可用作基准物质，主要用于精密的科学实验和分析鉴定。包装标签常以"绿色"为标志
二级品 （分析试剂或 "分析纯"）	AR （Analytical Reagent）	纯度较高，杂质含量较少，仅次于一级品，主要用于科研和分析鉴定。包装标签常以"红色"为标志
三级品 （化学纯试剂或 "化学纯"）	CP （Chemical Pure Reagent）	纯度略低于二级品，适用于要求较低的分析实验及要求较高的有机或无机化学实验。包装标签以"蓝色"为标志
四级品 （实验试剂）	LR （Laboratory Reagent）	质量较差，但比工业品高，主要用于普通的实验或研究，有时也用于要求较高的生产上。包装标签以"黄色、棕色或其他颜色"为标志
工业品 （化学用试剂）	TECH （Technical Grade Reagent）	纯度仅次于四级品，适用于要求不甚高的一般实验（中学多用此级药品）。包装标签以"黄色"为标志。它是根据工业与商业部门协商的结果制定的
生物试剂	BR （Biological Reagent）	含杂质较多，指用于生化研究和检验的试剂。包装标签以"黄色"为标志
光谱纯试剂 （超纯化学试剂）	SP （Spectrum Pure Reagent）	纯度比保证试剂还高。用于要求精确度很高的光谱分析和科学研究

此外，还有生物染色剂（Biological Stain），代号为"BS"，主要用于生物组织和微生物染色，供显微镜检查用；指示剂（Indicator），代号为"IND"，是滴定溶液中，用于确定滴定终点的试剂；生化试剂（Biochemical Reagent）代号为"BC"；基准试剂（Primary Reagent）代号为"PT"；分光纯试剂（Ultra-violet Pure）代号为"UV"；气相色谱试剂（Gas Chromatography）代号为"GC"。

另外，在化学试剂标签的右上角，有时还注明其他字样，表明该化学试剂的技术条件（或杂质最高含量）符合国家规定的具体标准。如"GB"字样代表化学试剂国家标准；"HG"字样代表原化工部部颁化学试剂标准；"HGB"字样代表原化工部部颁化学试剂暂行标准；"沪 Q/HG"字样为地方企业标准。同时，这些符号后还有该化学试剂的统一编号，如 GB 625-65 是硫酸的国家标准代号；HG 123-64 是无水硫酸钠的部颁标准代号等。

在中学化学实验里除了定量和有些定性实验需要用化学纯试剂外，一般实验试剂（四级品）就可以达到实验目的了。分析纯试剂较贵，其价格是工业品的 5～10 倍，甚至更高。

二、化学药品的使用和保管

化学药品种类繁多，使用时应注意标签上的说明，保管时要注意安全，做到"五防"，即：防火、防水、防风化、防潮解、防曝光。同时还要注意取用方便，按各类药品的特性分类妥善安放。药品一般分为三类：一是无机化学药品，二是有机化学药品，三是危险药品。危险药品又可分为"自燃、易燃、易爆、剧毒和腐蚀性"药品等。另外，还有各种指示剂、干燥剂等。

（一）分类方法

1. 无机化学试剂

无机化学试剂可按周期表中元素的族次分类，也可按分子式第一个字母的顺序排列，还可按单质、氧化物、酸、碱、盐等分类。

2. 有机化学试剂

有机化合物可依中学有机化学系统来分类，即分为饱和烃、不饱和烃、环烷烃、芳香烃、醇、酯、醛、酮、酸、胺、糖、油脂、有机高分子等。

（二）使用和保管方法

1. 避光类药品的使用和保管（见表 4 - 8）

表 4 - 8 见光或久置后药品的失效及保管

试剂名称	光照或久置后的反应	保存方法
AgNO₃	光照后会逐渐分解析出黑色 Ag 而变质 $2AgNO_3 \xrightarrow{\text{光照}} 2Ag + 2NO_2 \uparrow + O_2 \uparrow$	溶液应装入褐色细口瓶或滴瓶中，贴上标签标明浓度和配制时间，放在暗柜里避光保存
KMnO₄	KMnO₄ 是强氧化剂，其水溶液不稳定，光照时能将 H_2O 氧化放出 O_2，生成 MnO_2。此 MnO_2 又起自催化作用，加速了 KMnO₄ 的分解而变质 $4MnO_4^- + 2H_2O = 4MnO_2 + 4OH^- + 3O_2 \uparrow$	溶液应放在褐色瓶中，并放在暗柜里避光保存
氯水、溴水、碘水	光照加速了 X_2 与 H_2O 的反应而变质 $X_2 + H_2O = HX + HXO$ $HXO = HX + [O]$ $2[O] = O_2 \uparrow$	溶液应放在褐色瓶中，并放在暗柜里避光保存

续表

试剂名称	光照或久置后的反应	保存方法
氯仿	光照条件下，被氧化生成有毒的光气 $2CHCl_3 + O_2 \longrightarrow 2COCl_2 + 2HCl$	溶液应放在有色试剂瓶中，瓶内加入约 1% 的乙醇以消除生成的光气的毒性（ $COCl_2 + 2C_2H_5OH \longrightarrow CO(OC_2H_5)_2 + 2HCl$ ），并放在暗柜里密闭保存
H_2S 及其盐	久置后易被空气中的氧气氧化生成 S，使溶液浑浊而变质，如： $2H_2S + O_2 = 2S\downarrow + 2H_2O$	其溶液应现配现用，不宜久置
H_2SO_3 及其盐	H_2SO_3 及其盐在空气中易被氧化而变质，SO_3^{2-} 比 H_2SO_3 被氧化的速度更快 $2Na_2SO_3 + O_2 = 2Na_2SO_4$	H_2SO_3 及其盐溶液应现配现用，不能久置；开启后的 Na_2SO_3 试剂瓶应密封并尽快用完
$Cu(OH)_2$	$Cu(OH)_2$ 悬浊液久置后会分解脱水而变质，变成黑色 CuO，且温度越高，分解速度越快 $Cu(OH)_2 \xrightarrow{\triangle} CuO + H_2O$	其溶液应现配现用，不能久置。尤其是做检验醛基和多羟基的实验时，更应用新配制的 $Cu(OH)_2$；为防止脱水，可在其中加 1～2 滴甘油
Fe^{2+} 盐	在空气中 Fe^{2+} 易被氧化成 Fe^{3+} 而变质，如： $4FeSO_4 + O_2 + 2H_2O = 4Fe(OH)SO_4$	Fe^{2+} 在酸性溶液中较稳定，可加入浓酸（硫酸或盐酸）酸化，再加入铁钉以防氧化（ $Fe + 2Fe^{3+} \rightleftharpoons 3Fe^{2+}$ ），密闭保存
Sn^{2+} 盐	在空气中久置，Sn^{2+} 易被氧化成 Sn^{4+} 而变质 $2Sn^{2+} + O_2 + 4H^+ = 2Sn^{4+} + 2H_2O$	为防止 Sn^{2+} 被氧化，可在溶液中先加 1～2 滴浓酸，再加 Sn 粒密闭保存（ $Sn^{4+} + Sn \rightleftharpoons 2Sn^{2+}$ ）
银氨溶液	在空气中久置会分解而变质，生成黑色 Ag_3N。而 Ag_3N 在干燥时振动会发生爆炸性分解 $3Ag_2O + 2NH_3 = 3H_2O + 2Ag_3N\downarrow$ $2Ag_3N = 6Ag + N_2\uparrow$	应现配现用，放在有色瓶中，并将试剂瓶放在暗柜里保存；且实验完毕剩余的溶液不能久留，应加稀 HNO_3 酸化破坏后再倒掉，以防止爆炸事故发生
醛类	醛在空气中久置容易被氧化成酸，因为氧是许多醛的有效氧化剂，它是一个自动氧化过程	应现配现用，取用时要快速，并盖好瓶盖；保存时不论时间长短都应放在有色瓶中密闭保存
乙醚	乙醚在空气中久置会被氧化而变质，生成有臭味的过氧化醚（易分解发生爆炸） $CH_3CH_2OCH_2CH_3 + O_2 \longrightarrow$ $\qquad CH_3CH_2OCHCH_3$ $\qquad\qquad\qquad |$ $\qquad\qquad\qquad OOH$	乙醚易挥发，应放在棕色瓶中保存，并在溶液中加 $FeSO_4$，以使过氧化醚分解，而 Fe^{2+} 被氧化成 Fe^{3+} 留在乙醚中。在乙醚中放一些铁丝，也可阻止过氧化物的生成

2. 易挥发、潮解和风化类药品的使用和保管（见表4-9）

表4-9　易挥发、潮解和风化类药品的使用和保管

类别	代表试剂	保管
易挥发的有机试剂	CS_2、CCl_4 等	单独分开存放；石蜡封口；放在阴凉通风处保存；开启后加"水封"保存，防止挥发
易挥发的无机试剂	浓 $NH_3 \cdot H_2O$、浓 HCl、浓 HNO_3 等	分别隔开存放；石蜡封口；开启后加矿物油封。浓 HNO_3 应避光，防止挥发
易挥发的固体	碘、萘（易升华）	放在棕色瓶中；石蜡封口；在阴凉处保存，防止升华
易潮解药品	$ZnCl_2$、$CoCl_2$、$FeCl_3$、NH_4NO_3、$NaOH$、$CaCl_2$ 等	瓶盖应盖严并用石蜡封口，$NaOH$ 应用橡皮塞塞瓶口，防止潮解
易风化药品	$Na_2CO_3 \cdot 10H_2O$、$Na_2SO_4 \cdot 10H_2O$、$FeSO_4 \cdot 7H_2O$、$CuSO_4 \cdot 5H_2O$、$KAl(SO_4)_2 \cdot 12H_2O$ 等	瓶口塞严，并用石蜡或火漆封口保存，防止风化

3. 危险类药品的使用和保管（见表4-10）

表4-10　危险类药品的使用和保管

类别	代表试剂与特性	保管
自燃固体药品	白磷，常温下缓慢氧化，在空气中能自燃，在暗处发光	保存在冷水中，并将药瓶放入盛沙子的容器中埋入沙内 1/3，放在地窖中，常检查水是否挥发干，是否结冰胀破
遇水易燃药品	K、Na、电石等遇水会产生易燃气体	严密封闭，隔绝空气，防止受潮，远离水源；K、Na 应放在煤油瓶中保存并使它们在油面以下
易爆炸药品	TNT、硝化纤维、苦味酸等是爆炸品；$KClO_3$、Na_2O_2 等遇热或撞击易爆炸；$K_2Cr_2O_7$ 遇可燃物易爆炸	不要和有机药品、还原性强的 S、P 等混放；不要撞击；与易燃物、可燃物要隔开存放，防止爆炸
易燃液体药品	丙酮、乙醚等与火接触会燃烧，为一级易燃品；苯、甲苯、乙醇等为二级易燃品；汽油、柴油、煤油为三级易燃品	密封，单独存放在阴凉处，远离火源，注意通风并备有沙箱和灭火器材

续表

类别	代表试剂与特性	保管
易燃固体药品	S、红磷、Al 粉、硝化棉、樟脑等着火点较低，易着火	应同其他类药品分开存放；注意通风并备有防火器材
腐蚀类药品	浓 H_2SO_4、浓 HNO_3、浓 HCl、氢氟酸、KOH、Br_2、$NH_3 \cdot H_2O$、$CHCl_3$、甲醛、酚等具有腐蚀性	酸、碱、单质和有机物应分开密闭存放。浓酸放在有磨砂的细口瓶中，HNO_3 应放在棕色瓶中避光保存；氢氟酸放在聚乙烯试剂瓶密闭保存；氨水应用矿物油进行"油封"；液溴应加水进行"水封"。以上均为防止挥发
剧毒类药品	$HgCl_2$、白磷、砒霜等有很强的毒性；Hg、Cl_2 能产生毒气；CN^-、CCl_4、亚砷酸、硫酸铜等毒性也很强	专人负责保管；分别单独存放；石蜡封口。水银应进行"水封"，注意通风换气，防止挥发

4. 指示剂的保管

（1）指示剂的分类

指示剂是化学试剂的一类，是能因某些物质的改变或某些化合物的存在，而改变自己颜色的物质。指示剂一般可分酸碱指示剂、氧化还原指示剂、吸附指示剂和金属指示剂等。此外还有通用指示剂、内指示剂和外指示剂等名称。

（2）指示剂的应用范围

指示剂主要用于定量分析中指示滴定终点，也用于定性分析和物质检验等。如在分析化学中除用作操作信号外，还可以直接用于检验气体或溶液中某些有害、有毒的物质或溶液的 pH。如吸附在硅胶上的醋酸铅溶液，遇到空气中的硫化氢时，即由白色转变为褐色；广泛 pH 指示剂可以测定溶液的 pH 等。

（3）保管指示剂时应注意的问题

①淀粉—碘化钾试纸、醋酸铅试纸、石蕊试纸等不应放在纸盒中，应保存在玻璃瓶或有塞的大试管中，以免受室内游离的气体，如氯气、氨气、氯化氢气体和硫化氢气体等的沾污。

②石蕊、酚酞和甲基橙等都是固体粉末，要用适当的试剂（水或酒精等）制成溶液，然后储存于滴瓶中，以备取用。

5. 干燥剂的选择、使用和保管

中学化学实验中常用于干燥气体的干燥剂有：浓硫酸、无水氯化钙、碱石灰（CaO 和 NaOH 混合物）、五氧化二磷和氧化钙等。

（1）使用干燥剂时应注意的问题

①应根据气体的性质来选择干燥剂，所选的干燥剂不能与被干燥的气体起反应。如干燥氯化氢气体不能用碱石灰，应用无水氯化钙，因为氯化氢和碱石

灰中的氢氧化钠和氧化钙都能起反应，发生酸碱中和反应；干燥氨气不能用无水氯化钙，应用碱石灰，因为氨气和氯化钙能发生反应生成 $CaCl_2 \cdot 8NH_3$。

②干燥剂的颗粒大小要适当，不宜太大，也不宜太小。因为颗粒太大会减少它跟气体的接触面积，降低干燥效果；颗粒太小时，会减少颗粒间的空隙，使气体不易通过，也会降低干燥能力。

③填充干燥剂时，不要填塞过紧，以免气体不易通过。

④干燥剂应在使用时才填充，过早填充会使干燥剂吸收空气中水分而降低干燥效果。

⑤干燥剂用过后会变潮湿，应及时更换。

⑥干燥管、干燥塔等干燥器使用完毕后，应立即把其中的干燥剂清除出来并洗刷干净后放置。不允许把填有干燥剂的干燥器收藏放置，因为干燥剂会吸收空气中的水分而变湿，有时甚至会凝结成硬块而不易取出。

⑦选择干燥剂时还应考虑其干燥效率和价格，最好选用价廉易得的干燥剂。

（2）干燥剂的选择及干燥效率（见表4－11和表4－12）

表4－11　干燥剂的选择

干燥剂	可干燥的气体
碱石灰	CH_4、NH_3
硝酸钙	NO
无水氯化钙	H_2、O_2、N_2、Cl_2、HCl、H_2S、CO、CO_2、SO_2、CH_4
浓硫酸	O_2、H_2、N_2、Cl_2、CO、CO_2、SO_2、CH_4、C_2H_4
五氧化二磷	O_2、H_2、N_2、CO、CO_2、SO_2、H_2S、CH_4

表4－12　常用干燥剂的干燥效率

干燥剂	25 ℃时干燥后 1 m³ 空气中残余的水分（mg）
浓 H_2SO_4（85%）	1.8
无水氯化钙	0.2
碱石灰	0.18
浓 H_2SO_4（98%）	0.003
氢氧化钾	0.002
五氧化二磷	0.000 05

第四节　实验室规章制度

为确保实验室工作顺利进行、圆满地完成教学任务、全面落实化学课程目标，化学实验室必须建立健全必要的规章制度，培养学生良好的实验习惯和进行科学探究的能力。

各种规章制度包括实验规则、试剂使用规则、仪器和药品的保管和领用制度、剧毒药品的保管和使用办法、仪器损坏的登记和报销办法、安全检查制度等。各校可根据具体情况制订，这里不再介绍。

第五节　实验室一般伤害与急救

在进行化学实验时，经常要使用各种仪器、药品、水和电热源等。因此，作为实验教师或实验管理人员，要重视安全操作，熟悉一般的安全知识，严格遵守安全守则，万一出现伤害应能进行急救。

一、实验室安全守则

①实验前必须熟悉实验室和周围的环境以及水门、煤气（或天然气）门和电闸的位置，同时还应打开实验室的前后门。

②进入实验室应保持安静，不得高声喧哗、追逐打闹。

③使用电器时，要谨防触电，不要用湿的手和物去接触电插座。实验过后应将电器的电源切断。

④用完煤气（或天然气）后，或临时中断煤气或天然气供应，应立即关闭煤气（或天然气）。如装置漏气，应立即停止实验，进行检查。

⑤严禁在实验室内饮食。

⑥实验结束后，应把实验桌整理干净，把手洗净。离开实验室时，应关闭水和煤气（或天然气）的总阀门，切断电闸，关闭门窗。

二、实验室内一般伤害的急救

①割伤：切割玻璃时把手割伤，可先在伤口上搽点红药水或紫药水，撒上消炎粉，再用消毒纱布包扎。如果伤口较大应立即去医院医治。如系玻璃器皿扎伤，应去医院取出玻璃片后再包扎。

②烫伤：如系热溶液、热仪器烫伤，可在伤口上涂烫伤药膏或用高锰酸钾溶液擦灼伤处至皮肤变为棕色，再搽上凡士林或烫伤药膏；如系热的煤焦油、沥青烫伤较重者，可用浸透二甲苯的棉花擦洗，再用羊脂涂抹或去医院治疗。

③受强酸腐蚀：如衣服或手上溅到强酸，应立即用布擦去再用大量水冲洗，然后用碳酸钠或碳酸氢钠饱和溶液冲洗，最后再用水冲洗。如果酸溅到眼里也可用此方法处理。

④受强碱腐蚀：如衣服或手上溅到强碱，应立即用大量水冲洗，再用醋酸

（20 g/L）溶液或硼酸溶液冲洗，最后再用大量水冲洗。如果碱液溅到眼里，可用硼酸溶液冲洗再用水洗。

⑤受液溴腐蚀：如液溴溅到手上，应立即用苯或甘油洗涤伤处，再用水冲洗。

⑥受磷灼伤：如手上沾了红磷，应立即用 $AgNO_3$（1%）溶液或 $CuSO_4$（1%）溶液或浓 $KMnO_4$ 溶液洗，然后进行包扎，切勿用水冲洗。

⑦受石炭酸腐蚀：如手上沾了石炭酸，应用大量水冲洗，再用 4 体积酒精（10%）和 1 体积三氯化铁（1 mol/L）的混合液冲洗。

⑧受氢氟酸腐蚀：如氢氟酸滴到手上，应先用大量水冲洗，再用碳酸氢钠溶液冲洗，最后用甘油、氧化镁涂在消毒纱布上进行包扎。

⑨吸入刺激性气体而中毒：可吸入少量酒精和乙醚的混合蒸气，然后到户外呼吸新鲜空气。

⑩毒物进入口中而中毒：首先为应急可把 5～10 mL 稀硫酸铜溶液（1%～5%）加入一杯温水中，内服之。然后用手指伸入喉部，压住舌头，促使呕吐，再送医院治疗。

三、实验室的保健箱

在实验时，为了对临时出现的事故进行急救，实验室内应备有保健箱并有专人保管。在保健箱内除备有纱布、绷带、药棉、胶布、医用剪刀和镊子等简单医疗器材外，还应准备以下急用药品：

紫药水；红药水（2% 的红汞药水）；医用酒精（75% 的乙醇）；碘酒（10 g 碘和 4 g 碘化钾溶于 250 mL 95% 的酒精中，加蒸馏水至 500 mL）；1% 的醋酸；2% 的硼酸溶液；10% 的碳酸钠溶液；饱和碳酸钠溶液；3% 的碳酸氢钠溶液；5% 的硫酸铜溶液；1% 的硝酸银溶液；1:2 000～1:5 000 的高锰酸钾溶液；10% 的高锰酸钾溶液；碳酸钠粉末；硼酸软膏；消炎粉；烧伤膏；防酸膏；凡士林等。

第六节 多功能化学实验箱的设计

一、多功能化学实验箱的设计意义

为了发展我国基础教育，提高国民素质，解决当前广大农村中学"缺仪少药"的困难，笔者特设计与制作了微型多功能化学实验箱。此实验箱仪药齐全，设计制作的微型仪器规格均符合部颁仪器的标准，用这套仪器和药品做实验，不需要实验室，学生可以在实验箱上做完初高中教材中规定的全部学生实验和大部分教师的课堂实验。而且，对于实验条件较好的中学，用这套仪器和药品也可开展第二课堂的实验教学，有利于培养学生学科学、爱科学的兴趣和化学实验技能，巩固课堂教学内容，拓宽学生的知识面。另外，此实验箱也可供社会青年开展科技活动以及小学高年级学生开展学科学活动之用，以培养青少年从小学科学、爱科学的兴趣。

二、实验箱的特点和结构

（一）实验箱的特点

仪药一体，符合规范；用药较少，需时较短；操作简便，现象明显；场地不限，应用广泛；安全可靠，携带方便；经济耐用，价格低廉；一箱多用，我系首创。

（二）实验箱的结构

1. 结构特点

仪药齐全，结构紧凑；组装合理，使用方便；木质包装，经济实惠。

2. 箱的构造

（1）规格及构造（见图4－13）

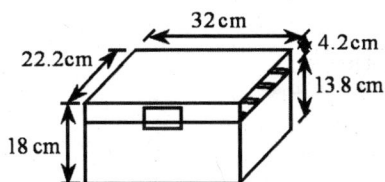

图4－13（a） 实验箱外观图   图4－13（b） 实验箱打开图

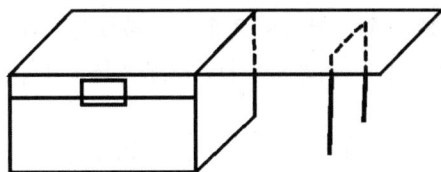

图4－13（c） 实验箱外观拉开图

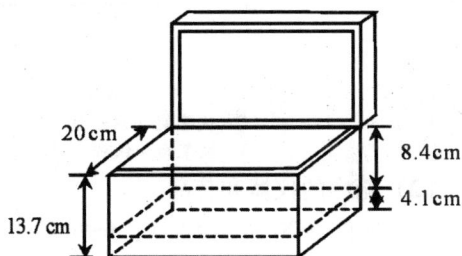

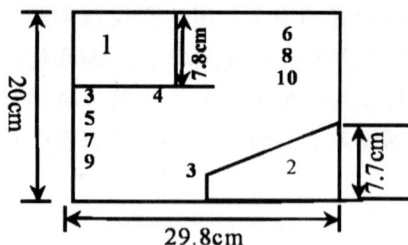

图 4-13 （d）　　上盖层图

1-铁架台、铁圈、铁夹、石棉网、镊子、弹簧夹、剪刀、药匙；2-大小试管、量筒、试管刷、具支试管；3-导气管；4-滴管；5-U形管、温度计、玻璃棒；6-冷凝管；7-注射器；8-酸碱滴定管；9-移液管；10-玻璃管

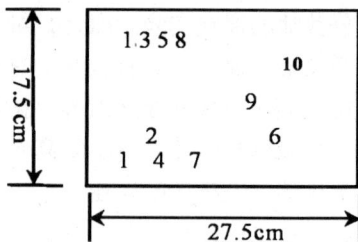

图 4-13 （e）　　中层内盖图

1-启普发生器；2-锥形瓶；3-圆底烧瓶；4-蒸馏烧瓶；5-分液漏斗；6-容量瓶；7-平底烧瓶；8-烧杯、酒精灯；9-烧杯、普通漏斗；10-水槽，内装袋装药品和仪器（蒸发皿、坩埚、毛玻璃片、表面皿、研钵、研杆、试管夹、滴管、橡皮管等）

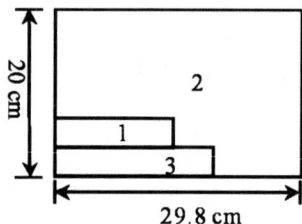

图 4-13 （f）　　下层图

1-试管架（内放集气瓶）；2-固体、液体试剂；3-铁架台、铁杆、坩埚钳、燃烧匙

（2）箱内的仪器和药品

①玻璃仪器 30 种共 47 件：烧杯 4 只（2 大 2 小）、量筒 1 个、容量瓶 1 个、试管 6 个（2 大 4 小）、锥形瓶 1 个、圆底烧瓶 1 个、平底烧瓶 1 个、蒸馏烧瓶 1 个、分液漏斗 1 个、集气瓶和滴瓶共 6 个（代用品）、具支试管 1 个、普通漏斗 1 个、酸式滴定管 1 个、碱式滴定管 1 个、移液管 1 个、表面皿 1 个、酒精灯 1 个、U 形管 1 个、水槽 1 个、导气管 2 个、毛玻璃片 3 个、钻玻璃片 1 个、启普发生器 1 个、温度计 1 个、冷凝管 1 个、镍铬丝棒 1 个、胶头滴管 2 个、玻璃棒 2 个、玻璃管 1 个。

②其他仪器 16 种共 17 件：药匙 1 个、瓷坩埚 1 个、坩埚钳 1 个（代用品）、研钵（附研杆）1 套（代用品）、铁架台（附铁圈、铁夹）1 套、试管夹 1 个、试管架 1 个、试管刷 1 个、蒸发皿 1 个、剪刀 1 个、石棉网 1 个、单孔橡皮塞 2 个（附导管）、橡皮塞 1 个、镊子 1 个、燃烧匙 1 个、弹簧夹 1 个。

③药品品种和数量：高中全部学生实验共需药品 100 多种，除自备药品和其他代用品外，箱内共有药品 90 种，其中酸类 4 种，碱类 6 种，盐类 43 种，氧化物 6 种，单质 10 种，指示剂 7 种，有机物 14 种。具体如下：

盐酸（7 mL）、硝酸（4 mL）、硫酸（12 mL）、磷酸（1 mL）；氢氧化钠（4 g）、氢氧化钾（0.1 g）、氢氧化钙（0.4 g）、氢氧化钡（0.2 g）、氢氧化铜（1 g）、浓氨水（5 mL）；无水硫酸铜（1.5 g）、结晶硫酸铜（1.5 g）、亚硫酸钠（2 g）、硫酸钠（4 g）、硫代硫酸钠（0.5 g）、硫酸镁（0.5 g）、硫酸铵（1.1 g）、硫酸铝（0.3 g）、硫酸铁（0.1 g）、硝酸铜（0.4 g）、硝酸钠（0.8 g）、硝酸钾（5 g）、硝酸银（1 g）、硝酸钡（0.01 g）、硝酸铵（0.3 g）、硝酸汞（0.1 g）、硝酸铅（0.05 g）、氯化铜（0.7 g）、氯化钠（3.4 g）、氯化银（0.5 g）、氯化钾（0.5 g）、氯酸钾（1.5 g）、氯化钡（1.1 g）、氯化铵（1.5 g）、氯化铝（0.6 g）、氯化铁（1.2 g）、氯化镁（0.2 g）、氯化钙（0.6 g）、溴化钠（2 g）、碘化钾（0.5 g）、碘化钠（0.5 g）、碳酸钠（1.5 g）、碳酸氢钠（1.5 g）、碳酸钾（0.1 g）、碳化钙（1 g）、过磷酸钙（0.3 g）、醋酸钠（2 g）、醋酸铵（0.5 g）、赤血盐（1 g）、碳酸氢铵（0.5 g）、尿素（0.3 g）、硫氰化铵（0.05 g）、高锰酸钾（0.2 g）；二氧化锰（1 g）、氧化镁（0.5 g）、氧化钙（0.2 g）、氧化铜（0.5 g）、双氧水（0.5 mL）、过氧化钠（0.2 g）；液溴（1 mL）、碘（1 g）、铜片（3 片）、红磷（0.05 g）、锌粒（10 粒）、钠（2 g）、镁带（1 段）、镁粉（1 g）、铁粉（0.5 g）、铝箔（1 块）；品红（0.1 g）、酚酞（1 g）、甲基橙（0.5 g）、石蕊（0.5 g）、红石蕊试纸、蓝石蕊试纸、广泛 pH 试纸；淀粉（0.6 g）、四氯化碳（2 mL）、硬脂酸（1.5 g）、苯（4 mL）、醋酸（4 mL）、甲苯（2 mL）、乙醇（12 mL）、苯酚（3 g）、乙醛（1 mL）、葡萄糖（1 g）、甲醛（1 mL）、丙酮（6 mL）、萘（3 g）、正丁醇（5 mL）。

三、微型实验研究

用此化学实验箱内的仪器和药品对中学化学四个年级的教材中安排的实验都进行了实验研究，均能达到用药较少、操作简便、现象明显的目的和要求，能更好地帮助师生完成化学实验教学任务。现仅以高一化学学生实验为例来说明。

表 4 - 13　微型实验药品用量对照表

实验序号	实验名称	步骤	分步骤	试剂名称、浓度	教科书规定用量	微型用量	备注或代用品
二	氯溴碘的性质	2	(1) (2) (3)	淀粉溶液（1:200） 碘水（饱和） 碘化钾（5%）	2 mL 2~3 滴 2~3 滴	8 滴 1 滴 1 滴	—

续表

实验序号	实验名称	步骤	分步骤	试剂名称、浓度	教科书规定用量	微型用量	备注或代用品
二	氯溴碘的性质	3	(2)	碘化钾淀粉溶液（5%） 氯水 碘化钾淀粉溶液（5%） 溴水	1~2 mL 2~3 滴 1~2 mL 2~3 滴	4 滴 1 滴 4 滴 1 滴	现配 现配
			(3)	溴化钠溶液（10%） 氯水 溴化钠溶液（10%） 碘水	1~2 mL 2~3 滴 1~2 mL 2~3 滴	4 滴 1 滴 4 滴 1 滴	—
		4	(1)	氯化钠溶液（5%） 硝酸银溶液（0.1 mol/L） 稀硝酸	1~2 mL 2~3 滴 2~3 滴	4 滴 1 滴 1 滴	—
			(2)	溴化溶液（5%） 硝酸银溶液（0.1 mol/L） 稀硝酸	1~2 mL 2~3 滴 2~3 滴	4 滴 1 滴 1~2 滴	—
			(3)	碘化钠溶液（5%） 硝酸银溶液（0.1 mol/L） 稀硝酸	1~2 mL 2~3 滴 2~3 滴	4 滴 1 滴 1~2 滴	—
		5	(1)	溴水 四氯化碳	1 滴 5 滴	1 滴 3 滴	—
			(2)	碘水 四氯化碳	10 mL 3 mL	1 mL 0.5 mL	—
三	配制一定摩尔浓度的溶液	1 2	—	盐酸 0.1mol/L 氢氧化钠 0.1mol/L	配制 250 mL 配制 250 mL	配制 25 mL 配制 25 mL	
四	硫酸的性质、硫酸根离子的检验	1	(1)	水	5 mL	10 滴	—
				浓硫酸	1 mL	2 滴	
			(2)	浓硫酸	粗玻璃棒写字	细玻璃棒写字	—
			(3)	稀硫酸（上述配制的） 铜片	3 mL 1 大片	5 滴 1 小片	废铜片或铜丝代替
			(4)	铜片 浓硫酸 水	1 大片 2 mL 5 mL	1 小片 5 滴 1 mL	—
		2	(1)	稀硫酸（上述配制的） 氯化钡溶液（5%） 稀盐酸（1:4）	2 mL 2~3 滴 5~6 滴	5 滴 1 滴 2 滴	—
			(2)	硫酸钠溶液（5%） 碳酸钠溶液（5%） 氯化钡溶液（5%） 稀盐酸（1:4）	1 mL 1 mL 2~3 滴 5~6 滴	5 滴 5 滴 1 滴 2 滴	—

续表

实验序号	实验名称	步骤	分步骤	试剂名称、浓度	教科书规定用量	微型用量	备注或代用品
五	碱金属及其化合物的性质	1	(1)	金属钠	绿豆粒大小	火柴头大小	—
			(3)	金属钠	绿豆粒大小	火柴头大小	—
				酚酞试液	2 滴	1 滴	—
		2	—	过氧化钠 水	1 小匙 (0.5 g) 3 mL	1 小匙 (0.2 g) 15 滴	—
		3	—	碳酸氢钠	约 2 g	0.2 g	—
		4	(1)	草木灰	10 g	1 g	自备
			(5)	①稀盐酸（1:4） ②氯化钡溶液（5%） 稀盐酸（1:4） ③硝酸银溶液（0.1 mol/L） 稀硝酸（1:2）	1 mL 2~3 滴 5~6 滴 2~3 滴 5~6 滴	5 滴 1 滴 2 滴 1 滴 2 滴	
		5	(1)	草木灰结晶液 盐酸（1:4）	10 滴 3 滴	4 滴 2 滴	—
			(2)	草木灰结晶液 氯化钡溶液（5%） 盐酸（1:4）	10 滴 2 滴 2 滴	4 滴 1 滴 1 滴	—
			(3)	草木灰结晶液 硝酸银溶液（0.1 mol/L） 稀硝酸（1:2）	10 滴 1 滴 1 滴	4 滴 1 滴 1 滴	—
六	同周期、同主族元素性质的递变	1	(1)｜(2)	①水 金属钠 酚酞溶液	50 mL 绿豆粒大小 2~3 滴	10 mL 火柴头大小 1 滴	—
				②水 镁带 酚酞试液	5 mL 2 cm 2~3 滴	1 mL 0.5 cm 1 滴	—
				③水 铝片 酚酞试液	5 mL 2 cm 2~3 滴	1 mL 0.5 cm 1 滴	—
			(3)	①氯化镁溶液（5%） 氢氧化钠溶液（5%）	3 mL 1 mL + 1 mL	5 滴 2 滴 + 5 滴	
				②氯化钠溶液（5%） 氢氧化钠溶液（5%）	3 mL 1 mL	5 滴 2 滴 + 3 滴	
			(4)	氢硫酸溶液 氯水	3 mL 10 滴	3 滴 4 滴	现配制

续表

实验序号	实验名称	步骤	分步骤	试剂名称、浓度	教科书规定用量	微型用量	备注或代用品
六	同周期、同主族元素性质的递变	2	(1)	水 钾	50 mL 绿豆粒大小	10 mL 火柴头大小	—
			(2)	①氯化钠溶液（10%） ②溴化钠溶液（10%） ③碘化钠溶液（10%） 氯水（三支试管都加）	1 mL 1 mL 1 mL 10 滴×3	10 滴 10 滴 10 滴 4 滴×3	—
			(3)	①氯化钠溶液（10%） ②溴化钠溶液（10%） ③碘化钠溶液（10%） 溴水（三支试管都加）	1 mL 1 mL 10 滴×3 10 滴×3	10 滴 10 滴 4 滴×3 4 滴×3	—
七	氨的制取与性质、铵离子的检验	1	(1)	氯化铵 氢氧化钙	1 g 1 g	0.2 g 0.2 g	—
		2	(3)	酚酞试液	2~3 滴	1 滴	—
			(4)	浓硫酸、浓硝酸、浓盐酸	各 1 滴	各 1 小滴	—
		3	—	氯化铵	1 大匙 （0.4 g）	1 小匙 （0.1 g）	
				硝酸铵	1 大匙 （0.4 g）	1 小匙 （0.1 g）	
				硫酸铵	1 大匙 （0.4 g）	1 小匙 （0.1 g）	
				氢氧化钠溶液（5%）	7 滴	5 滴	
八	硝酸的性质	1	—	①浓硝酸 石蕊 ②稀硝酸（1:2） 石蕊	1~2 mL 2~3 滴 1~2 mL 2~3 滴	3 滴 2 滴 3 滴 1 滴	—
		2	—	铜片 浓硝酸 水	1 大片 5~6 滴 5 mL	1 小片 3 滴 1 mL	废铜丝代替
		3	—	铜片 稀硝酸（1:2）	3~4 片 3 mL	2 小片 1 mL	废铜丝代替

续表

实验序号	实验名称	步骤	分步骤	试剂名称、浓度	教科书规定用量	微型用量	备注或代用品
九	实验习题	1		水垢 稀盐酸（1:2）	2 g 5 mL	0.5 g 2 mL	自备
		2		碳酸钠 碳酸氢钠 澄清石灰水	5 g 5 g 5 mL	1 g 1 g 1 mL	自制
		3	（1）	浓硫酸 稀硫酸（1:4） 锌	1 mL 1 mL 2 粒	0.5 mL 0.5 mL 1 粒	—
			（2）	浓硝酸 稀硝酸（1:2） 铜片	1 mL 1 mL 1 片	0.5 mL 0.5 mL 1 小片	未完以下略
选做实验	硫酸铜晶体结晶水含量的测定	1	—	硫酸铜晶体	2 g	0.5 g	—

注：①该表是 1990 年 10 月人民教育出版社出版的化学（必修）（第一版）第一册学生实验微型实验药品用量与教科书中规定的各个实验中药品用量的对照表。

②该实验箱由周瑞荨老师设计、制作并指导实验，部分同学参与实验，张湘平老师制作部分玻璃仪器。

第五章　实验研究

化学实验的内容很多，类型多样，本章着重对中学化学涉及的实验进行介绍，并在此基础上作了适当的拓展，将实验技术的训练、实验理论的研究、实验教学的探讨三者融为一体。全章共分为五个单元：第一单元"课堂实验研究"有 29 个实验；第二单元"趣味实验研究"共列举了 26 个实验；第三单元"教学实验研究"有 15 个实验；第四单元"仿工业生产及其生产原理"列举了 5 个实验；第五单元"小化工制作实验"由 11 个实验组成。其中的每个实验都生动有趣、操作简便、现象明显，有利于激发学生的学习兴趣。

第一单元　课堂实验研究

实验一　过氧化氢的强氧化性

一、实验目的

通过实验使学生了解碘在淀粉、过氧化氢和丙二酸溶液里呈现不同颜色，进一步认识过氧化氢的强氧化性。

二、实验用品

过氧化氢（30%）、碘酸钾、丙二酸、硫酸锰、淀粉、硫酸（2 mol/L）、蒸馏水、烧杯（500 mL）4 个、玻璃棒 4 个、大烧杯（1 500 mL）1 个。

三、实验准备

溶液 1：量取 105.5 mL 30% 的过氧化氢（H_2O_2）倒入洁净的烧杯内，再用蒸馏水稀释至 250 mL，备用。

溶液 2：称取 10.7 g 碘酸钾倒在洁净的烧杯内，再加入 10 mL 2 mol/L 的 H_2SO_4，然后用蒸馏水稀释至 250 mL，备用。

溶液 3：称取 0.075 g 淀粉倒入洁净的烧杯内，加入少量热水搅拌使其溶解后加入 3.9 g 丙二酸，再加入 0.845 g 硫酸锰，搅拌溶解，最后加蒸馏水稀释至 250 mL，再搅拌均匀，备用。

四、实验操作及现象

将上述三种溶液倒入同一个大烧杯中，用玻璃棒不断地轻轻搅动，混合液立即出现蓝色—无色—琥珀色交替进行的现象，此现象将持续数分钟。

五、实验现象分析

上述实验现象的产生是由于三种溶液互相混合时，发生了复杂反应。其中，碘酸钾与硫酸反应生成碘酸，碘酸与过氧化氢反应生成碘，碘遇淀粉变蓝，所以溶液出现蓝色。生成的碘又继续与过氧化氢反应，生成碘酸。碘酸的生成又使淀粉的蓝色褪去。同时碘又与丙二酸反应，生成 $ICH(COOH)_2$ 和 $I_2C(COOH)_2$，使溶液呈琥珀色。这样整个溶液便出现蓝色—无色—琥珀色三色交替进行的实验现象。这样变色的实验现象，一般能持续数分钟，直到过氧化氢消耗完为止。反应过程如下：

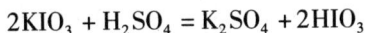

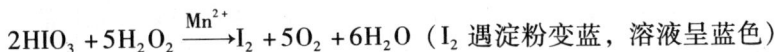

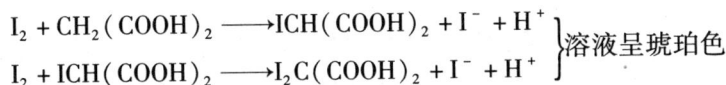

$$2KIO_3 + H_2SO_4 = K_2SO_4 + 2HIO_3$$

$$2HIO_3 + 5H_2O_2 \xrightarrow{Mn^{2+}} I_2 + 5O_2 + 6H_2O \ （I_2 \ 遇淀粉变蓝，溶液呈蓝色）$$

$$I_2 + 5H_2O_2 = 2HIO_3 + 4H_2O \ （淀粉褪色，溶液呈无色）$$

$$\left. \begin{array}{l} I_2 + CH_2(COOH)_2 \longrightarrow ICH(COOH)_2 + I^- + H^+ \\ I_2 + ICH(COOH)_2 \longrightarrow I_2C(COOH)_2 + I^- + H^+ \end{array} \right\} 溶液呈琥珀色$$

六、实验注意事项

1. 所用的仪器一定要洗涤干净，不能混入任何杂质，否则会干扰实验现象的出现。

2. 配制溶液 1 时，过氧化氢的用量一定要适当过量，以便使该实验现象明显，且持续时间更长些。

3. 20 ℃时 KIO_3 的溶解度为 8，但它溶于热的稀硫酸。所以配制溶液 2（KIO_3 溶液）时，先用稀 H_2SO_4 溶解，再加水稀释。这样制得的 KIO_3 溶液的浓度较大些。

七、问题与讨论

纯的过氧化氢是无色浓稠液体，有辣、苦味，能与水、酒精及醚以任意比例相混合，是强氧化剂和漂白剂，浓溶液不稳定，不纯时易分解爆炸，遇碘化钾即游离出碘。工业品及医用双氧水中过氧化氢的含量为 27% ~ 31%。

实验二 过氧化钠与铝粉的氧化作用

一、实验目的
通过实验使学生了解过氧化钠对铝粉的氧化作用。

二、实验用品
过氧化钠、铝粉、蒸馏水、蒸发皿 1 个、玻璃棒 1 个、长胶头滴管 1 个、药匙 1 个。

三、实验准备

在干燥洁净的蒸发皿内，放入过氧化钠和铝粉各两药匙，并用干燥洁净的玻璃棒小心地将它们混合均匀，然后用药匙堆成圆锥形状，备用。

四、实验操作及现象

用长滴管吸取蒸馏水，往上述过氧化钠和铝粉的混合物顶端滴水，混合物迅速放出大量热并立即燃烧起来，同时发出轻微的爆炸声。

五、实验现象分析

上述燃烧爆炸现象是由过氧化钠的氧化性引起的。当它和易被氧化的物质作用时，反应剧烈，以至于有时一触即发，发生爆炸。

过氧化钠易溶于水，和水相互作用发生水解析出过氧化氢，而过氧化氢是强氧化剂，易分解为水和氧气。生成的氧气，又进一步促进易被氧化的铝粉氧化并燃烧。其反应过程为：

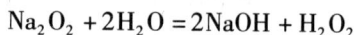

$$Na_2O_2 + 2H_2O = 2NaOH + H_2O_2$$
$$2H_2O_2 = 2H_2O + O_2 \uparrow$$
$$3O_2 + 4Al = 2Al_2O_3$$

六、实验注意事项

1. 盛放过氧化钠和铝粉的仪器以及搅拌用的玻璃棒一定要干燥洁净，以免混合物过早地与水反应，更不能混入其他杂质，影响实验效果。

2. 过氧化钠是强氧化剂，与铝粉混合时动作要迅速，以免其吸收空气中水分而放热，使混合物燃烧。

3. 向混合物上滴水时，如没有立即燃烧，可以多滴些水，使其燃烧。但也不能滴得过多，使温度降低，造成无法燃烧。

4. 向混合物上滴水时，眼睛不要对着看，应在滴水后立即远离反应物，以免灼伤眼睛。

实验三　过氧化钠与水的作用

一、实验目的

通过实验使学生了解过氧化钠遇水发生分解反应。

二、实验用品

过氧化钠、蒸馏水、锯末、玻璃棒1个、蒸发皿1个、长胶头滴管1个、药匙2个。

三、实验准备

取干燥洁净的蒸发皿，放入过氧化钠和干净的锯末各两药匙，然后用干燥的玻璃棒小心地混合均匀，再将此混合物轻轻地堆成圆锥形，备用。

四、实验操作及现象

用长胶头滴管吸满水，向上述圆锥形堆积物的顶端滴几滴水，混合物中的锯末立即着火燃烧起来。

五、实验现象分析

过氧化钠是强氧化剂，与水发生水解反应，生成氧气并放出大量热量。由于锯末是热的不良导体，热量不易放出，便积蓄起来，待达到锯末的着火点时，锯末便燃烧起来。其燃烧的生成物还会继续与过氧化钠反应放出热量，进一步促进锯末的燃烧。其反应的化学方程式为：

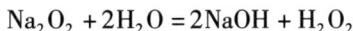

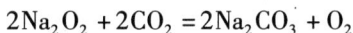

$$Na_2O_2 + 2H_2O = 2NaOH + H_2O_2$$
$$2H_2O_2 = 2H_2O + O_2 \uparrow$$
$$C + O_2 = CO_2$$
$$2Na_2O_2 + 2CO_2 = 2Na_2CO_3 + O_2$$

六、实验注意事项

1. 盛放过氧化钠和锯末的蒸发皿和搅拌用的玻璃棒一定要干燥洁净，以防止过氧化钠过早地吸收仪器内或空气中的水，使混合物燃烧起来，影响实验效果。

2. 水滴在混合物上后，会立即发生燃烧。所以滴水后，实验人员要远离反应物，以免灼伤。

七、问题与讨论

1. 很纯的 Na_2O_2 是白色粉末，市售的 Na_2O_2 常带有淡黄色（加热时颜色更深）。Na_2O_2 的熔点为 460 ℃，沸点为 660 ℃，当接近 600 ℃时进行热分解。当它与水作用时，生成水合物 $Na_2O_2 \cdot 8H_2O$（白色片状晶体）且强烈地发热，生成的水合物在 30 ℃时溶于其结晶水中。长期保存则分解为 $NaOH$、H_2O 和 O_2，呈现潮解现象。

2. 从上述反应中可见，Na_2O_2 与 H_2O 相互作用发生水解，析出的 H_2O_2 可用来漂白各种物质。另外，由于 Na_2O_2 又能与 CO_2 发生反应放出 O_2，故被用在防毒面具中或潜水艇内作为氧气的来源，且携带方便。

实验四　氯酸钾受热分解

一、实验目的

通过实验使学生了解氯酸钾在加热时会分解放出氧气，纸等可燃物与其接触易燃烧，同时认识硼砂、明矾等不支持燃烧。

二、实验用品

氯酸钾、醋酸、硼砂、明矾、烧杯（100 mL）3 个、玻璃棒 3 个、毛笔 3 支、白纸 1 张、香 1 根、铁架台（附铁夹）1 个。

三、实验准备

1. 配制溶液

①在一洁净的烧杯中配制 1:1 的醋酸溶液 50 mL，并将氯酸钾溶液倒入其中，边加边搅拌溶解，制成氯酸钾的醋酸饱和溶液，备用。

② 在两个洁净的烧杯中配制硼砂（$Na_2B_4O_7 \cdot 10H_2O$）和明矾 $[KAl(SO_4)_2 \cdot 12H_2O]$ 的饱和溶液各 50 mL，备用。

2. 写 字

用毛笔蘸取氯酸钾的醋酸溶液写几个简单的大而粗的字，如"光芒万丈"，且笔迹顺序要连接在一起，写后晾干。晾干后用另一支毛笔蘸取硼砂溶液在字迹的边缘描写一遍。再次晾干后用另一支毛笔蘸取明矾溶液在字的边缘处再重新描写一次。晾干后如同一张白纸，备用。

四、实验操作及现象

实验时先点燃一根香，并把它夹在铁架台的铁夹上，然后将上述写好字的纸放在香火上，从字迹的笔顺开始处点燃，火星就顺着笔顺延燃，直至烧空带字的纸。字被烧掉后留下的空白处便是上述所写的字"光芒万丈"。

五、实验现象分析

上述实验现象之所以会产生，一是因为氯酸钾在加热时会分解出氧气，可燃的纸遇到氧气，很容易燃烧；二是因为字的边缘描写了不支持燃烧的硼砂和明矾，起到保护膜的作用，阻止了字外沿纸的燃烧。这就给学生一个生动的印象，即字是用火"写"出来的。

六、实验注意事项

1. 用氯酸钾的醋酸溶液写的字要粗大、简单、连笔且字迹不能太密。因为不连笔的字会被烧断而不能连续燃烧；字太细密则点燃时易被烧成黑洞，字迹消失。

2. 写字的纸应在课前准备好，同时应多制作一张备用。

3. 配制的三种溶液都应是饱和的。若溶液过稀，则字干后溶质分散的不均匀，纸容易燃着，致使实验失败。

七、问题与讨论

1. 氯酸钾晶体在空气中稳定，熔点为 368.4 ℃，能溶于水，其水溶液呈中性。在温度达到 352 ℃时，即发生熔融并析出氧气，到 550 ℃时即析出所有的氧气。

氯酸钾晶体中若混有可燃性物质（如木炭、淀粉、纸等），则此试剂不能加热，也不能在研钵中研磨，因为加热或研磨时能引起剧烈的爆炸。

2. 运动场上的发令枪所用的火药纸，是用氧化剂 $KClO_3$ 和发烟剂红磷制成的。使用时由于摩擦产生高温使 $KClO_3$ 分解，产生氧气，进而使红磷燃烧生成

P_2O_5 白色粉末，产生白色烟雾，计时员便可从黑色烟屏上看到一股淡淡的白烟。

实验五 活性炭的吸附作用

一、实验目的

通过实验配合国防化学基础知识的教学，让学生从感性上认识防毒面具中活性炭的吸附作用。

二、实验用品

木炭、液溴、蒸馏水、圆底烧瓶（附橡皮塞，500 mL）2 个、烧杯（200 mL）1 个、药匙 1 个、铁坩埚 1 个、广口瓶 1 个、酒精灯 1 个、铁三脚架 1 个、石棉网 1 个、滴瓶 1 个。

三、实验准备

1. 制取活性炭（课前准备）

称取木炭 8 g（小颗粒）放在烧杯中，加蒸馏水煮沸约 15 min，使木炭完全沉到杯底。取出木炭放到铁坩埚中，强热 20～30 min（先将木炭烘干，再加盖强热，切勿使木炭燃烧）。取出装入广口瓶，备用。经过这样处理的木炭即成活性炭，其表面积增大，吸附能力增强。

2. 取两个圆底烧瓶洗净烤干或烘干，备用。

四、实验操作及现象

1. 分别向上述两个圆底烧瓶内滴 4～5 滴液溴，使两个烧瓶内的红棕色溴蒸气颜色几乎相同，立即塞上橡皮塞。

2. 取其中一个盛液溴的烧瓶，打开瓶塞迅速放入 3～4 药匙自制的粒状活性炭，立即塞上橡皮塞，用力振荡烧瓶 4～5 min，至烧瓶内的红棕色褪去，再与另一烧瓶内的颜色进行比较。

五、实验现象分析

上述实验现象说明活性炭对气体有吸附性。因此，活性炭被广泛用于防毒面具中吸收毒气、提纯各种物质以及用作工业生产中的脱色剂等。

六、实验注意事项

1. 圆底烧瓶和橡皮塞一定要干燥洁净（烤干或烘干），以免溴溶于水，影响实验效果。

2. 溴蒸气有毒且腐蚀性很强，操作时应注意安全（有关溴的中毒与急救见本书第 40 页"溴的实验"）。若皮肤被液溴伤害，可以用氨溶液清洗伤处。

七、问题与讨论

1. 为什么吸附剂活性炭的吸附能力比木炭的吸附能力强？

因为吸附剂的表面积越大，吸附能力越强。一定质量物质的表面积的大小，取决于粒子的粗细或其孔隙的多少。粒子细，外表面积大；孔隙多，内表面积大。将木材干馏得到木炭，由于干馏时产生的油脂等物质覆盖了木炭的孔隙，减少了其表面积，造成吸附能力不强。而将木炭制成活性炭时，由于它是将普通的木炭在水蒸气的气流中加高温，这不仅除去了原来附在木炭表面上的油脂，而且使炭的孔性增加，也就是使其表面积增加，从而增加了吸附能力。因此，木炭经活化后，其吸附能力增强。

2. 各种气体在活性炭上的吸附量是不同的，沸点越高，越易被吸附。现以1 g 活性炭能吸附某些气体的体积为例来说明（如表 5 - 1）。

表 5 - 1　不同气体在活性炭上的吸附量（15 ℃，1 个大气压）

气体	沸点（℃）	吸附量（cm^3/g）
SO_2	- 10.1	380
Cl_2	- 34	235
NH_3	- 33.4	181
H_2S	- 60	99
CO_2	- 78	47.6
CH_4	- 161.5	16.2
O_2	- 183	8.2
H_2	- 252.7	4.7

实验六　结晶热

一、实验目的

通过硫代硫酸钠从其溶液中结晶析出并释放能量的实验，让学生了解什么是结晶热和过饱和溶液，以及过饱和溶液在自然界里的应用。

二、实验用品

硫代硫酸钠晶体、大试管（20 mm×200 mm）1 支、烧杯（500 mL）2 个、温度计（100 ℃）1 个、铁三脚架 1 个、试管架 1 个、石棉网 1 个、酒精灯 1 个、棉花一团。

三、实验操作及现象

1. 取两个大烧杯，在烧杯内都倒入 2/3 体积的冷水，把其中一个烧杯放在垫有石棉网的铁三脚架上，点燃酒精灯，将水预热，备用。

2. 称取 25 g 硫代硫酸钠晶体（$Na_2S_2O_3 \cdot 5H_2O$）放入一干燥洁净的大试管内，再向试管内插一支温度计，然后把它放到上述正在预热的烧杯里，进行水浴加热。当温度升到 70 ℃时，试管内的硫代硫酸钠晶体已全部溶解在晶体所含的结晶水中，成为流动的液体。此时从烧杯中取出试管，放在另一个盛有冷水的烧杯中，让其慢慢冷却。当试管内液体的温度降至 35 ℃时，从烧杯中轻轻取出试管，放在试管架上，立即在试管口塞上一团棉花。

3. 从冷却后的试管中，小心地取下棉花团，立即放入一粒硫代硫酸钠晶体，则试管内的液体便立即凝结，继而结晶，晶体逐渐扩大，记下此时温度计升高的温度数值。

四、实验现象分析

为什么向冷却的硫代硫酸钠液体中，投入一粒硫代硫酸钠晶体，试管内的液体会立即凝结成晶体？

这是由于硫代硫酸钠晶体溶解的数量与温度密切相关。温度越高，溶解在自己结晶水里的硫代硫酸钠就越多，即加热可使硫代硫酸钠溶解的更多，再冷却时溶液便达到过饱和状态。在过饱和溶液中硫代硫酸钠不易产生晶核，因而过饱和溶液中过量的溶质无法析出，整个体系处于貌似稳定而实际不太稳定的状态（介稳定状态）。一旦投入少量溶质的晶体（$Na_2S_2O_3 \cdot 5H_2O$）或投入与晶体相同的其他溶质，就能促使溶液析出过量的溶质而转变为比较稳定的饱和溶液，放出热量（其热量即为"结晶热"），这就是接种的方法。

五、实验注意事项

1. 实验所用的试管、玻璃棒和温度计一定要干燥洁净，不能混入杂质和水。

2. 将盛有硫代硫酸钠液体的试管放入有冷水的烧杯中进行冷却时，应小心慢慢地使其自然冷却，切勿摇动试管。同时，从冷水中取出试管后，应立即在管口处松松地塞上一团干燥洁净的棉花，防止灰尘和杂质落入试管中。因为剧烈振荡、磨擦容器或灰尘掉进试管，都能产生晶核，破坏溶液的过饱和状态。

3. 在向冷却后的硫代硫酸钠液体中加入晶体之前，如果溶液中已有晶体析出，可重新将试管加热，再冷却，然后再投入晶体。

六、问题与讨论

1. $Na_2S_2O_3 \cdot 5H_2O$ 俗名大苏打、海波，是白色或透明的单斜系棱晶，或为细长针状物。在空气中无变化，但在 33 ℃时易风化，易溶于水，其水溶液呈弱碱性，溶于水时吸热使温度降低。56 ℃时溶于其结晶水中，故上述实验中 70 ℃时 $Na_2S_2O_3$ 已全部溶于其结晶水中。100 ℃时能使水灼烧，至 220 ℃时即分解为 Na_2S 和 Na_2SO_4。

2. 在不稳定的过饱和溶液中，可用接种的方法使之转变成稳定的饱和溶液。除此之外，还可用玻璃棒剧烈地搅拌或磨擦容器的器壁，这样也能产生晶核，破坏溶液的过饱和状态，使过量的溶质析出。这是因为玻璃棒的磨擦容易产生细小的玻璃颗粒，而它的形状类似于溶质的晶体，因此便成了最初的结晶中心。另外，过饱和溶液在空气中受落入其内的灰尘粒的影响也能进行结晶，也是这个原因。

3. 过饱和溶液在自然界里的应用

当气温低、乌云密布、要下雨又下不了时，这时的云层所含的水汽量是应当析出冰晶，有雨落下，但由于这些水汽没有结晶核心，所以只能处于过冷状态。此时如果用飞机在这个云层里喷撒烟状的碘化银（它的晶体和冰晶相仿）或用大炮向这个云层发射碘化银，则过冷的水汽便会不断地凝集在碘化银上，形成冰晶。冰晶越聚越大，待增大到空气不能支撑的时候就会降落下来。在降落的过程中，因气温逐渐升高，冰晶便融化成雨水落下来。这就是"人工降雨"的原理。

4. 硫酸钠、乙酸钠、硼砂、硫代硫酸钠等都容易生成过饱和溶液。

实验七　浓硫酸与蔗糖的作用

一、实验目的

通过实验使学生进一步了解浓硫酸的脱水性和二氧化氯的氧化性。

二、实验用品

蔗糖（粒状）、氯酸钾（粒状）、浓硫酸（98%）、蒸发皿1个、石棉板1个、铁三脚架1个、长胶头滴管1个、研钵（附研杵）1个、玻璃棒1个、药匙1个。

三、实验准备

称取蔗糖20 g、氯酸钾60 g放在同一个石棉板上，轻轻地用药匙混合均匀并堆成圆锥形，然后把石棉板放在铁三脚架上，备用。

四、实验操作及现象

用长胶头滴管吸满浓硫酸，再慢慢地将浓硫酸滴在上述混合物上并轻轻搅拌。这时可立即看到混合物起火并猛烈燃烧，发出白光，同时白色的混合物变成黑色的炭渣，此现象可谓是"滴酸燃烧"。

五、实验现象分析

当向蔗糖和氯酸钾的混合物上滴浓硫酸时，产生上述实验现象，发生了复杂的化学反应。首先，浓硫酸使蔗糖脱水碳化，放出大量热量。同时，碳又与浓硫酸发生反应，生成二氧化碳和二氧化硫。其反应的化学方程式是：

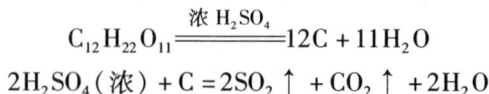

$$C_{12}H_{22}O_{11} \xrightarrow{\text{浓 } H_2SO_4} 12C + 11H_2O$$

$$2H_2SO_4(\text{浓}) + C = 2SO_2\uparrow + CO_2\uparrow + 2H_2O$$

放出的热又促使氯酸钾分解，在没有催化剂的条件下，氯酸钾在加热到356 ℃会熔化，400 ℃时便开始分解，生成高氯酸钾［见（1）式］。高氯酸钾又会和浓硫酸作用，生成高氯酸［见（2）式］。它是一种无色液体，不稳定，在空气中强烈地冒烟，有时会爆炸。同时，氯酸钾也会和浓硫酸作用，生成二氧化氯，其反应过程如（3）～（5）式：

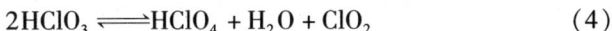

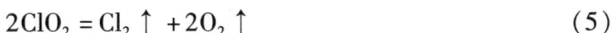

$$4KClO_3 \xrightarrow{\text{高温}} 3KClO_4 + KCl \tag{1}$$

$$KClO_4 + H_2SO_4(\text{浓}) \Longrightarrow KHSO_4 + HClO_4 \tag{2}$$

$$KClO_3 + H_2SO_4(\text{浓}) = KHSO_4 + HClO_3 \tag{3}$$

$$2HClO_3 \Longrightarrow HClO_4 + H_2O + ClO_2 \tag{4}$$

$$2ClO_2 = Cl_2 \uparrow + 2O_2 \uparrow \tag{5}$$

由于生成的二氧化氯具有氧化性，加速了反应，故使燃烧更加猛烈。其总化学方程式如下：

$$C_{12}H_{22}O_{11} + 8KClO_3 + H_2SO_4(\text{浓}) = K_2SO_4 + 6KCl + 2HCl + 12CO_2 \uparrow + 11H_2O$$

六、实验注意事项

1. 实验时所用的浓硫酸一定要浓且纯净，切忌吸水。操作时要细心，有关被浓硫酸误伤的急救措施见本书第37页"浓硫酸的实验"。

2. 实验用的蔗糖和氯酸钾不能用粉状物，因用粉状物反应过于猛烈，容易发生事故；也不能用大块晶体，因大块晶体需要研磨，尤其是混合研磨，容易引起爆炸。因此，必须用细粒状的固体。

3. 所用的仪器一定要干燥洁净。

4. 蔗糖开始着火时，实验人员应立即远离实验台。

5. 实验后的残渣应即时处理，可用稀碱液洗涤。

实验八 硝酸钾的氧化性

一、实验目的

通过实验使学生了解硝酸钾的氧化性并进一步认识黑火药的反应。

二、实验用品

硝酸钾、硫黄、木炭、自来水、大烧杯1 000 mL和500 mL各1个、研钵（附研杵）3个、细沙、一次性小纸杯（高48 mm，上口直径46 mm）1个、酒精灯1个、坩埚钳1个、棉球一团、火柴一盒。

三、实验准备

1. 取干燥洁净的纸杯一个，在杯底装入少量细沙，备用。

2. 配制试剂：按5:2:1的质量比称取干燥的硝酸钾、木炭和硫黄，分别在研钵里研细，然后将它们在研钵里轻轻地混合均匀，再取其总量的3/4装入上述纸杯里，备用。

3. 制作导火线：将上述剩余试剂装入易燃的大表纸内，卷成纸卷，制成导火线。然后将此纸卷插入上述纸杯内的药品中，并将药品用药匙压紧，纸卷的另一端露出杯外，备用。

四、实验操作及现象

将纸杯放在一空的大烧杯里，然后小心慢慢地沿大烧杯内壁注入适量的冰水，最后点燃露在纸杯外的纸卷。稍等片刻便会看到大量黑色烟雾和紫色火焰不断从纸杯里喷出，接着在纸杯口燃烧起来，且燃烧逐步向下蔓延，直至纸杯内的药物燃烧完。远看这种燃烧现象好似在水中进行一样。

五、实验现象分析

上述燃烧现象的产生是因为：纸杯内干燥的硝酸钾、硫黄粉和木炭粉一旦受热，其中的硝酸钾会立即分解放出氧气，而易燃的硫粉和木炭粉也随之与氧气发生反应，强烈地燃烧起来，放出二氧化硫和二氧化碳并产生黑烟。另外，硝酸钾不仅受热易分解放出氧气，而且它在燃烧时还发出紫色火焰。因此，在烧杯口上方出现上述十分壮观的黑色烟雾和鲜艳的紫色火焰。这个反应较为复杂，其主要的化学反应方程式如下：

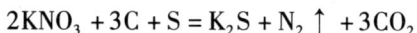

$$2KNO_3 + 3C + S = K_2S + N_2\uparrow + 3CO_2$$

另外，木炭和硫也会分别与硝酸钾反应，生成对应的氧化物，并放出大量热量。其反应的化学方程式如下：

$$2KNO_3 + C \xrightarrow{\triangle} 2KNO_2 + CO_2\uparrow \qquad 2KNO_3 + S \xrightarrow{\triangle} 2KNO_2 + SO_2\uparrow$$

六、实验注意事项

1. 全部药品、细沙和用品（除烧杯外）都应干燥。课前还应将药品进行焙烧并研细并放在干燥器内保存，避免药品受潮。

2. 大烧杯内的水面应低于纸杯口 1~2 cm，防止纸杯内的药品被浸湿。

3. 向大烧杯内注水时，应注意不要把纸卷弄潮，以防导火线受潮，无法点燃，致使实验失败。

七、问题与讨论

1. 纸杯内放干细沙可使纸杯放在大烧杯内重心平稳，不会倒伏，同时纸杯内药物燃烧放出大量热时，这些细沙可以吸收热量以保护纸杯不会燃烧。

2. 大烧杯内有冰水，可起到冷却作用，以避免外面的大烧杯受热炸裂，造成实验失败。

3. 上述反应实际上是黑火药燃烧的反应，反应方程式计量数的口诀是"一硫、二硝、三碳"。这个反应较为复杂，因为黑火药的主要成分是 KNO_3，并有适量的硫黄和木炭，其爆炸反应随各成分配比的不同而有所不同。

$$2KNO_3 + 3C + S = K_2S + N_2\uparrow + 3CO_2\uparrow$$

$$4KNO_3 + 6C + 2S = K_2S_2 + K_2CO_3 + CO\uparrow + 4CO_2\uparrow + 2N_2\uparrow$$

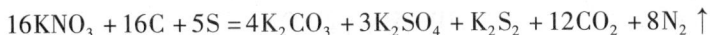

$$16KNO_3 + 16C + 5S = 4K_2CO_3 + 3K_2SO_4 + K_2S_2 + 12CO_2 + 8N_2 \uparrow$$

从这些反应方程式中可以看出，该燃烧反应除生成 K_2S、N_2 和 CO_2 外，还部分地生成 CO、K_2CO_3、K_2SO_4 及 K_2S_2。由于黑火药在燃烧时生成固体中间产物，所以反应时会爆炸冒烟。正规黑火药的配方是：68% 的 KNO_3、15% 的 S、17% 的 C。如果火药棉燃烧时不形成固体物质，则可用它制备无烟火药，而火药棉可用硝酸与纤维素（如棉花）制得。

4. 棉纤维是较纯的纤维素，一般含量在 90% 以上，广泛用于制造人造纤维、无烟火药、纸张、纤维素塑料和葡萄糖等。

实验九　白磷的自燃

一、实验目的
通过两个实验使学生进一步认识白磷的自燃及其易溶于二硫化碳的性质。

二、实验用品
白磷、二硫化碳、蜡烛、刻度试管（10 mL，管口配一软木塞）1 支、胶头滴管 1 个、镊子 1 个、剪刀 1 把、集气瓶（250 mL）1 个、玻璃片 1 个、滤纸 2 张。

三、实验准备
1. 取一洁净的刻度试管，向试管中倒入约 6 mL 二硫化碳溶液，塞上软木塞，然后把此试管置于阴凉处。

2. 用剪刀在水下剪取较黄豆大些的白磷一块，用镊子取出，放在滤纸上吸干水后迅速投入上述试管中，立即塞上软木塞，充分振荡至白磷完全溶解，即制成白磷的二硫化碳溶液，备用。

四、实验操作及现象
实验一：取一支新蜡烛点燃后立即熄灭，再用镊子把烛芯散开，然后把此蜡烛稳放在玻璃片上。用胶头滴管吸取上述白磷的二硫化碳溶液，慢慢地滴在蜡烛芯上。片刻即可看到蜡烛周围开始有白烟生成，不久蜡烛便自动燃烧起来。

实验二：在一洁净的集气瓶上放一张干燥洁净的滤纸，用胶头滴管吸取上述白磷的二硫化碳溶液，慢慢地滴在滤纸上，至浸湿整个滤纸。片刻后滤纸上即有白色烟雾生成，不久滤纸便自动燃烧起来，与此同时集气瓶内立即发生爆炸。

五、实验现象分析
1. 在实验一中，当白磷的二硫化碳溶液滴在蜡烛芯上时，由于二硫化碳易挥发，其挥发后白磷便留在蜡烛芯上，露置于空气中。鉴于白磷在常温甚至低温下在空气中能发生缓慢氧化，而缓慢氧化过程放出的热量能使温度升至 40 ℃以上。所以白磷就会自动燃烧起来，同时又放出大量热量，发出深白色的光，生成五氧化二磷。其化学反应方程式为：

$$4P + 5O_2 = 2P_2O_5$$

2. 在实验二中，当滤纸上的二硫化碳挥发后，留下的白磷在空气中便缓慢氧化，放出的热量使滤纸燃烧。而从滤纸上滴到集气瓶中的二硫化碳溶液与瓶中的空气混合后，便发生了爆炸反应，故发出很响的爆炸声。其化学反应式为：

$$4P + 5O_2 = 2P_2O_5 \qquad CS_2 + 3O_2 = CO_2 + 2SO_2$$

六、实验注意事项

1. 白磷有剧毒，极易自燃（着火点为40 ℃），所以取白磷只能在水中切取（最好在20 ℃~25 ℃时切取），并用镊子夹取，取出后应立即使用。在空气中切取时，白磷能因摩擦而起火。如需将白磷外面的水吸干，应放在滤纸上快速吸干，然后用镊子夹取，避免摩擦或挤压，更不能用手直接拿白磷，以免灼伤。

2. 白磷的二硫化碳溶液不但有剧毒，而且易燃，操作时应特别注意安全，不要溅到衣服或手上，更不能与可燃物接触。

3. 剩余的白磷二硫化碳溶液，应泼在纸上烧掉，用于吸干白磷表面水的滤纸也一并烧掉。

4. 实验一中用新蜡烛点燃后又熄灭是因为新蜡烛较清洁，而且点燃后立即熄灭的蜡烛芯干燥易点燃，以保证实验成功。

5. 本实验只能用白磷，不能用红磷。因为白磷在空气中易燃，而红磷（熔点240 ℃）必须加热到着火点以上才能燃烧，所以，常温下用红磷做此实验不能成功。

七、问题与讨论

1. 白磷是一种无色或浅黄色的透明蜡状固体（密度1.8 g/mL、熔点44 ℃、沸点281 ℃），着火点40 ℃，在空气中的着火点为45 ℃。它不溶于水，易溶于二硫化碳等有机溶剂，故能保存在水中，并应尽可能地放在黑暗处。由于白磷易挥发又易燃，所以在常温甚至低温下白磷在空气中能发生缓慢氧化。白磷在40 ℃时就能着火，其部分反应能量以光能的形式放出，故在暗处能发光，称为"磷光现象"。其反应方程为：

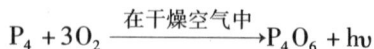

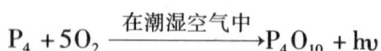

$$P_4 + 3O_2 \xrightarrow{\text{在干燥空气中}} P_4O_6 + h\upsilon$$

$$P_4 + 5O_2 \xrightarrow{\text{在潮湿空气中}} P_4O_{10} + h\upsilon$$

2. 磷在足量的氧气或空气中燃烧生成磷酸酐 P_2O_5，在普通温度下缓慢氧化，则主要生成亚磷酸酐 P_2O_3，反应时还伴随发光，在黑暗中能观察到。另外，P_2O_5 在空气中极猛烈地吸潮，迅速潮解，因此 P_2O_5 常用作气体的干燥剂。

3. 据英国《泰晤士报》"白磷弹燃烧力强禁炸平民"一文中指出：白磷弹接触氧气后会自燃，火焰呈深黄色，并产生白色烟雾；一般会被用作烟幕弹，但也可作为攻击敌人的致命武器，可导致人体严重灼伤。被白磷弹攻击，可导致二级或三级烧伤，因为磷粒子接触到皮肤后会不停地燃烧，直至完全消失。1980 年的日内瓦条约规定，禁止用白磷弹攻击平民，但国际法无明文规定禁止用它作为烟幕弹。

实验十　温度对化学平衡的影响

一、实验目的

通过实验使学生进一步掌握温度的改变对化学平衡的影响。

二、实验用品

硝酸铅、氢氧化钠溶液、冷水、热水、冰块、圆底烧瓶（125 mL，附两个带直角玻璃导气管的橡皮塞）3 个、大烧杯（500 mL）2 个、小烧杯（100 mL）1 个、弹簧夹 2 个、大硬质试管（20 mm×200 mm，附一个带导气管的橡皮塞）1 个、酒精灯 1 个、铁架台（附铁夹）1 个、火柴一盒。

三、实验准备

1. 取 3 个圆底烧瓶和两个直角导气管洗净、烤干，立即塞上带玻璃导气管的橡皮塞，再在两个导气管处连接橡皮导气管，并用弹簧夹夹住橡皮导气管，另一个圆底烧瓶塞上橡皮塞，备用。

2. 取一硬质试管洗净、烤干，装入两药匙硝酸铅，塞上带有导气管的橡皮塞，再把此试管用铁夹固定在铁架台上，备用。

3. 在小烧杯里倒入半杯氢氧化钠溶液，备用。

四、实验操作及现象

1. 收集三瓶二氧化氮：加热上述装有硝酸铅的试管，用三个圆底烧瓶收集二氧化氮气体。先收一瓶，收满后立即塞上橡皮塞，并用弹簧夹夹住橡皮管。迅速再收两瓶，待第二瓶、第三瓶与第一瓶的红棕色颜色深浅近似时，停止收气，立即塞上橡皮塞，再将第二瓶与第一瓶连接起来，取下弹簧夹，第三瓶留作比较用。收集完毕迅速将硬质试管的导气管放入盛有氢氧化钠溶液的烧杯里。

2. 取两个烧杯，在一个杯内倒入半杯热水，另一杯中倒入半杯冰水，然后把上述两圆底烧瓶分别浸入热水和冷水里（如图 5 - 1 所示）。2～3 min 后，在热水

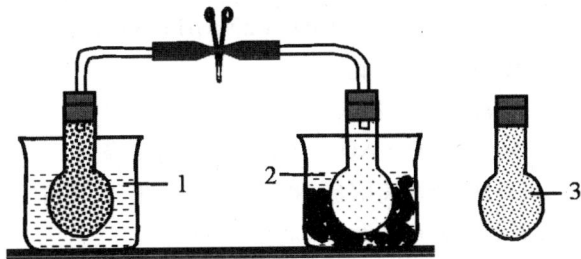

图 5 - 1　温度对化学平衡的影响
1 - 热水；2 - 冰水；3 - 对比烧瓶（常温）

杯内的一瓶呈现深红棕色，而冰水杯内的一瓶则颜色变浅，再与第三瓶比较便可进一步证实上述变化。然后将两圆底烧瓶互换烧杯，两瓶内气体的颜色又发

生了变化,原来深红棕色的变浅,原来浅红棕色的变深。

五、实验现象分析

上述实验现象的出现,是由于二氧化氮在常温时是红棕色气体,但随着温度的变化,其颜色、状态和成分都会发生变化。0 ℃ ~ 10 ℃时为黄色气体,温度越低颜色越浅,0 ℃以下时为无色。因为它随着温度的降低,易凝结为液体,而 NO_2 分子会两两结合,形成无色的 N_2O_4。温度降至 -11 ℃(凝固点)时,便凝结成无色晶体,这时物质中几乎全是无色的 N_2O_4。但随着温度的升高,颜色也越深,加热至21 ℃(沸点)时沸腾,N_2O_4 分子又会离解成 NO_2,到140 ℃时完全离解,气体中只有 NO_2 分子。若再升高温度到620 ℃时,NO_2 会完全分解为 NO 和 O_2。故在 -11 ℃ ~ 140 ℃之间时,体系是 NO_2 和 N_2O_4 共存的。

$$2NO_2 \xrightleftharpoons[140\ ℃时完全离解(离解作用)]{-11\ ℃时完全聚合(聚合作用)} N_2O_4$$

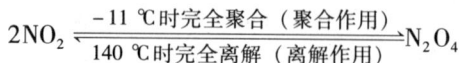

因此,随着温度的升降,NO_2 和 N_2O_4 气体混合物的颜色发生变化,出现各种平衡,使平衡向左右移动。

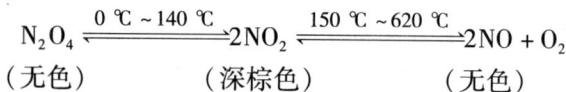

$$\underset{(无色)}{N_2O_4} \xrightleftharpoons[]{0\ ℃ ~ 140\ ℃} \underset{(深棕色)}{2NO_2} \xrightleftharpoons[]{150\ ℃ ~ 620\ ℃} \underset{(无色)}{2NO + O_2}$$

六、实验注意事项

1. 三个圆底烧瓶收集的 NO_2 应浓度近乎一致、分不出颜色的深浅,以便在温度改变时对比瓶内气体颜色的变化和差别。

2. 两烧杯内的水,夏天最好用沸水和冰水,冬天用热水和冷水即可,必要时在冰水和冷水中,可加入食盐,使温度更低些。

3. 制取 NO_2 的装置中,应加个尾气吸收装置。每收集一瓶 NO_2 气体完毕时,都应将导气管插入盛有 NaOH 溶液的烧杯里,以便吸收 NO_2,防止污染空气,避免人员中毒。因 NO_2 跟 NaOH 相互作用发生以下反应:

$$2NO_2 + 2NaOH = NaNO_2 + NaNO_3 + H_2O$$

七、问题与讨论

1. 若 NO_2 中混有 NO,则在冷水中冷却后会有蓝色液体产生,这是由于生成了 N_2O_3:$NO + NO_2 \rightleftharpoons N_2O_3$。通常条件下 N_2O_3 不稳定,易离解,甚至在 -2 ℃时就开始离解成 NO 和 NO_2。在 25 ℃常压下,N_2O_3 在平衡体系中仅占 10.5%,100 ℃时为 1.2%。

2. NO_2 分子间互相作用的趋向是由它的每个分子中都存在一个未成对电子(在氮原子上)引起的,两个这种电子配合形成了 N_2O_4 分子中的 N—N 键。由于这种键不牢固,所以 N_2O_4 分子不稳定,易离解。

3. 除 N_2O 外,所有氮的氧化物都有毒。轻者刺激呼吸道,吸入几小时则会出现胸中疼痛、急喘等症状。当空气中氮的氧化物含量在 0.5 mg/L 时,则会发生严重中毒，出现心脏急跳、呼吸道粘膜炎、吐血、牙齿损坏等症状。工业生产部门的空气中氮的氧化物的最高允许含量为 0.005 mg/L。当严重中毒时，患者应充分安静休息并饮用大量牛奶、吸入氧气并注射樟脑。

实验十一　浓度对化学平衡的影响

一、实验目的

通过六水合钴离子与四氯合钴离子之间离解与平衡移动的实验，让学生进一步理解浓度的改变对化学平衡的影响。

二、实验用品

氯化钴、浓盐酸、蒸馏水、烧杯（100 mL）1 个、大试管（20 mm × 200 mm）3 个、量筒（100 mL）1 个、滴瓶 2 个、玻璃棒 1 个。

三、实验准备

在一个洁净的烧杯里配制饱和氯化钴溶液（红色）约 30 mL，再将此溶液分倒在两个大试管中，备用。

四、实验操作及现象

取上述一个试管并向其中滴加浓盐酸，边滴边振荡试管，直至溶液颜色由红色变为蓝色。然后将此试管里的蓝色溶液分装在两个试管里，再向其中一个试管里滴加蒸馏水稀释，边滴边振荡试管，直至溶液颜色由蓝色变为紫色再变成红色。

五、实验现象分析

氯化钴易溶于水，溶于水后形成红色络离子 $[Co(H_2O)_6]^{2+}$ 的溶液，当向此溶液中滴加浓盐酸时，发生了如下反应：

$$[Co(H_2O)_6]^{2+} + 4Cl^- \rightleftharpoons [CoCl_4]^{2-} + 6H_2O$$
$$\text{（红色）} \qquad\qquad \text{（蓝色）}$$

在这个平衡体系里，由于增大了反应物 Cl^- 的浓度，使平衡向右移动，生成了蓝色的 $[CoCl_4]^{2-}$，所以第一个试管的溶液由红色变为蓝色。当向第三个试管的蓝色溶液里加水稀释时，由于增大了生成物 H_2O 的浓度，使平衡向左移动，生成了红色的 $[Co(H_2O)_6]^{2+}$，所以第三个试管的溶液又由蓝色变成红色。

从上述实验可见，在其他条件不变的情况下，改变反应物或生成物的浓度，都会破坏化学平衡，使平衡发生移动。本实验中由于增大反应物 Cl^- 的浓度（或减少生成物 H_2O 的浓度），化学平衡向正反应方向移动，生成蓝色的 $[CoCl_4]^{2-}$ 络离子；又由于增大生成物 H_2O 的浓度（或减小反应物 Cl^- 的浓度），化学平衡向逆反应方向移动，生成红色的 $[Co(H_2O)_6]^{2+}$ 络离子。

六、实验注意事项

1. 所使用的药品要纯，不能混有其他杂质，以免干扰颜色变化。

2. 配制溶液 B

①在一个洁净的大烧杯里配制 1% 的淀粉溶液（参见本书第 30 页 "淀粉溶液"）。

②在一个洁净的小烧杯里配制 2 mL 3 mol/L 的 H_2SO_4，备用。

③取 142 mL 蒸馏水倒入一洁净的大烧杯里，再放入 0.1 g Na_2SO_3、8 mL 1% 的淀粉溶液和 0.5 mL 3 mol/L 的 H_2SO_4，然后搅拌溶解，呈无色溶液，备用。

四、实验操作及现象

量取 A、B 两无色溶液各 100 mL 倒入一个洁净的锥形瓶内，轻轻搅拌混合均匀。此混合溶液在大约 15 s 后便会由无色慢慢变成蓝色。

五、实验现象分析

实验中混合溶液由无色变成蓝色的反应机理如下：

首先 H_2SO_4 与 Na_2SO_3 反应生成 H_2SO_3，而 H_2SO_3 与 IO_3^- 反应生成 I^-，接着 IO_3^- 再与 I^- 反应生成碘，碘又与 H_2SO_3 反应生成 I^-。其反应过程为：

$$H_2SO_4 + Na_2SO_3 = Na_2SO_4 + H_2SO_3 \tag{1}$$

$$IO_3^- + 3H_2SO_3 = I^- + 3SO_4^{2-} + 6H^+ \tag{2}$$

$$IO_3^- + 5I^- + 6H^+ = 3I_2 + 3H_2O \tag{3}$$

$$3I_2 + 3H_2SO_3 + 3H_2O = 6I^- + 3SO_4^{2-} + 12H^+ \tag{4}$$

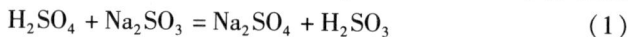

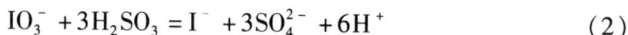

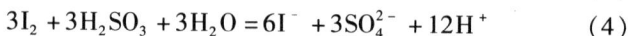

由于 H_2SO_3 的量是有限的，最终完全消耗掉，反应（4）便会停止。对于反应（3），由于碘酸盐在酸性介质中有氧化性，致使 IO_3^- 被还原成碘，生成的碘便积累起来。碘遇淀粉呈蓝色，所以溶液便会由无色逐渐变成蓝色。

六、实验注意事项

1. 实验中所用的仪器应洗净，避免混入杂质干扰实验。

2. 剩余溶液可保存，以后实验可以再次使用。废液应处理，盛废液的烧杯应洗净保存。

实验十四 溴水在酸碱条件下的平衡移动

一、实验目的

通过实验使学生了解溴水的电离在酸碱性溶液中平衡移动的原理。

二、实验用品

液溴、氢氧化钠、盐酸、蒸馏水、烧杯（200 mL1 个、100 mL3 个）、玻璃棒 4 个、滴瓶 2 个、试剂瓶 1 个、量筒（100 mL、10 mL 各 1 个）、白纸 1 张。

三、实验准备

1. 制备溴水：在一个洁净的大烧杯里倒入 100 mL 蒸馏水，然后加入约 1 mL 液溴，搅拌均匀，配制成红棕色的溴水，倒入试剂瓶内，备用。

2. 在一洁净的小烧杯里，配制 1 mol/L NaOH 溶液 50 mL，倒入滴瓶，备用。

3. 在一洁净的小烧杯里，配制 1 mol/L HCl 溶液 50 mL，倒入滴瓶，备用。

四、实验操作及现象

取上述红棕色溴水 10 mL，倒入一个洁净的小烧杯里并在烧杯下垫一张白纸，然后向烧杯内逐滴滴加上述无色的 NaOH 溶液，即见红棕色慢慢消失。最后，滴加上述无色 HCl 溶液，红棕色又慢慢重新再现。

五、实验现象分析

溴水中存在如下平衡：

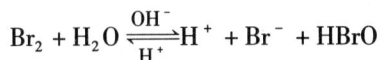

$$Br_2 + H_2O \underset{H^+}{\overset{OH^-}{\rightleftharpoons}} H^+ + Br^- + HBrO$$

根据平衡移动原理，当向溴水中逐滴滴加氢氧化钠（OH^-）溶液时，H^+ 离子大量减少，平衡即向右移动，故红棕色慢慢消失；当再向该溶液中逐渐滴加盐酸（H^+）溶液时，OH^- 离子大量减少，平衡即向左移动，产生溴（Br_2），故红棕色又慢慢重新出现。

六、实验注意事项

1. 所用仪器应洗涤干净，以防混入杂质，尤其是混入酸碱离子，干扰实验现象，影响实验效果。

2. 向溴水中滴加酸碱溶液时，应慢慢逐滴滴加。出现溶液颜色变化时，即可停止滴加，切勿滴过量。

3. 制备溴水开启液溴瓶时，溴蒸气会逸出，它具有强烈的臭味，其毒性主要对人的呼吸系统有伤害，使用时应注意安全（有关溴的中毒与急救见本书第 40 页"溴的实验"）。

实验十五　氨与浓盐酸的作用

一、实验目的

通过氨与盐酸反应生成铵盐的实验使学生了解氨的加合性。

二、实验用品

浓氨水（25% ~27%）、浓盐酸（37.23%）、玻璃棒 1 个、粗棉线绳 2 根、镊子 2 个、铁架台 2 个、红线 1 根。

三、实验准备

1. 取两根长 15 cm、直径约为 0.3 cm 的干燥洁净的粗棉线绳，一根放在盛有浓氨水的试剂瓶内浸湿，盖上瓶盖，另一根放在盛有浓盐酸的试剂瓶内浸湿，盖上瓶盖，备用。

2. 在两个铁架台之间架一根干净的长玻璃棒，并在玻璃棒的正中间系一根红线作标记，备用。

四、实验操作及现象

1. 从浓氨水和浓盐酸的试剂瓶里用镊子取出两根粗线绳，分挂在上述玻璃棒的两头距中间（红线处）等距离处，最初没有什么现象发生。

2. 用镊子夹住线绳，同时把两根棉线绳慢慢地向中间处移动，当互相靠近到一定距离时，就会有白色"烟雾"产生。不过浸浓氨水的线绳较浸浓盐酸的线绳移动的距离长些。

3. 用镊子夹住线绳把它们往玻璃棒的两端移动，当互相远离时，白色"烟雾"又会慢慢消失。

五、实验现象分析

上述实验中，两根线绳互相靠近时，会产生白色"烟雾"的原因是：吸附在一根线绳上的浓氨水中的氨与吸附在另一线绳上的浓盐酸中的氯化氢互相作用，生成了无数极为细小的氯化铵白色小颗粒，它分散在空气中，形成"白烟"，而浓盐酸中氯化氢挥发在空气中，形成"酸雾"。因此，出现白色"烟雾"。当两线绳远离后，不能形成氯化铵，"烟雾"也就消失了。

六、实验注意事项

1. 把两根棉线绳从试剂瓶中取出时，应以浸透试剂又没有多余的试剂滴下为准。

2. 当一根线绳放入一个试剂瓶内时，另一瓶试剂瓶不要打开。反之，当另一瓶试剂瓶打开前，前一瓶试剂瓶应盖上瓶盖。避免两种试剂相互作用。

3. 两根浸有试剂的线绳，分别放在玻璃棒两端时，不仅应记住哪一根线绳浸有浓氨水，哪一根浸有浓盐酸，还应在实验前试验好停放的位置，避免因两线绳的位置距离太近时，另一根线绳未放稳便开始反应，造成实验失败。

七、问题与讨论

1. 当把两根线绳往玻璃棒中间移动时，为什么浸浓氨水的线绳较浸浓盐酸的线绳移动的距离长呢？

这是因为各种气体扩散的速度不同，分子量较大的气体（如氯化氢）即比较重的气体的扩散速度比分子量小的气体（如氨气）即比较轻的气体的扩散速度慢。因此，浸浓氨水的线绳移动距离较长，发生反应生成白色烟雾的地方正是氨和氯化氢同时扩散到的地方。此位置距浓盐酸线绳的一端较近，距浓氨水线绳的一端较远，即氨气的扩散速度大于氯化氢的扩散速度。

2. 氨是一种无色气体，具有特征的刺激臭味，冷到 - 33 ℃时凝聚，- 78 ℃时凝固为无色晶体。它在水中的溶解度大于所有的其他气体。氨溶于水放出大量的热，但温度对其溶解度的影响很大，如表 5 - 2 所示。

表 5 - 2　温度对氨气溶解度的影响

温度（℃）	- 30	0	10	30	50	80
溶解度	2.87	0.87	0.68	0.40	0.23	0.15

注：气体的溶解度是指 1 g 水中能溶解的气体的克数，或指单位质量水所能吸收的气体的质量。

所以中学教科书中指出 0 ℃时 1 体积的水能吸收 1 200 体积的氨，20 ℃时约吸收 700 体积的氨。市场上的浓氨水溶液含氨 25%，医疗用的氨水通常含 10% 左右的氨。因此，实验时所用的仪器一定要干燥。

3. 气体的氨和氯化氢作用生成铵盐时，放出大量热量：$NH_3 + HCl = NH_4Cl$。有趣的是在完全无水的情况下（即使是微量的水也不存在），这个反应并不进行，此反应之所以能发生，水在这里可以认为是催化剂。

4. 当 NH_3 溶于水时，由于它们发生反应，形成了 NH_4OH：$NH_3 + H_2O \Longrightarrow NH_4OH$，而 NH_4^+ 相当于一价金属离子，因此 NH_4OH 又按碱式电离：$NH_4OH \Longrightarrow NH_4^+ + OH^-$。另一方面 NH_4OH 又可分解为 NH_3 和 H_2O，而 NH_3 和 H_2O 又能再生成 NH_4OH。把这两个反应式联合起来，便可得出氨水溶液中存在以下平衡：

$$NH_3 + H_2O \Longrightarrow NH_4OH \Longrightarrow NH_4^+ + OH^-$$

从这个平衡式中可以看出，氨的水溶液中只含有较少的 OH^-，NH_4OH 可看做是一种弱碱。

实验十六　氯化汞与碘化钾的作用

一、实验目的
通过实验使学生了解碘化汞和 $[HgI_4]^{2-}$ 络离子的生成。

二、实验用品
碘化钾、氯化汞、蒸馏水、烧杯（200 mL、100 mL 各 1 个）、滴瓶 2 个、玻璃棒 3 个、白瓷板 1 块。

三、实验准备
1. 在一洁净的烧杯（200 mL）里配制 10% 的碘化钾溶液 150 mL，倒入滴瓶 50 mL，留下 100 mL，备用。

2. 取一洁净的烧杯，在烧杯里配制 5% 的氯化汞溶液 50 mL，倒入滴瓶，备用。

四、实验操作及现象
首先把盛有无色碘化钾溶液的烧杯放在实验台的白瓷板上，慢慢地向烧杯里滴加氯化汞溶液，边滴边搅拌，无色的碘化钾溶液迅速变成橙红色的沉淀。然后再向烧杯里慢慢滴加碘化钾溶液时，边滴边搅拌，橙红色的沉淀又逐渐溶解变成无色溶液。

五、实验现象分析

上述现象的发生是由于：无色的碘化钾与氯化汞反应，生成橙红色的碘化汞 HgI_2 沉淀，所以溶液由无色变成橙红色沉淀。再向此沉淀里滴加碘化钾溶液时，碘化汞溶于过量的碘化钾中，生成了无色的四碘化汞钾络合物即 $K_2[HgI_4]$，又叫汞碘化钾络合物，所以橙红色的沉淀又溶解成无色溶液。化学方程式如下：

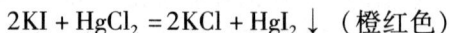

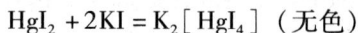

$$2KI + HgCl_2 = 2KCl + HgI_2\downarrow \text{（橙红色）}$$
$$HgI_2 + 2KI = K_2[HgI_4] \text{（无色）}$$

六、实验注意事项

1. 所使用的仪器一定要洗净，以防带入杂质，影响实验效果。

2. 向碘化钾溶液里滴氯化汞，以及向橙红色沉淀中滴加碘化钾时，都应慢慢滴加，且边滴边搅拌，直至出现应有的现象为止，不能滴过量。

3. 汞盐均有毒，实验过后应立即处理废液和剩余药品（可以用有机溶剂溶解）。

4. 烧杯下垫一白瓷板是为了便于观察反应过程颜色的变化。

5. 有关汞盐的中毒与急救参见本书第 44 页"汞及汞盐的实验"。

实验十七　硝酸铵溶解的热效应

一、实验目的

通过实验使学生了解硝酸铵溶于水时吸热使温度降低。

二、实验用品

硝酸铵晶体、蒸馏水、烧杯（200 mL）1 个、玻璃棒 1 个、量筒（100 mL）、托盘天平（附砝码）1 台、洁净木板 1 块、表面皿 1 个、小试管（5 mL）1 个。

三、实验准备

1. 用量筒量取 60 mL 冷蒸馏水，倒在洁净的烧杯里，备用。

2. 取一洁净的薄三合板并向板上洒点水，备用。

3. 称取 60 g 硝酸铵晶体放在干燥洁净的表面皿中，备用。

4. 取一小试管装满冷水，备用。

四、实验操作及现象

首先将正面有水的薄三合板放在实验台上，再把上述盛冷蒸馏水的烧杯放在有水的木板上。然后把表面皿内已称好的硝酸铵倒入盛有 60 mL 冷蒸馏水的烧杯里，边倒边用盛有冷水的小试管不断搅拌，使其溶解。溶解的中途可把烧杯拿起来，再放回木板上。稍停，再拿烧杯时，便无法拿起了，这时木板和烧杯底部的水，都已结冰并冻结在一起。

五、实验现象分析

三合板上的水结冰并把烧杯"粘"起来，是由于硝酸铵在溶解过程中的热效应是吸热的，随着溶解的进行，溶液的温度很快下降，致使木板上的水结冰，结冰后就使木板和烧杯冻在了一起，所以盛硝酸铵溶液的烧杯便拿不起来。随着时间的延长，小试管内的水也会冻结。

六、实验注意事项

1. 所取的硝酸铵固体必须干燥。

2. 烧杯应洗净，不能混有杂质，以免影响实验效果。

3. 当木板上的水结冰与烧杯冻在一起时，即可停止实验。因时间过长，温度逐渐降低，烧杯里溶液也会结冰，小试管便拿不起来了。因此，应注意观察现象，适时停止实验。

七、问题与讨论

1. 向烧杯里加的冷水最好是 10 ℃ 以下的水。为此，夏天时可在冷水中加些碎冰块。

2. 硝酸铵溶于水时能吸收大量的热，如 1 份重量的 NH_4NO_3 溶于 1 份重量的水中，混合物的温度即由 15 ℃ 降到 −10 ℃。

3. 根据实验测得，将 60 g NH_4NO_3 溶于 100 mL 水中，可使温度下降 27 ℃ 之多。所以在室温不高时（10 ℃ 以下），NH_4NO_3 溶于水可使溶液温度降到 0 ℃ 以下，从而出现上述结冰现象。尤其是 NH_4NO_3 在等量水中溶解时，吸热现象更为突出。故上述实验取 NH_4NO_3 60 g，冷水 60 mL，实验现象较明显。

4. 部分盐类溶解时的温度下降情况见表 5 − 3。

表 5 − 3　部分盐类溶解时的温度下降表

盐	每100 g水中溶解的盐的克数	下降的温度（℃）	盐	每100 g水中溶解的盐的克数	下降的温度（℃）
NaCl	36	3	NaNO$_3$	75	19
MgSO$_4$·7H$_2$O	85	8	Na$_2$S$_2$O$_3$·5H$_2$O	110	19
Na$_2$CO$_3$·10H$_2$O	40	9	KI	140	22.5
KNO$_3$	16	10	CaCl$_2$·6H$_2$O	250	23
KCl	30	13	NH$_4$NO$_3$	60	27
CH$_3$COONa·3H$_2$O	85	15	NH$_4$SCN	133	31
NH$_4$Cl	30	18	KSCN	150	35

实验十八　碘和锌的作用

一、实验目的

通过实验使学生了解碘和锌在水的催化作用下发生反应。

二、实验用品

碘片、锌粉、水、蒸发皿 1 个、研钵（附研杵）1 个、玻璃棒 1 个、滴管 1 个。

三、实验准备

称取 3 g 碘片放在研钵里，小心研细，倒在蒸发皿里，再称取 1 g 锌粉，也倒在蒸发皿里，用玻璃棒轻轻混合均匀并堆成"小山"状，备用。

四、实验操作及现象

取滴管吸满水，向上述蒸发皿内的碘锌"小山"混合物上小心慢慢地滴入 1~2 滴水，锌碘混合物上立即"嗤"的一声发生剧烈反应，同时有浓厚的紫红烟和白色烟雾冒出来。继续滴加水，现象依然明显，直至反应完毕。

五、实验现象分析

上述实验现象之所以发生，是因为干燥的碘片和锌粉在常温下是不容易直接化合的，但在加入微量水以后，它们在水的催化作用下，会发生剧烈反应，生成碘化锌，放出大量热量。其热量又促使水受热变成蒸气，又凝成水雾，这样它与白色的碘化锌在一起形成了白色烟雾。同时未反应的碘，因受热迅速升华，由固体直接变成紫红色的碘蒸气冒出。因此，在反应过程中便看到美丽的紫红烟和白色烟雾。其化学反应方程式如下：

$$Zn + I_2 \xrightarrow{H_2O} ZnI_2$$

六、实验注意事项

1. 为确保实验成功，锌粉和碘片及全部仪器都应是干燥洁净的。

2. 滴水时应慢慢滴加，而且勿加过量，因为过量会降低反应温度，致使反应现象不明显。

3. 碘蒸气毒性很大，轻者会剧烈地刺激眼鼻粘膜，重者会使人中毒致死。因此，操作时应站在上风口处，同时注意室内通风（有关碘的中毒与急救见本书第 41 页"碘的实验"）。

七、问题与讨论

1. 碘为什么会发生升华现象？

所有加热时稳定的固体物质，在三相点以下的任何温度，当压力降到小于其平衡蒸气压时就会升华。因碘具有熔点高（113.6 ℃）、三相点蒸气压大（89.8 mmHg）两个条件，故在敞口容器里（如烧杯）加热碘固体时，由于碘蒸气不断逸出，始终达不到三相点的压力，碘就不经熔化而直接升华，所以可看到紫红色烟。因此，做碘的升华实验时，应将其温度控制在 113.6 ℃以下。

2. 除了锌粉可与碘做此实验外，铝粉、镁粉也可与碘在水的催化下，发生反应生成对应的碘化铝、碘化镁。其化学反应方程式如下：

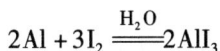

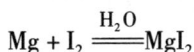

$$2Al + 3I_2 \xrightarrow{H_2O} 2AlI_3$$

$$Mg + I_2 \xrightarrow{H_2O} MgI_2$$

3. 海水中含碘 0.000 005%，干海带含碘约 0.5%。在动物体中碘主要集中在甲状腺中。通常食物中，葱和海鱼等含碘丰富。碘缺乏会引起甲状腺病，每天服用少量碘化剂（如含碘食盐）即可预防这种病。另外，在牛的饲料中加入碘水藻，能增加牛奶产量；在羊的饲料中加入碘水藻，能使羊毛长得更快；给鸡服用少量碘化物，也能使鸡蛋增产。

实验十九　高锰酸酐的氧化性

一、实验目的
通过实验使学生了解 Mn_2O_7 的生成及性质。

二、实验用品
高锰酸钾、浓硫酸、玻璃棒 1 个、酒精灯 1 个、表面皿 1 个。

三、实验准备
1. 将酒精灯灯芯烧焦的部分剪去，然后让灯芯吸满酒精，盖上灯帽，防止酒精挥发，备用。

2. 取少量高锰酸钾晶体放在表面皿中，再滴入 2 ~ 3 滴浓硫酸，用干燥的玻璃棒轻轻地搅拌均匀呈棕绿色稠糊状，备用。

四、实验操作及现象
打开酒精灯灯帽，用玻璃棒蘸取上述高锰酸钾与浓硫酸的棕绿色混合物，在酒精灯灯芯上进行点燃，灯立即被点着，就好像玻璃棒能点灯一样。

五、实验现象分析
高锰酸钾是强氧化剂，有浓硫酸存在时，氧化能力更强。这是因为它们发生化学反应，生成了棕绿色强氧化性的 Mn_2O_7 油状液体，同时放出大量热量。其化学方程式为：

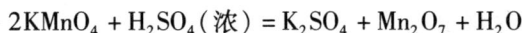

$$2KMnO_4 + H_2SO_4（浓）= K_2SO_4 + Mn_2O_7 + H_2O$$

Mn_2O_7 只有在 0 ℃以下才稳定，常温时会发生爆炸性分解，生成二氧化锰和氧气（含有相当多的臭氧）。由于 Mn_2O_7 具有很强的氧化性，所以当酒精及其他有机物与它接触时，即发生激烈的氧化还原反应，并产生很高的温度，致使酒精（着火点为 78.3 ℃）等燃烧，所以酒精灯被点着了。其化学反应方程式为：

$$2Mn_2O_7 + C_2H_5OH = 4MnO_2 + 3H_2O + 2CO_2 \uparrow$$

六、实验注意事项

1. 实验所用的仪器都应干燥洁净，以免浓硫酸遇水发生危险，以及避免杂质对燃烧颜色的干扰。

2. 高锰酸钾与浓硫酸的混合物氧化性极强，一定要细心操作，切勿溅到手、脸或衣物上，以免灼伤。

3. 用剩的混合物，待完全冷却后即时处理，可用碱液洗涤，再用自来水把仪器冲洗干净。

4. 实验用的酒精灯灯芯应粗，这样可以多吸些酒精，而且烧焦的部分应剪去，可避免酒精灯在点燃时，烧焦的棉线也发生燃烧，产生黑烟。

5. 滴在酒精灯灯芯上的酒精最好是无水酒精，以便使燃烧更旺，时间更长。

七、问题与讨论

此实验也可以用"铁棒点灯"，即取一根直径为 7 mm 左右、长 250 mm 的铁棒，在铁棒的一端钻一个绿豆大小的小孔，取上述高锰酸钾和浓硫酸的混合物放入铁棒的小孔里。实验时，取下酒精灯灯帽，拿起铁棒，将铁棒末端洞孔对准灯芯，酒精灯便会迅速着火燃烧，并发出轻微的爆炸声，产生少量黑烟。

实验二十　氯化钴的吸水性

一、实验目的

通过实验使学生了解氯化钴易吸水形成多种颜色的水合物。

二、实验用品

氯化钴、蒸馏水、试剂瓶 1 个、滤纸（或信纸）1 张、毛笔 1 支、烧杯（100 mL）1 个、玻璃棒 1 个、酒精灯 1 个、火柴 1 盒。

三、实验准备

1. 用一洁净的烧杯配制 0.1 mol/L 的 $CoCl_2$ 溶液 50 mL，装入试剂瓶，备用。

2. 用一洁净的新毛笔，在吸水性较好的干净的信纸或滤纸上写句"密信"（如：和谐社会），备用。

四、实验操作及现象

操作开始时首先展示上述"密信"，看上去如同"白纸"一般。然后把此"白纸"放在酒精灯火焰上，小心地微热一下，很快信纸上便出现浅蓝色的"和谐社会"四个大字。接着再向信纸上喷点水，纸上的蓝色字迹便消失了，又成了一张"白纸"。然后继续喷水，蓝色字再现并变成红紫色，再喷水红紫色字又变成粉红色，此时停止喷水。

五、实验现象分析

"密信"纸上的字是用 0.1 mol/L 的 $CoCl_2$ 溶液写的，因氯化钴稀溶液（$CoCl_2 \cdot 6H_2O$）是浅粉红色，故烤干之后，几乎看不出纸上有什么颜色，所以信纸上"无字"。当把纸放在酒精灯火焰上微热时，信纸上的 $CoCl_2 \cdot 6H_2O$ 即脱水变成浅蓝色的无水 $CoCl_2$，所以"密信"上"和谐社会"四个大字便显现出来。接着往纸上喷水后，浅蓝色的无水 $CoCl_2$ 吸水成红紫色的 $CaCl_2 \cdot 2H_2O$，所以蓝色的"和谐社会"变成了红紫色。继而再喷水，红紫色的字又变成红色、粉红色，所以浅蓝色的字又消失了。即：

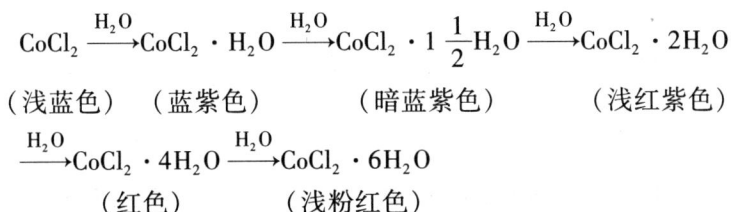

$$CoCl_2 \xrightarrow{H_2O} CoCl_2 \cdot H_2O \xrightarrow{H_2O} CoCl_2 \cdot 1\frac{1}{2}H_2O \xrightarrow{H_2O} CoCl_2 \cdot 2H_2O$$

（浅蓝色）　（蓝紫色）　　　（暗蓝紫色）　　　（浅红紫色）

$$\xrightarrow{H_2O} CoCl_2 \cdot 4H_2O \xrightarrow{H_2O} CoCl_2 \cdot 6H_2O$$

（红色）　　　（浅粉红色）

上述实验现象的产生是由于 $CoCl_2$ 是立体网状晶体。钴的原子半径较大，所以在原子网状物中有很大的空隙，无水时吸收短波长的色光，呈现蓝色、蓝紫色等颜色。当晶体含有结晶水时，水分子进入晶体的空隙中，吸收长波长的光，即易形成浅红色、红色等颜色。因此无水氯化钴是浅蓝色，水合后逐渐变成浅红色。

六、实验注意事项

1. 配制 0.1 mol/L 的 $CoCl_2$ 溶液时，应先在 $CoCl_2$ 浓溶液里慢慢滴加浓盐酸，生成蓝色溶液后，再慢慢滴加水稀释至刚变成粉红色时立即停止加水。否则水加过量，溶液的浓度变稀，不易观察。

2. 用 $CoCl_2$ 溶液写好的"信纸"烤干后应立即使用，避免吸潮变色。如果此"信纸"是课前准备的，则晾干或烤干后应立即放在干燥器内保存，防止久置吸潮变色。

3. 因 $CoCl_2$ 中含水量不同，其颜色也不同，所以喷雾器喷出的水应细且呈雾状，而且还应慢慢地细细地喷洒，使其字迹颜色慢慢变化，便于观察。

七、问题与讨论

$CoCl_2 \cdot 6H_2O$ 是红色晶体，熔点 86 ℃，在空气中易吸潮，易溶于水，也溶于乙醇、乙醚和丙酮，能升华，用于制备气压计、比重计、隐显墨水等。氯化钴试纸干燥时显蓝色，潮湿时转变为粉红色。硅胶中加入一定量的氯化钴，可指示硅胶的吸湿程度。

实验二十一 阿伏加德罗常数的测定

一、实验目的

1. 通过实验使学生明确阿伏加德罗常数的意义。

2. 指导学生用单分子膜法测定阿伏加德罗常数，并使其明白其中的原理和操作方法。

二、实验用品

硬脂酸、苯、分析天平、烧杯（50 mL）1 个、容量瓶（250 mL）1 个、玻璃棒 1 个、量筒（10 mL）1 个、胶头滴管 1 个、圆形水槽 1 个、直尺一把、棉线一根。

三、实验准备

1. 制备硬脂酸的苯溶液

称取 90~100 mg 硬脂酸，放入一洁净的烧杯中，以少量苯溶解后，注入 250 mL 容量瓶中，再用苯冲洗烧杯数次，洗液均倒入容量瓶，最后再加苯至刻度线，备用。

2. 测定从胶头滴管中滴出的每滴硬脂酸的苯溶液的体积

用一尖嘴拉得较细的胶头滴管吸取硬脂酸的苯溶液往小量筒中滴 50 滴，然后读出它的体积数（估读到小数点后两位）并计算出一滴硬脂酸的苯溶液的体积。也可向量筒内滴 1 mL，记下滴数，再算出每滴的体积。多滴几次，取其平均值（V_1）。

3. 测量水槽中水的表面积

用棉线从水槽的两个不同方位准确量出水槽的内径，再用直尺量出棉线长度，取其平均值，然后计算出水的表面积 S。

四、实验操作及现象

1. 硬脂酸单分子膜的形成：用胶头滴管吸取硬脂酸的苯溶液在距水面 5 cm 处，垂直往水面上滴一滴，待苯全部挥发、硬脂酸全部扩散至看不见油珠时，再滴第二滴。如此逐滴滴入，直到滴入某滴后，硬脂酸不再扩散而呈透镜状为止。记下滴入硬脂酸溶液的滴数 d。

2. 将水槽中的水倒掉，先用去污粉擦洗，再用自来水刷洗，最后再用蒸馏水冲洗干净。注入半水槽的水，再次重复上述操作一次，记下数值，取两次数值的平均值。

五、计 算

1. 若称取的硬脂酸的质量为 $m(\mathrm{g})$，配成硬脂酸的苯溶液的体积为 $V(\mathrm{mL})$，单位体积硬脂酸的苯溶液中含硬脂酸的质量为 $\dfrac{m}{V}(\mathrm{g/mL})$。

2. 若测得每滴硬脂酸的苯溶液的体积为 V_1（mL），形成单分子膜时滴入硬脂酸溶液的滴数为 $d-1$（也可能是 $d-\frac{1}{2}$ 或 $d-\frac{1}{3}$），则形成单分子膜需用硬脂酸的质量为：

$$V_1(d-1) \cdot \frac{m}{V} = \frac{V_1 m(d-1)}{V}$$

3. 由水槽直径可计算出水槽中水的表面积 $S(\text{cm}^2)$。根据实验测得每个硬脂酸分子的截面积为 $A = 2.2 \times 10^{-15}\,\text{cm}^2$，则可计算出在水面形成的硬脂酸单分子膜中含有硬脂酸的分子个数为 $\frac{S}{A}$。

4. 根据上述 2、3 的结果，可以算出每个硬脂酸分子的质量为：

$$\frac{\dfrac{V_1 m(d-1)}{V}}{\dfrac{S}{A}} = \frac{A V_1 m(d-1)}{S \cdot V}$$

5. 1 mol 硬脂酸的质量为 284 g（即 $M = 284\ \text{g/mol}$），所以 1 mol 硬脂酸中含有硬脂酸分子的个数即测得的阿伏加德罗常数 N：

$$N = \frac{M}{\dfrac{A V_1 m(d-1)}{S \cdot V}} = \frac{MSV}{A V_1 m(d-1)}$$

六、实验注意事项

1. 向水槽中滴溶液前，桌面要平，水槽要放置平稳，防止液滴向一个方向滚动，而且要待水面平静后方可滴加。

2. 向水槽滴溶液时，滴管口不能距水面太高，以免溶液滴下时引起飞溅，一般以距水面 5 cm 为宜。同时，滴时液滴中不能有气泡。

3. 滴下的溶液向水表面扩散时，说明这一滴溶液已参与成膜。最后一滴可能有部分参与成膜。为精确计算也可考虑将滴数记为 $d-\frac{1}{2}$ 或 $d-\frac{1}{3}$。如最后一滴在水面上呈透镜状，说明这滴溶液没有扩散，即没有参与成膜，应减去，故滴数应为 $d-1$。

4. 向水槽中滴硬脂酸的苯溶液时，在水槽中心附近的任何位置上都可以滴，不必固定在一点上，但要注意勿使水面波动太大，以免形成多分子膜。同时，手持滴管的倾斜度和捏乳胶头的力度都应一致，否则会使各液滴的体积有大小之别，造成实验误差。

5. 为使实验结果趋于准确，总体来说应做到"一纯二净和五准，一大两小手要稳"，即：

一纯：指硬脂酸和苯要纯，都是新购的 GR 级药品，而且最好除去水分。

二净：水及水槽要洁净（包括滴管和量筒），水应用蒸馏水，水槽最后应用热水洗净，然后用无油污的干净布将其揩干。

五准：测水槽直径准、称取硬脂酸准、配硬脂酸的苯溶液准、测滴管液滴的体积准、观察滴数（特别是最后一滴）准。

一大：水槽表面积大（最好上口下底一样大）。

两小：溶液浓度小，每滴体积小。

手稳：每次操作滴管的倾斜度及捏胶头的力度要一致。

七、问题与讨论

几种测定阿伏加德罗常数 N_A 的方法。

阿伏加德罗于 1811 年提出了，同温同压下等体积的气体含有相同数目的分子的假说，该假说之后被命名为阿伏加德罗定律。但是，阿伏加德罗常数 N_A 直到他死时（1856 年）还没有测定出来。N_A 是一个非常庞大的数字，要直接对分子或原子进行点数是不可能的，但可通过间接地测定。多年来测定 N_A 的方法已有数十种，其准确度也不断提高。1974 年《物理评论通报》发表的 N_A 值为 $(6.022\ 094 \pm 0.000\ 006\ 3) \times 10^{23}$，使用时简约为 6.02×10^{23}。其测定方法除上述实验法外，这里再举几种方法：

1. 电子电荷法：利用法拉第电解定律推算出 $N_A = 6.0220 \times 10^{23}$ 电子/摩尔。

2. 放射性蜕变法：它是基于镭发生放射性蜕变时，放出的 α 粒子（即 He^{2+} 离子）能从周围环境中捕获电子，变成 He 原子的事实而进行计算的一种方法。此方法方便，原理简单。其测得的 $N_A = 6.04 \times 10^{23}$ 粒子/摩尔。

3. 热运动法：法国物理学家贝林根据爱因斯坦关于布朗运动的理论，用实验方法测定出分子的大小和 N_A。算出的 N_A 的平均值为 6.04×10^{23}。

4. X 射线衍射法：利用 X 射线可精确地测定晶体中的核间距，通过计算得出晶体的密度，进而计算出 $N_A = 6.02 \times 10^{23} \mathrm{mol}^{-1}$。

实验二十二 金属及其合金的熔点比较

一、实验目的

通过实验使学生了解金属及其合金的熔点是不同的。

二、实验用品

锡粒、铅粒、锡铅合金粒（焊锡）、细铁丝、铁架台（附铁夹）1 个、长方形铁片（长约 13 cm，宽约 6 cm）、铁钉（3 号钉）1 个、酒精灯 1 个、火柴一盒。

三、实验准备

1. 首先将铁片洗净、晾干，然后用铁钉的平头沿铁片的 3 cm、6 cm、9 cm

处打三个等距离的凹槽，备用。

2. 在铁片的三个凹槽里，分别放入黄豆粒大的铅粒、锡粒和锡铅合金粒，备用。

3. 取三根长度相同的细铁丝，分别拴上写有对应元素符号（Pb、Sn、Sn－Pb）的纸条，然后把铁丝弯成直角压在上述凹槽里对应的金属或合金的下面，并将它们竖起来，备用。

四、实验操作及现象

1. 将上述铁片放在铁架台上并用铁夹夹住，在铁片下放一酒精灯。

2. 点燃酒精灯并将火焰对着放铅的部位加热。片刻后，三个竖着的写有元素符号的纸条先后倒下：距灯焰最远的 Sn－Pb 纸条先倒下，其次是 Sn 纸条倒下，最后是距灯焰最近的 Pb 纸条倒下。

五、实验现象分析

上述现象的出现是由于合金的熔点一般低于其成分金属的熔点。上述铅的熔点是 327 ℃，锡的熔点是 232 ℃，而锡铅合金（2 份锡和 1 份铅组成的焊锡）的熔点是 180 ℃。酒精灯加热的温度为 450 ℃～500 ℃，可使它们达到各自的熔点而熔化。因此，距离酒精灯火焰最远的 Sn－Pb 合金先熔化，最后才是 Pb 熔化，而铁片、铁丝无损坏。

六、实验注意事项

1. 所选用的铁片最好是新的，但是，所用铁片不论新旧，在使用前，都应将其表面的油渍和铁锈除去，再用水洗净、晾干。

2. 实验过后三种金属和合金重新凝固应进行回收，以便再次使用。

七、问题与讨论

1. 为什么可以使用铁片放置金属以及用细铁丝拴元素符号的纸片？这是因为铁的熔点较高，如生铁的熔点是 1 050 ℃、熟铁的熔点是 1 500 ℃，酒精灯的火焰不会使其熔化。

2. 合金是一种金属与另一种（或几种）金属或非金属组成的具有金属通性的物质。根据结构的不同可分为：混合物合金、固溶体合金和金属互化物合金。

3. 一般来说，合金的熔点低于组成它的任何一种成分金属的熔点。在固态溶液里，两种金属原子间的引力可大于或小于原来同种原子间的引力，在物质由固态变为液态时，如果引力变小，则克服引力所需要的能量较小，故熔点降低，如本实验中 Sn－Pb 合金的熔点为 180 ℃，低于组成它的 Sn（232 ℃）和 Pb（327 ℃）的熔点。但有的合金的熔点比其组成金属的熔点要高，这是因为在物质由固态变为液态时，如果两种金属原子间的引力大于原来同种原子间的引力，则克服引力所需要的能量就会增大，即合金的熔点就升高了，如锂的熔点为 186 ℃、铋的熔点为 271 ℃，而 Li－Bi 合金的熔点为 415 ℃，Li_3Bi 的熔点则为 1 145 ℃。

实验二十三　香烟灰的催化作用

一、实验目的

通过实验使学生了解香烟灰的催化作用及吸烟对人体的危害。

二、实验用品

白方糖、香烟灰、酒精灯 1 个、玻璃片 1 个、镊子 1 个、火柴 1 盒、药匙 1 个。

三、实验准备

取一玻璃片放在实验台上，再在玻璃片上放一酒精灯，备用。

四、实验操作及现象

点燃酒精灯，用镊子夹取一块白方糖，放在酒精灯的火焰上燃烧，只见方糖熔融，继而碳化变黑而不见燃烧。这时立即把方糖移离灯焰并撒上一些香烟灰在方糖上，再把它放在酒精灯的火焰上加热，方糖立即着火燃烧，产生粉红色的火焰。燃烧后的黑色残渣落在玻璃片上。

五、实验现象分析

上述方糖着火燃烧现象的发生，是由于空气中的氧气受到烟灰中痕量镉等的活化，加速了方糖的燃烧反应。因此，香烟灰在这里起到催化剂的作用。

六、实验注意事项

1. 方糖应取优质糖，以便夹取。

2. 镊子应洗净、晾干，避免带进杂质影响实验效果。

3. 香烟灰与方糖燃烧后的残渣应即时处理掉。

七、问题与讨论

1. 烟草的主要成分是尼古丁，纯净的尼古丁是无色透明的油状挥发性液体，具有刺激性的烟臭味，在空气中易被氧化而变成褐色。尼古丁是一种剧毒物质，可以通过粘膜、皮肤被人体吸收。尼古丁对人的致死量为 50 ~ 70 mg（相当于 20 ~ 25 支香烟的含量）。人在吸烟时，约有 25% 的尼古丁被烧掉，5% 残留在烟头上，50% 扩散到空气中，20% 被人体吸收。如果一个人连续吸 20 支烟，可引起急性中毒，表现为胃平滑肌痉挛，血压升高，诱发心脏病。

2. 香烟燃烧时产生的毒物有一氧化碳、尼古丁、碳粒、联苯胺、3，4 - 苯并芘、苯恩、乙醛、丙醛和亚硝胺等。其中联苯胺、3，4 - 苯并芘和亚硝胺等是致癌物。

3. 香烟燃烧时，还会产生棕褐色粘性油状的烟焦油。它会粘附于咽部和支气管表面上，刺激呼吸道器官，久而久之会诱发肺癌、喉癌等。吸烟者比不吸烟者患肺癌的人数高 5 倍。

4. 香烟燃烧时，烟雾中还含有一氧化碳有毒气体。一支烟约产生 20 ~ 30 mg 一氧化碳。吸烟时，一氧化碳进入人体与血红蛋白结合成碳氧血红蛋白，使组织和器官缺氧，脑、心脏受损伤。吸一支香烟会使人少活 5 ~ 7 min。

5. 烟草在生产过程中会沾染上有毒金属，其中镉的含量可高达 1.4 ppm，镉进入人体内易积蓄在骨组织中，引起骨脆、胃痛等疾病。

6. 香烟灰对人体有害，但也有妙用，除了能起催化作用外，还能用于养花杀虫。烟灰中的毒物除能杀死花盆中的虫子外，它还是激素，弹在盆土中，有利于花卉迅速生长。另外，烟灰也是草木灰（碱性），属有机肥料，对酸性土壤起中和作用。

实验二十四　酶的催化作用

一、实验目的

通过实验使学生了解猪肝中的过氧化氢酶对双氧水分解的催化作用。

二、实验用品

猪肝、双氧水、蒸馏水、滴瓶、量筒（10 mL）1 个、试管（18 mm × 180 mm）1 个、普通漏斗 1 个、滤纸 1 张、烧杯（100 mL）1 个、研钵（附研杵）1 个、玻璃棒 1 个、小刀 1 把、火柴 1 盒。

三、实验准备

1. 将试管、滴瓶、漏斗、玻璃棒、研钵（附研杵）、烧杯洗净并晾干，备用。

2. 取蚕豆粒大的猪肝放在烧杯里洗净、晾干，备用。

四、实验操作及现象

1. 取上述洗净、晾干的猪肝放在研钵中研细，然后加 10 mL 蒸馏水溶解，搅拌均匀后过滤到滴瓶中，塞上滴管。备用。

2. 用量筒量取 10 mL 双氧水，倒入一洁净干燥的大试管中，然后向试管中滴入上述猪肝滤液，试管内迅速产生大量气泡。这时立即将带火星的火柴棒放在该试管口上方，火柴棒立即复燃，证明试管内有氧气产生。

五、实验现象分析

双氧水在通常情况下是比较稳定的，只有在催化剂（如 MnO_2）的催化下，会迅速分解成氧气和水。上述反应所用的催化剂是猪肝。因为猪肝中有一种特殊的物质叫过氧化氢酶。此酶是一类生物催化剂，其催化反应温度比较低且有选择性，只能催化过氧化氢分解。其化学反应方程式为：

$$2H_2O_2 \xrightarrow{\text{过氧化氢酶}} 2H_2O + O_2 \uparrow$$

六、实验注意事项

1. 所用的双氧水应是新开启的，因为放置时间长的双氧水会分解而使其浓度降低，不宜做此实验。

2. 猪肝应取新鲜的，不能带有细菌，且应洗净、晾干。

3. 试管等全部仪器都应洗净、晾干，不能带有杂质，以免影响实验效果。

七、问题与讨论

人体内会产生有害的过氧化氢，它的分解全靠体内的肝脏、肾脏和血液中的过氧化氢酶，这样人们的生命活动才得以持续。正因为如此，人们在服用维生素 C（还原性）时，不能同时吃动物的肝脏（如猪肝、鸡肝等），因为肝脏内含有氧化性的过氧化氢酶。否则，维生素 C 将被氧化失去其应有的作用。

实验二十五　固体酒精的燃烧

一、实验目的

通过实验使学生了解高锰酸酐（Mn_2O_7）的生成及其极强的氧化性——能使酒精氧化并燃烧。

二、实验用品

醋酸钙晶体、乙醇（95%）、高锰酸钾、浓硫酸、蒸馏水、烧杯（100 mL、250 mL 各 1 个）、蒸发皿 1 个、量筒（10 mL、50 mL 各 1 个）、玻璃棒 3 个、长方形纸盒、木板。

三、实验准备

1. 配制醋酸钙饱和溶液：称取 12 g 醋酸钙晶体 [$Ca(CH_3COO)_2 \cdot H_2O$] 放入 100 mL 的小烧杯中，然后加入约 25 mL 蒸馏水，搅拌使其溶解，制成饱和醋酸钙溶液。备用。

2. 制取固体酒精：量取 45 mL 95% 的乙醇倒在 250 mL 的烧杯中，再量取上述饱和醋酸钙溶液 10 mL，也倒入此烧杯中，边倒边搅拌，则立即有白色凝胶生成（即固体酒精）。取出凝胶放在纸盒内，然后用木板压实，挤出多余的液体，堆积成白色的"冰圆柱"，备用。

3. 引火物的准备：在蒸发皿内放入少量（约豌豆粒大小）高锰酸钾粉末，备用。

四、实验操作及现象

首先向上述盛放高锰酸钾的蒸发皿内滴几滴浓硫酸，并用玻璃棒轻轻地边滴边搅拌，调成糊状。然后立即用玻璃棒蘸取糊状物去接触上述 2 中的"冰圆柱"。"冰圆柱"立即着火，其火焰呈淡蓝色并有大量黑烟，此现象可持续 20 多分钟。最后"冰圆柱"便由白色逐渐变成黑色，其表面还有白色晶体。

五、实验现象分析

上述实验现象的出现，是由于当浓硫酸滴加到高锰酸钾粉末上时，立即发生反应生成白色固体 K_2SO_4 并析出油状挥发性液体高锰酸酐（Mn_2O_7）。高锰酸酐具有极强的氧化性，可以使酒精蒸气氧化并燃烧，发出淡蓝色火焰并产生大量黑烟（碳燃烧），其本身被还原为二氧化锰（MnO_2）。故白色的"冰圆柱"逐渐变成黑色（MnO_2）糊，表面有白色的 K_2SO_4 晶体。其燃烧的化学方程式如下：

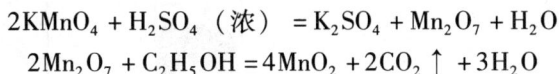

$$2KMnO_4 + H_2SO_4（浓）= K_2SO_4 + Mn_2O_7 + H_2O$$
$$2Mn_2O_7 + C_2H_5OH = 4MnO_2 + 2CO_2 \uparrow + 3H_2O$$

六、实验注意事项

1. 饱和醋酸钙溶液要现配现用，且一定要饱和。

2. 乙醇和浓硫酸一定要浓，否则制成的凝胶不易点着。

3. 当醋酸钙与乙醇混合有凝胶生成时，应迅速取出放在纸盒内，挤出多余的液体，堆成一定的形状并压紧。但不能压得太紧，否则不仅不易成型，而且容易压碎。

4. 调制高锰酸钾和浓硫酸糊状物时，应注意不要溅到手、脸和衣物上，避免灼伤（中毒与急救见本书第37页"浓硫酸的实验"）。

5. 实验过后待蒸发皿和玻璃棒冷却后，应立即用碱液洗涤，最后再用大量冷水冲洗。

实验二十六 乙炔的制取和性质

一、实验目的

通过实验加深学生对乙炔的实验室制法和乙炔性质的认识。

二、实验用品

电石、饱和食盐水、溴水、高锰酸钾酸性溶液、银氨溶液、亚铜氨离子溶液、稀硫酸、重铬酸钾、蒸馏水、大广口瓶（500 mL，附配有分液漏斗的双孔橡皮塞）1个、尖嘴导气管1个、试管（10 mm×100 mm）4个（其中一支附有橡皮塞）、小试管（5 mL）1个、集气瓶（125 mL）1个、试管架1个、水槽1个、分液漏斗（125 mL）1个、小烧杯（50 mL）4个、大烧杯（1 000 mL）1个、量筒（5 mL）4个。

三、实验准备

1. 装配制取乙炔装置

向大广口瓶里慢慢放入几块电石，塞上带有分液漏斗和导气管的橡皮塞。检查装置的气密性后，关闭分液漏斗的活栓，再向分液漏斗里倒入饱和食盐水约60 mL，如图5-2，备用。

2. 准备溶液

①在大烧杯里配制饱和食盐水 500 mL，备用。

②在 4 个洁净的小烧杯里分别配制酸性高锰酸钾溶液、溴水、银氨溶液和亚铜氨溶液各 10 mL，再分别倒入试剂瓶中。然后将 3 个小烧杯洗净，各倒入半杯蒸馏水，备用。

③取 4 支洁净的试管，在第一支试管内倒入酸性高锰酸钾溶液 3 mL；在第二支试管内倒入新制的溴水 3 mL，塞上橡皮塞；在第三支试管内倒入银氨溶液 3 mL；在第四支试管内倒入亚铜氨溶液 3 mL。把四支试管按 1→4 的顺序插放在试管架上，备用。

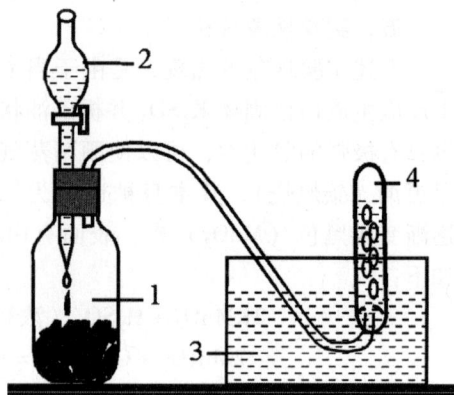

图 5-2　乙炔的制取和性质
1-广口瓶（电石）；2-分液漏斗（饱和食盐水）；3-水槽；4-试管（乙炔）

四、实验操作及现象

轻轻旋开分液漏斗的活栓，使饱和食盐水慢慢滴下，产生乙炔。待水槽里有连续气泡冒出时，将导气管取出，插入上述第一支试管中，紫红色的高锰酸钾溶液慢慢褪色；然后取出导气管再插入第二支试管中，浅棕色的溴水很快也褪色；取出导气管再插入第三支试管中，无色的银氨溶液中慢慢地有白色沉淀生成；取出导气管插入第四支试管中，无色的亚铜氨溶液中慢慢地生成了棕红色沉淀。取出导气管，先收集一小试管乙炔进行点燃试纯。试纯后在导气管口点燃乙炔，产生浓烟，可看到明亮的火焰并有一股臭味。最后，关闭分液漏斗的活拴，并将导气管放入水槽中。

五、实验现象分析

1. 乙炔在实验室中是用电石跟水反应制得的，反应放出大量热量。其化学反应方程式为：

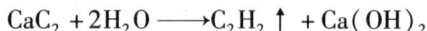

$$CaC_2 + 2H_2O \longrightarrow C_2H_2 \uparrow + Ca(OH)_2$$

但是电石跟水反应比较剧烈，为了使乙炔气流平稳，这里用饱和食盐水代替水，因为食盐跟电石不反应。

2. 在空气中点燃乙炔时，由于乙炔的含碳量很高（占 92.4%），跟空气中的氧气直接发生氧化而燃烧时，有部分碳不能完全氧化，以炽热的碳粒存在，故燃烧时产生明亮而又有浓烟的火焰。其燃烧的化学方程式为：

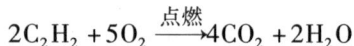

$$2C_2H_2 + 5O_2 \xrightarrow{点燃} 4CO_2 + 2H_2O$$

3. 乙炔在纯氧中燃烧时，为什么能产生高达 3 000 ℃ ~ 4 000 ℃ 的高温呢？

这是由于乙炔氧化时，生成的水较少，从而使反应过程中液态水汽化时消耗掉的反应热很少，所以氧炔焰的温度很高，能用来切割金属。

4. 上述第一支试管中，乙炔能使高锰酸钾溶液退色，说明乙炔不但能跟氧气直接发生氧化，也容易被氧化剂氧化。因为乙炔是不饱和烃，其结构式为 $H—C≡C—H$，分子里含有不饱和的碳碳三键，其中有两个键较易断裂，所以被高锰酸钾氧化时，碳碳三键断裂，生成二氧化碳和水，高锰酸钾被还原为二氧化锰。其反应的化学方程式为：

$$10KMnO_4 + 3H—C≡C—H + 2H_2O \longrightarrow 10MnO_2 + 10KOH + 6CO_2 \uparrow$$

5. 在第二支试管中，当乙炔通入溴水中时，乙炔与溴发生了加成反应，故溴水褪色。其反应过程可分步表示如下：

$$\begin{array}{c} H—C≡C—H + Br—Br \longrightarrow \quad H—C=C—H \\ \qquad\qquad\qquad\qquad\qquad\quad | \quad | \\ \qquad\qquad\qquad\qquad\qquad Br \ Br \end{array}$$

1,2 - 二溴乙烯

$$\begin{array}{c} \qquad\qquad\qquad\qquad\qquad Br \ Br \\ \qquad\qquad\qquad\qquad\qquad | \quad | \\ H—C=C—H + Br—Br \longrightarrow \quad H—C—C—H \\ \ | \quad | \qquad\qquad\qquad\qquad\qquad\quad | \quad | \\ Br \ Br \qquad\qquad\qquad\qquad\qquad Br \ Br \end{array}$$

1,1,2,2 - 四溴乙烷

乙炔易与溴发生加成反应，进一步证明了乙炔属于不饱和烃。

6. 当乙炔通入第三支试管中时，它跟银氨溶液发生加成反应，生成白色的乙炔银沉淀，说明乙炔中的氢原子很活泼，具有一定程度的酸性。同理，当乙炔通入第四支试管中时，它跟亚铜氨溶液也发生加成反应，生成棕红色的乙炔二亚铜沉淀。其反应式如下：

$$H—C≡C—H + 2\left[Ag(NH_3)_2\right]^+ \longrightarrow 2NH_4^+ + 2NH_3 \uparrow + Ag—C≡C—Ag \downarrow$$
（白色）

$$H—C≡C—H + 2\left[Cu(NH_3)_2\right]^+ \longrightarrow 2NH_4^+ + 2NH_3 \uparrow + Cu—C≡C—Cu \downarrow$$
（棕红色）

六、实验注意事项

1. 制取乙炔时应严格控制食盐水的滴速，要慢慢滴加。若滴得过快，会使反应过于猛烈而无法控制。

2. 乙炔易燃，与空气（或氧气）的混合物遇火可能会发生爆炸。因为乙炔在空气里有着广阔的爆炸极限（3% ~81%，体积分数）和巨大的摧毁能力。在热和电火花引发下，它能发生猛烈爆炸。因此实验时必须注意安全，远离明火。

3. 因乙炔的爆炸极限广，所以在点燃时，应先试纯，以防发生爆炸事故。

4. 做乙炔性质实验时，事先应做好充分准备，尤其是各种试剂的准备。同时，每做完一项实验后，导气管都应迅速插入小烧杯里用蒸馏水冲洗一下，洗去导气管外壁的试液后，方可插入下一个试管里进行实验，以保证每一项实验的成功。所以实验前应准备好三个盛蒸馏水的烧杯。

5. 做完乙炔与银氨溶液反应生成乙炔银沉淀后的试管，应及时加酸溶解以除去沉淀。其反应的化学方程式为：

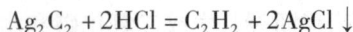

$$Ag_2C_2 + 2HCl = C_2H_2 + 2AgCl \downarrow$$

6. 银氨溶液最好在使用前临时配制。因为它放置长久易分解生成黑色氮化银沉淀。氮化银在干燥时一受震动便会分解发生爆炸，所以应现配现用。同时，实验完毕多余的银氨溶液，应加稀硝酸酸化破坏，再倒入水槽中用水冲走。

7. 制取乙炔所选用的电石应是块状的。久置的电石常因吸收空气中的水分而呈粉末状，此时的主要成分不是碳化钙，而是氢氧化钙。

8. 实验所用的仪器都应洗净、晾干或烤干，以免各种试剂互相干扰，造成实验失败。

七、问题与讨论

1. 实验室制取乙炔为什么不用启普发生器？

这是由于电石吸水性强，与水反应剧烈。如用启普发生器，不容易控制它与水的反应。同时，该反应放出的热量较多，如操作不当，会使启普发生器因受热不均匀而炸裂（因为启普发生器是不耐高温的普通钠钙玻璃制品）。此外，制取乙炔的生成物 $Ca(OH)_2$ 易形成糊状物，堵塞分液漏斗的下出口和导气管。所以应选择广口瓶（或蒸馏烧瓶）作为反应器。

2. 高锰酸钾是强氧化剂，它的氧化作用与溶液的酸度有关。在酸性、中性和微碱性溶液中都会慢慢分解，这是因为它能将水氧化放出氧气，其反应方程式为：

$$4MnO_4^- + 2H_2O = 4MnO_2 + 4OH^- + 3O_2 \uparrow$$

但由于在酸性条件下 MnO_2 不稳定，易被还原成无色的 Mn^{2+}，即紫红色的 MnO_4^- 变成无色的 Mn^{2+}，现象十分明显。所以在高锰酸钾溶液中，滴加少量稀硫酸酸化，效果更好。同时，由于反应中生成的 MnO_2 有催化作用，可以增加反应的速度。因此，含有三键的有机物被高锰酸钾溶液氧化时，起初反应慢，而后由于积累的 MnO_2 产生的自催化作用而使反应速度加快。

3. 溴水为什么要用新配制的？

因为溴水的溴与水发生反应，会使溴不断消耗而变质失效，尤其是在光照下反应更快：

$$Br_2 + H_2O = HBr + HBrO$$

$$HBrO = HBr + [O] \qquad 2[O] = O_2 \uparrow$$

所以溴水在空气中不能久置，要现配现用，而且配制好后，应立即塞上瓶塞。

4. 乙炔通入亚铜氨溶液中时，通气的时间应略长一些，即看到有沉淀生成时，应再继续通气，使生成的沉淀由红色变成棕红色时，再停止通气，以免沉淀在空气中变黑。

5. 用电石与水反应制取乙炔时，为什么有股臭味？如何制取纯乙炔？

市场上所销售的电石的纯度为 80% ~ 90%，是呈灰黄色、灰黑色、黑色或红棕色的固体。主要杂质为钙的硫化物、磷化物和硅化物，所以电石与水反应除生成乙炔外，还生成 H_2S、PH_3、AsH_3 等，它们都有股臭味。除去这些杂质可用 $K_2Cr_2O_7$ 的硫酸溶液洗涤净化。其化学反应方程式为：

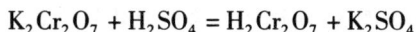

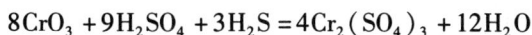

$$K_2Cr_2O_7 + H_2SO_4 = H_2Cr_2O_7 + K_2SO_4$$

$$H_2Cr_2O_7 = 2CrO_3 + H_2O$$

$$8CrO_3 + 9H_2SO_4 + 3H_2S = 4Cr_2(SO_4)_3 + 12H_2O$$

$$8CrO_3 + 12H_2SO_4 + 3PH_3 = 4Cr_2(SO_4)_3 + 12H_2O + 3H_3PO_4$$

$$8CrO_3 + 12H_2SO_4 + 3AsH_3 = 4Cr_2(SO_4)_3 + 12H_2O + 3H_3AsO_4$$

因此，要制取纯乙炔可增加重铬酸钾的硫酸溶液洗涤净化的设备。工业上则用次氯酸钠作净化剂。

实验二十七　苯酚的性质

一、实验目的

通过实验加深学生对苯酚的重要性质（酸性、取代反应和显色反应）的认识。

二、实验用品

苯酚（晶体）、氢氧化钠、溴水（浓）、三氯化铁、蒸馏水、烧杯（100 mL）4 个、试剂滴瓶（100 mL）4 个（其中一个是棕色的）、玻璃棒 4 个、试管（10 mm×100 mm）4 个、试管架 1 个、试管夹 1 个、酒精灯 1 个、药匙 3 个、量筒（10 mL）3 个。

三、实验准备

1. 取 4 个烧杯、4 个试剂滴瓶、4 个玻璃棒洗净、晾干，备用。

2. 在 4 个烧杯里分别配制苯酚的饱和溶液、5% 的氢氧化钠溶液、饱和溴水、1% 的三氯化铁溶液各 10 mL，并分别装入 4 个试剂滴瓶内，其中溴水应装入棕色滴瓶内，备用。

3. 取 4 个试管洗净倒放在试管架上，备用。

四、实验操作及现象

1. 取两个洁净的试管，各放入少量苯酚晶粒（约 0.2 g），再各加 2 mL 蒸馏水，充分振荡试管至两试管内的苯酚和水的混合物变成浑浊且静止后液体分为两层。

①点燃酒精灯，取上述一支试管用试管夹夹持进行加热，边加热边振荡试管，液体逐渐变得透明。然后再让该液体冷却，液体又逐渐变得浑浊。

②取上述另一支试管，向试管里逐滴滴加5%的氢氧化钠溶液，边滴边振荡试管，溶液逐渐变得澄清透明。

2. 取一支洁净的试管，向试管内加入4~6滴苯酚饱和溶液和2 mL蒸馏水，溶液出现浑浊，振荡后变澄清。再滴加饱和溴水，边滴边振荡，溴水不褪色，先变成乳浊液，然后很快有白色沉淀生成，这时立即停止滴加溴水。

3. 在一支洁净的试管中，加入0.5 mL苯酚的饱和溶液和1 mL蒸馏水。振荡使之混合均匀后，再滴加3~4滴1%的三氯化铁溶液，边滴边振荡，溶液中逐渐出现蓝紫色沉淀。再继续滴加三氯化铁溶液，并边滴边充分振荡，直至蓝紫色沉淀消失。

五、实验现象分析

1. 在上述实验操作1里，因苯酚微溶于水，在水里的溶解度不大（15 ℃时苯酚在水里溶解8%），但当温度高于70 ℃时，能跟水以任意比互溶。所以将第一支试管内的混合物加热后，溶液逐渐变得透明。但冷却后苯酚又从溶液中析出，所以液体又变得浑浊。

在另一支试管里滴加氢氧化钠溶液后，苯酚跟碱反应生成了易溶于水的苯酚钠。所以上述混浊的混合液又变成澄清溶液。其化学反应方程式为：

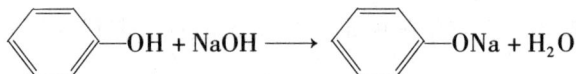

在此反应中，苯酚表现了酸性，所以苯酚俗名叫石炭酸。但是，苯酚的酸性极弱（电离常数 $K = 1.28 \times 10^{-10}$），在水溶液中只能电离出少量 H^+，甚至不能使指示剂变色。

2. 在上述实验操作2中，向苯酚溶液中滴加溴水，立即生成白色沉淀。这是由于苯酚跟溴水发生苯环上的取代反应，立即生成了不溶于水的白色三溴苯酚沉淀。其化学反应方程式为：

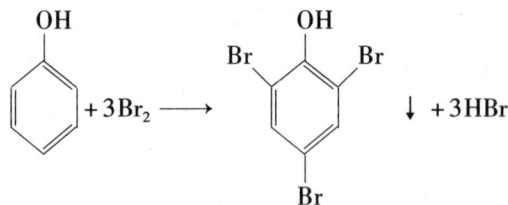

在苯酚分子中引入溴原子时，大大增强了苯酚的酸性，所以三溴苯酚的酸性比苯酚强。

3. 在上述实验操作3里，苯酚跟三氯化铁溶液作用时，产生了独特的紫色。这是由于苯酚跟三氯化铁在水溶液里发生反应，生成了电离度较大的蓝紫色三价铁的络合物。其离子反应式为：

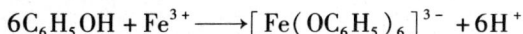

$$6C_6H_5OH + Fe^{3+} \longrightarrow [Fe(OC_6H_5)_6]^{3-} + 6H^+$$

这一显色反应是用来检验少量酚的典型反应。

六、实验注意事项

1. 实验所用的全部仪器都应洗净、晾干或烤干，避免混入杂质，影响实验效果或造成实验失效。

2. 在上述三项实验操作中，滴加试剂时，都应慢慢地逐滴滴加，且边滴边振荡试管并仔细观察试管内物质的颜色、状态的变化，切勿滴加过多过快。

3. 苯酚在医药上用作消毒剂。实验中常由于皮肤接触而中毒，其中毒与急救见本书第49页"苯酚的实验"。

4. 制备溴水时要取溴，因不慎取多了或取后溴瓶未密封，都会使溴逸散到空气中，引起呼吸道中毒（有关溴的中毒与急救见本书第40页"溴的实验"），应引起注意，做好预防。

5. 苯酚与溴水的反应中，滴加溴水应适量，滴至有白色沉淀生成即可。因为过量的溴会与三溴苯酚反应，生成淡黄色的四溴苯酚沉淀。此沉淀不溶于水，易溶于苯。因中学生难于理解，故应注意溴水的用量，不要滴加过量。

6. 苯酚的酸性实验所用的氢氧化钠溶液的浓度不能低于2.5%，否则苯酚不易溶解。本次实验用的是5%的氢氧化钠溶液。

七、问题与讨论

1. 苯酚是无色晶体，熔点为43 ℃、沸点为181 ℃，微溶于水。在室温时只能按6∶100的比例溶于水，而水在苯酚中却有较好的溶解度，如25 ℃时，酚在水中的浓度只是8.7%，而水在酚中的浓度可达71.3%。上层是苯酚溶于水的溶液，下层是水在苯酚中的溶液，即苯酚与水混合静止后出现两个液层。所以它们的混合物变浑浊。但是，加热到一定温度时，苯酚与水可以任何比例混合，成为均相体系，所以混合液又变成透明。若再冷却，多溶的苯酚又析出，所以混合液又变浑浊。

2. 苯酚与溴的取代反应不需催化剂便很容易发生，生成三溴苯酚。这是由于羟基对苯环的影响，使苯酚中与碳原子相连的五个氢原子是不相同的，其中有三个变得很活泼并容易被取代，所以苯环容易发生亲电取代反应，主要生成邻对位取代物，即2，4，6 – 三溴苯酚白色沉淀，即上述实验操作2中的反应。此反应极灵敏，可检验10 ppm苯酚的存在。

3. 大多数酚与三氯化铁溶液作用能显色，这是由于在溶液中生成了络离子的缘故。如苯酚与三氯化铁作用，生成电离度较大的蓝紫色三价铁的络合酚铁盐。其他常见酚与三氯化铁溶液作用也显色，如对苯二酚（暗绿色）、邻苯二酚

（深绿色）和间苯二酚（蓝紫色）。但是，也有一些酚跟三氯化铁不起显色反应。

实验二十八　蛋白质的性质

一、实验目的

通过实验让学生进一步认识蛋白质的性质——颜色反应、盐析、缩二脲反应和变性等。

二、实验用品

氢氧化钠、硫酸铜饱和溶液、浓硝酸、氯化钠溶液、硫酸铵饱和溶液、醋酸铅、蒸馏水、新鲜鸡蛋 1 个、试管 6 个（硬质试管 1 只、10 mL 刻度试管 1 只、普通试管 4 只）、烧杯 7 个（1 000 mL 2 个、100 mL 5 个）、量筒 2 个（500 mL 1 个、50 mL 1 个）、试剂瓶 5 个（500 mL 1 个、50 mL 4 个）、玻璃棒 5 个、酒精灯 1 个、试管夹 1 个、漏斗 1 个、纱布、铁架台（附铁圈）1 个、石棉网 1 个。

三、实验准备

1. 在一洁净的大烧杯里倒入 800 mL 蒸馏水，放在铁架台的铁圈上（铁圈上垫上石棉网），用酒精灯加热至沸腾，冷却后备用。

2. 蛋白质溶液：在一洁净的大烧杯里，放入一个新鲜鸡蛋的蛋白，再加入上述冷蒸馏水 500 mL，搅拌均匀再用垫有干净细纱布的漏斗过滤，其滤液便是鸡蛋白溶液，将其装入一洁净的大试剂瓶内，备用。

3. 稀硫酸铜溶液：在一个洁净的烧杯里倒入 1 mL 饱和硫酸铜溶液，再加 30 mL 蒸馏水稀释，装入小试剂瓶内，备用。

4. 在三个洁净的烧杯里分别配制 10% 的醋酸铅溶液 50 mL、饱和硫酸铵溶液 20 mL、30% 的氢氧化钠溶液 20 mL。然后将三种溶液分别倒入三个洁净的小试剂瓶内，备用。

四、实验操作及现象

1. 取 2 mL 鸡蛋白溶液倒入一洁净的硬质试管里，再向试管内滴几滴浓硝酸（约 0.5 mL），此时有白色的沉淀或混合物出现，然后用试管夹夹持试管放在酒精灯的火焰上微微加热，有黄色沉淀析出。如继续加热至煮沸 1~2 min，则溶液和沉淀都呈鲜黄色。

2. 取 2 mL 鸡蛋白溶液倒在一洁净的试管里，再加 2 mL 30% 的氢氧化钠溶液，振荡均匀。然后再滴加 2~4 滴稀硫酸铜溶液，边滴边振荡至液体慢慢呈现紫红色。

3. 取一洁净的刻度试管，倒入约 3 mL 鸡蛋白溶液，再加入氯化钠溶液稀释至 5 mL，摇匀。然后再加入 5 mL 硫酸铵饱和溶液，混合均匀则成不饱和硫酸铵溶液。静置数分钟，析出球蛋白沉淀。把有少量沉淀的液体，倒在另一盛有蒸馏水的小烧杯里，轻轻摇动，沉淀的蛋白质又重新溶解。

4. 在两个洁净的试管里，分别倒入 3 mL 鸡蛋白溶液，然后将其中一个试管用试管夹夹住，在酒精灯上加热，蛋白立即凝结。在另一个试管里滴入少量醋酸铅溶液，边滴边振荡，直至产生沉淀。然后把凝结的蛋白和生成的沉淀分别倒入两个盛有蒸馏水的试管内，都不溶解。

五、实验现象分析

1. 实验操作 1 中，在鸡蛋白溶液中滴入浓硝酸微热后产生黄色沉淀的原因是：参与该反应的蛋白质中有苯环存在（如肽键中含有苯丙氨酸单元等），它和浓硝酸发生了硝化反应而呈黄色。当把它煮沸时，析出的沉淀由于水解的原因，就部分溶解或全部溶解，但溶液仍保持黄色不变。这便是蛋白质的性质之一——颜色反应，又叫黄蛋白反应。

2. 实验操作 2 中，在碱性条件下，蛋白质遇到硫酸铜溶液呈现紫红色。这是因为蛋白质是由 α - 氨基酸通过肽键构成的高分子化合物，是多肽，其分子中含有肽键（ $-\overset{\overset{O}{\|}}{C}-NH-$ ）。这一反应也是鉴别化合物中有无肽键的反应之一。

3. 实验操作 3 中，因鸡蛋白分子的直径达到了胶体微粒的大小，所以鸡蛋白溶解在水里具有胶体性质。加入氯化钠稀释是为了促进蛋白质溶解，但加入的饱和硫酸铵溶液使蛋白质的溶解度降低，而从溶液中析出，产生沉淀，这种作用叫做"盐析"。盐析出来的蛋白质倒在水里仍可溶解，不影响原蛋白质的性质。因此，盐析过程是可逆的。但是，如果盐析出来的蛋白质长时间存在于沉淀中，它最终也会变性而失去溶解性。

4. 实验操作 4 中，蛋白质在加热和重金属盐（醋酸铅）等作用下，会发生性质上的改变而凝结。这种凝结是不可逆的，不能再恢复成原来的蛋白质，这种变化叫"变性"。变性后的蛋白质放到水里也不会溶解并失去了它生理上的作用。

六、实验注意事项

1. 在实验操作 1 中使用浓硝酸时，应注意不要溅到衣物和手上，防止灼伤。

2. 在实验操作 2 中滴加稀硫酸铜溶液应慢慢滴加，且边滴边振荡，至液体呈现紫红色即可，切勿滴过量。

七、问题与讨论

1. 实验操作 1 的反应是蛋白质的性质"颜色反应"之一——黄色反应，是检验蛋白质的方法之一。反应的本质是硝酸作用于蛋白质中含有苯环的氨基酸，使之变成黄色的硝基化合物。如再以氨处理，又变成橙色，即说明蛋白质分子中存在苯环。另外，当把溶液煮沸时，由于水解的原因，致使沉淀部分溶解或全部溶解，但溶液始终保持黄色不变。

2. 在蛋白质溶液中加入碱（NaOH）和稀硫酸铜时，会有紫红色二价铜的络合物生成。这是蛋白质的性质"颜色反应"之———双缩脲反应，这也是检

验蛋白质的方法之一。双缩脲（ $H_2N—\overset{\overset{O}{\|}}{C}—\overset{\overset{H}{|}}{N}—\overset{\overset{O}{\|}}{C}—NH_2$ ）是两分子尿素

（ $H_2N—\overset{\overset{O}{\|}}{C}—NH_2$ ）失去一分子氨后的缩合产物。多肽分子中含有许多和双缩脲结构相似的肽键，任何蛋白质都有双缩脲反应。所以，这一实验说明蛋白质分子中含有肽键，肽键数目越多，紫红色越深。

3. 蛋白质溶液为什么会发生上述盐析作用，又怎样发生盐析作用呢？

我们知道蛋白质是由具有氨基和羧基的氨基酸组成的高分子化合物。由于羧基和氨基的亲水作用，使蛋白质颗粒表面形成了一层带有相同电荷的水膜，从而使颗粒间相互隔离，不致因碰撞而聚沉。当在蛋白质溶液中加入高浓度的铵盐（如硫酸铵饱和溶液）、碱金属盐（如氯化钠）时，蛋白质粒子上的电荷被吸附在它上面的盐的离子中和，而且其表面的水膜也被盐的粒子强烈地水化而被除去。于是蛋白质颗粒互相碰撞而凝聚成沉淀，即发生了脱溶剂化作用，致使溶解度降低。因此，盐的溶剂化程度愈大，蛋白质脱溶剂化作用愈大，盐析作用就愈强。所以溶解度大的盐，其盐析能力也大。

上述实验中，当把有少量沉淀的液体加水稀释时，少量中性盐（如氯化钠）的离子和蛋白质的带电基团间发生静电吸引作用，从而使沉淀的蛋白质又重新溶解。这一实验说明蛋白质发生盐析作用而凝结，凝结后又能溶于水使蛋白质恢复原来的状态，即说明蛋白质凝结时没有发生变性作用。

4. 实验操作 4 中的蛋白质在高温的影响下，卵蛋白凝结，变成不溶于水的状态，即使再冷却也不能变成溶液。或者在蛋白质溶液里，滴加重金属离子，如实验中的醋酸铅溶液，边滴边振荡使蛋白质发生凝结，产生了不溶于水的沉淀。这时蛋白质的分子结构发生了变化，也失去了它原有的性质，蛋白质的这种状态和性质的变化叫"变性作用"。

实验二十九　硝化棉（纤维素硝酸酯）的燃烧

一、实验目的

通过水与磷酐的反应和加热引燃硝化棉的实验，让学生认识硝化棉的易燃性。

二、实验用品

磷酐、硝化棉、蒸馏水、带胶头的长直玻璃滴管（$\Phi = 6$ mm、长 150 mm）1 个、铁架台（附铁夹）1 个、石棉板 1 块、药匙 1 个。

三、实验准备

1. 在铁架台上放一块石棉板，然后取一药匙（约 1 g 左右）磷酐堆放在石棉板上，并用药匙将其挖出一个凹穴。在凹穴的边缘，放一团干净的硝化棉，备用。

2. 将直角长玻璃滴管吸满蒸馏水，再把它固定在铁架台上，其尖嘴滴头对准凹穴中上部，备用。

四、实验操作及现象

捏住直滴管乳胶头，让蒸馏水慢慢地滴在磷酐的凹穴中，则硝化棉迅速猛烈燃烧。

五、实验现象分析

1. 当蒸馏水滴到磷酐（P_2O_5）凹穴中时，磷酐与水强烈反应，产生的大量热量足以使硝化棉燃烧，而其本身与水反应，先生成偏磷酸（HPO_3），偏磷酸极易潮解，生成焦磷酸（$H_4P_2O_7$），焦磷酸从空气中吸收水分，生成正磷酸（H_3PO_4）。其化学反应方程式为：

$$P_2O_5 + H_2O = 2HPO_3$$
$$2HPO_3 + H_2O = H_4P_2O_7$$
$$H_4P_2O_7 + H_2O = 2H_3PO_4$$

2. 硝化棉完全燃烧全部生成气体产物放出。本实验中仅留下很细的黑灰。其化学反应式为：

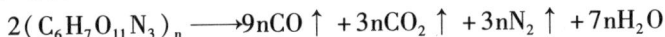

$$2(C_6H_7O_{11}N_3)_n \longrightarrow 9nCO\uparrow + 3nCO_2\uparrow + 3nN_2\uparrow + 7nH_2O$$

六、实验注意事项

1. 磷酐易吸潮，实验前应晾干并保存在干燥器内，随用随取。

2. 长直玻璃滴管夹在铁架台上的位置，应在未吸水之前调整好，使出口尖嘴在磷酐凹穴中上部，其高度以距穴 $0.5 \sim 1$ cm 为宜。

3. 为安全起见，滴水后，实验人员应远离铁架台，以免灼伤。

4. 因燃烧生成大量有毒气体，所以实验时应注意通风，且实验人员应站在上风处操作。

七、问题与讨论

1. P_2O_5 是磷在空气中充分燃烧生成的白色、无臭味的无定形粉末，在空气中极易吸收潮气，迅速潮解。P_2O_5 常用作气体和液体的干燥剂和有机合成的脱水剂，其干燥效能较其他干燥剂强。干燥剂的效能与其蒸气压有关，蒸气压愈低的干燥剂，干燥效能愈好。这里介绍一些常用干燥剂在室温时的蒸气压（见

表 5 - 4)。

表 5 - 4 几种干燥剂室温时的蒸气压

名称	CuSO_4	ZnCl_2	CaCl_2	NaOH	KOH	H_2SO_4	P_2O_5
蒸气压（mmHg）	1.4	0.8	0.34	0.16	0.002	0.003	0.000 01

由此可见，P_2O_5 的干燥效能远较上述其他物质强。它与水的相互作用非常剧烈，并放出大量热量。

2. 硝化棉在燃烧过程中产生有毒、无色无味的 CO 气体。它在通常情况下与水或碱都不起反应，普通防毒面具中活性炭对它的吸收也非常微弱。但 CO 极易被氧化，所以新鲜空气是 CO 中毒的主要解毒剂。短时间内中毒可吸入新鲜空气，也可吸入氨水的蒸气来解毒。急性中毒时，最初表现为头痛头晕，严重者失去知觉。企业中规定空气中 CO 的含量不得超过 0.02 mg/L。

第二单元　趣味实验研究

实验一　滴水燃烧

一、实验目的

通过实验使学生了解钾与水的反应及乙醚易挥发、易燃烧的性质。

二、实验用品

金属钾、乙醚、温水、大烧杯（500 mL）和小烧杯（50 mL）各 1 个、长胶头滴管 1 个、量筒（5 mL）1 个、玻璃片 1 个、镊子 1 个、剪刀 1 把。

三、实验准备

1. 把小烧杯、量筒洗净、晾干，备用。

2. 用干燥洁净的量筒量取 4 mL 乙醚，倒入小烧杯内，盖上玻璃片。

3. 用剪子在金属钾瓶内，剪取一块赤豆大小的金属钾并除去表面氧化膜，立即放在滤纸上吸干煤油，并迅速放入盛有乙醚的小烧杯里，盖上玻璃片。再盖上金属钾的试剂瓶瓶盖。

4. 将上述小烧杯放到大烧杯内，盖上玻璃片，备用。

四、实验操作及现象

取长胶头滴管吸满温水。取下大烧杯上的玻璃片，将滴管里的温水慢慢地滴入小烧杯中。立即看到火花及燃烧现象，直至燃烧停止。

五、实验现象分析

当向盛有钾和乙醚的烧杯中滴入温水时，钾与水立即发生猛烈反应，产生紫色火焰，致使易挥发、易燃烧的乙醚着火，所以既有火花又有燃烧现象，此现象一直持续到乙醚燃烧完毕。其化学反应方程式为：

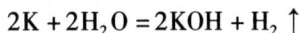

$$2K + 2H_2O = 2KOH + H_2 \uparrow$$

六、实验注意事项

1. 乙醚易燃、易挥发、有毒，取用时不可过量，且取完后应立即盖上瓶盖，以防挥发。操作时严禁周围有火源或存放易燃物。

2. 吸干金属钾表面的煤油时，操作动作要快，且不能用力摩擦，防止事故发生。

3. 金属钾块不能剪得过大，以免反应过分激烈而发生危险。同时，由于金属钾很活泼，应在煤油瓶中剪取，不能放在空气中切取。

七、问题与讨论

1. 当钾与空气接触时，其表面逐渐被一层或薄或厚的过氧化物（中间夹着一层氧化物）所遮盖。当使用这种已被氧化的钾时，常常会由于切割时过氧化物和金属之间发生直接接触而引起强烈的爆炸。所以切割已被氧化的金属钾时，应特别小心，最好在煤油瓶中用剪刀剪去氧化膜外皮，再剪钾块（使用钠时，没有这种危险，因为在普通情况下，钠只被氧化成氧化物）。

2. 钾遇水或冰，即使 −100 ℃时也能发生剧烈反应，生成 H_2 和 KOH，同时燃烧火焰呈紫色。钾钠合金的熔点仅为 −12.5 ℃，易传热且不易固化。

实验二 小火山喷发

一、实验目的

通过实验使学生了解重铬酸铵的热稳定性及分解产物。

二、实验用品

重铬酸铵、酒精灯 1 个、瓷三角 1 个、瓷坩埚（附坩埚钳）1 个、铁三脚架 1 个、药匙、干净纸 1 张、石头假山 1 个、研钵（附研杆）1 个、石棉网1 个。

三、实验准备

1. 用泥和石头堆成一座假山，在山头的背后留一空隙，可以放入一个铁三脚架（以正面观众看不见为宜），并在三脚架下面放一个酒精灯，三脚架上放一个瓷三角，再在瓷三角上放置一个干燥洁净的瓷坩埚。

2. 取两药匙重铬酸铵放在干燥洁净的研钵里研细，然后把此药品放在上述坩埚内，盖上坩埚盖，再在三脚架下垫一张干净的纸，供接收喷落下的 Cr_2O_3之用。

四、实验操作及现象

点燃酒精灯，待坩埚内发出嘶嘶的声音时，立即移走酒精灯，迅速用坩埚钳取下坩埚盖，这时可以看到从"火山"口喷出绿色"火山灰"和火星，宛如"火山喷发"。"火山喷发"后，"山坡"上布满了绿色的"岩浆"。

五、实验现象分析

坩埚内的重铬酸铵晶体在受热或点燃时迅速分解，生成 N_2、Cr_2O_3（绿色）和 H_2O。反应产生的 N_2 和绿色的 Cr_2O_3 粉末向上喷出，并带有火星和轻微的爆炸声，即形成了壮观的"火山喷发"现象。绿色的"岩浆"是由 Cr_2O_3 粉末喷撒而成。

六、实验注意事项

1. 重铬酸铵取量应稍多些，且要干燥、颗粒细小，否则量少反应后喷不高，药潮湿反应后喷不出。

2. 实验过后，应将坩埚内和纸上喷出的绿色 Cr_2O_3 冷却后收集保存，可作为催化剂使用。若反应温度过高，喷出的 Cr_2O_3 呈灰绿色，同样可作催化剂使用。

3. 假山的设计与制作应在课前准备好，其正面看是山，背面留有空隙。空隙的高度和宽度以可以放一个铁三脚架、三脚架下放酒精灯、三脚架上放瓷三角和瓷坩埚为宜。不能在实验时临时调整位置，影响实验效果。

4. 取下的热坩埚盖应倒放在石棉网上，不能放在实验台上，而坩埚钳用后也应将两爪向上放置，避免烫坏台面和污染两爪。

七、问题与讨论

$(NH_4)_2Cr_2O_7$ 是橙红色单斜晶系结晶，密度为 2.15 g/mL（25 ℃），易溶于水，不溶于酒精，在 168 ℃下红热时爆炸而分解，形成绿色松散的 Cr_2O_3 粉末。其反应的化学方程式为：

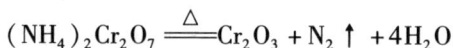

$$(NH_4)_2Cr_2O_7 \xrightarrow{\triangle} Cr_2O_3 + N_2\uparrow + 4H_2O$$

此热分解反应是一种自身氧化还原反应，也就是说，$(NH_4)_2Cr_2O_7$ 既是氧化剂，又是还原剂。

实验三　白磷水下燃烧

一、实验目的

通过实验使学生认识白磷易燃烧的性质。

二、实验用品

白磷、氢氧化钠溶液（2 mol/L）、酚酞试剂、蒸馏水（70 ℃~90 ℃）、具支试管（20 mm × 200 mm，附有长玻璃导气管的橡皮塞）1 个、小烧杯（100 mL）1 个、铁架台（附铁夹）1 个、双连球 1 个。

三、实验准备

1. 取具支试管、烧杯和导气管洗净、晾干。

2. 在小烧杯里倒入 50 mL 氢氧化钠溶液，再滴几滴酚酞试剂，至呈现红色即可。

3. 取干净的具支试管并向其中注入半试管热蒸馏水，然后将其固定在铁架台上，塞上带有导气管的橡皮塞，再在导气管上接个双连球，备用。

4. 在具支试管的支管处接一玻璃导气管，并将此导管插入盛有稀氢氧化钠溶液和酚酞试液的烧杯中。

四、实验操作及现象

1. 在盛放白磷的广口瓶中，剪取赤豆粒大小的白磷，用镊子夹取出来，立即放到具支试管底部（看不到有什么变化），塞上带有导气管和双连球的橡皮塞。

2. 用双连球向具支试管的水中慢慢鼓气，白磷立即在水下猛烈燃烧，产生烟雾进入小烧杯中，直至白磷燃烧停止。烧杯中的红色溶液很快变成无色。

五、实验现象分析

1. 白磷放在有水的试管中，沉在试管底部，是因为白磷的密度是 1.82 g/mL，比水重，几乎不溶于水。

2. 白磷放在热水中开始没有变化，由于白磷的着火点是 40 ℃，虽水温已达到 40 ℃但没有氧气帮助燃烧，白磷只是熔化（熔点 44 ℃）。一旦有了氧气，白磷便立即在水底猛烈燃烧并发光生成 P_2O_5，放出大量热。同时，P_2O_5 溶于水，生成了 H_3PO_4，这样在水中便形成了烟雾。其化学方程式为：

$$4P + 5O_2 = 2P_2O_5$$
$$P_2O_5 + 3H_2O = 2H_3PO_4$$

3. 生成的烟雾（P_2O_5 和 H_3PO_4）进入小烧杯时，由于 P_2O_5 在水中完全与水反应，生成磷酸，中和了烧杯中的碱，使烧杯中溶液呈酸性，而酚酞在酸性溶液中显无色，所以烧杯中的酚酞试液由原来的红色变成了无色。

六、实验注意事项

1. 整个装置气密性要好，以免生成的 P_2O_5 逸散到空气中。

2. 插入具支试管中的长导气管的长度以接触到白磷为宜。

3. 白磷很容易用剪刀切开，但必须在水中进行（最好在 20 ℃ ~25 ℃时）。因为在空气中剪切，白磷会因摩擦而起火。而且任何情况下都不得用手拿白磷，以免灼伤手指。

4. 用双连球鼓气时，应慢慢地在白磷上面鼓气，不要将白磷鼓起来，更不能把白磷鼓到水面上，造成白磷在水面上燃烧的错误现象。

5. 白磷易燃，所以一定要让白磷燃烧完全。实验后的具支试管和烧杯内的溶液不能乱倒，应妥善处理，以免引起火灾。

七、问题与讨论

磷的性质见本书第43页"磷及其化合物的实验"及第109页"实验九 白磷的自燃"。

实验四 发射火箭

一、实验目的

通过生动的实验使学生了解可用过氧化氢与二氧化锰反应制取氧气。

二、实验用品

二氧化锰、过氧化氢（25%～30%）、广口瓶（125 mL，附双孔橡皮塞1个）1个、长胶头滴管1个、玻璃导气管1个、细圆木条1根、硬质泡沫塑料1块、小刀1把。

三、实验准备

1. 制取小火箭

取泡沫塑料用小刀削成三角形的火箭头（其厚度以中间能插入一根直径约4～5 mm的细木条为宜），在其尾部插一根细圆木条，备用。

2. 火箭发射装置的装配

在一个干燥洁净的广口瓶上配一个双孔橡皮塞。其中一个孔插入一个较长的滴管（此滴管是装过氧化氢溶液用的），另一个孔插入一根玻璃导气管（其内径比火箭头尾部的细圆木条的外径略大），备用。

四、实验操作及现象

1. 首先向干燥洁净的广口瓶里加入少量二氧化锰固体，再将滴管内吸满过氧化氢溶液，然后把带有导气管和胶头滴管的橡皮塞塞在广口瓶瓶口上，再把小火箭尾部的圆细木条插进玻璃导气管内。

2. 制取氧气并发射火箭：慢慢地轻捏滴管上的胶头，过氧化氢溶液便很快滴加到广口瓶内的二氧化锰固体上，立即发生反应，产生大量氧气，致使导气管上的火箭头发射出去，向上冲出一米多高。

五、实验现象分析

当过氧化氢滴在二氧化锰固体上时，过氧化氢在二氧化锰的催化下，立即发生分解反应，放出大量氧气。这时大量的氧气使广口瓶内产生很大的气压，将火箭头向上冲出。其化学反应方程式为：

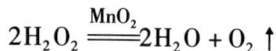

$$2H_2O_2 \xrightarrow{MnO_2} 2H_2O + O_2 \uparrow$$

六、实验注意事项

1. 作为发射装置用的广口瓶一定要干燥洁净。

2. 广口瓶的玻璃导气管的内径，一定要略大于火箭头细木条的外径，这样火箭头装上后，能灵活地上下移动，便于发射出去。装得太松或太紧都会使实验失败。

3. 广口瓶上的双孔橡皮塞一定要在实验前检查，以确保不漏气。同时，滴管吸入过氧化氢后，不能有滴液现象，避免漏气和药品过早反应，造成实验失败。

七、问题与讨论

1. 在医药中很稀的过氧化氢溶液（3%）可用于漱喉咙、洗伤口。在企业中过氧化氢用来漂白丝、象牙、毛皮、羽毛等，且在漂白过程中，它只破坏染色物质，几乎不损坏被漂白的材料。

2. 过氧化氢愈纯，在保存时分解得愈慢，但极少量的金属化合物如二氧化锰，会催化过氧化氢的分解。这里便是利用二氧化锰催化过氧化氢的反应来制取氧气。

实验五　自动燃烧的火柴

一、实验目的
通过实验使学生了解二氧化氯的生成及氧化性。

二、实验用品
浓硫酸（98%）、普通火柴 1 盒、蒸发皿 1 个、坩埚钳 1 个、量筒（5 mL）1 个。

三、实验准备
1. 将蒸发皿洗净、晾干，备用。
2. 量取 2 mL 浓硫酸倒在干燥洁净的蒸发皿内，备用。

四、实验操作及现象
用坩埚钳夹一根干燥的火柴，然后将火柴头在蒸发皿内的浓硫酸中沾几下拿出。静置片刻，火柴头便燃烧起来，形成了火柴自动燃烧的现象。

五、实验现象的分析
上述实验现象的产生，是因为普通火柴头上含有氯酸钾（占 46.5%），当它沾上浓硫酸时，便与浓硫酸发生如下反应：

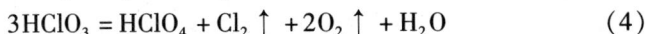

$$KClO_3 + H_2SO_4（浓）= KHSO_4 + HClO_3 \qquad (1)$$

$$3HClO_3 = HClO_4 + H_2O + 2ClO_2 \uparrow \qquad (2)$$

$$2ClO_2 = Cl_2 \uparrow + 2O_2 \uparrow \qquad (3)$$

$$3HClO_3 = HClO_4 + Cl_2 \uparrow + 2O_2 \uparrow + H_2O \qquad (4)$$

（2）、（3）两式合并得（4）式。

从上述各化学反应式看，（1）反应是放热反应，（2）、（3）反应因有 ClO_2

生成，而它具有氧化性，同时又放出 O_2，能帮助燃烧，所以火柴头便自动燃烧了。

六、实验注意事项

1. 该实验应用干燥洁净的普通火柴。因为此种火柴头的主要成分是氯酸钾（46.5%），其次是硫黄（4.2%）、重铬酸钾（1.5%）等。

2. 浓硫酸一定要用新的浓硫酸（98%），不能用稀硫酸或使用过的浓硫酸。用含水的浓硫酸会造成实验失败。

3. 操作时应注意不要让浓硫酸滴到衣物或实验桌上，以免灼伤（中毒与急救见本书第 37 页"浓硫酸的实验"）。

4. 用剩下的浓硫酸应处理，可把它慢慢地倒入蒸馏水中，边倒边搅拌，制成稀硫酸，留作他用。

七、问题与讨论

1. 普通火柴的火柴头和火柴盒的药品组成见本书第 210 页"实验一　火柴的制作"。

2. ClO_2 是深黄色气体，沸点为 10 ℃，不稳定，有强氧化性，会发生爆炸，溶于水同时发生分解，可用作氧化剂、除臭剂、漂白剂等。

实验六　褐蛇出山

一、实验目的

通过生动的实验使学生了解碳酸氢钠受热易分解。

二、实验用品

无水酒精、蔗糖、碳酸氢钠、草木灰（或香烟灰）、坩埚钳 1 个、研钵（附研杵）1 个、滴瓶 1 个、石棉网 1 个、药匙 2 个、酒精灯 1 个、酒精棉球 1 个、火柴 1 盒、石棉板 1 个。

三、实验准备

1. 在一干燥洁净的石棉板上放 5 药匙干净的草木灰（或香烟灰），并用药匙摊开，然后在草木灰四周滴加 4~5 mL 无水酒精（使草木灰润湿即可），然后用药匙将其堆积起来，备用。

2. 称取 2 g 干燥蔗糖放在研钵内研细，再加入 3 g 碳酸氢钠，混合均匀。然后取一药匙混合物，小心慢慢地堆在上述草木灰堆中间，呈圆锥体，堆得越高越好，其底部直径为 1~2 cm，备用。

四、实验操作及现象

将上述石棉板放在避风处，用坩埚钳夹着燃着的酒精棉球去点燃上述圆锥堆积物。这时，可以看到堆积物顶端有疏松弯曲的褐色蛇状物慢慢地伸出，如同"褐蛇出山"。

五、实验现象分析

$NaHCO_3$ 在加热条件下，受热分解（分解温度为 350 ℃ ~ 400 ℃）产生 CO_2。其化学反应方程式为：

$$2NaHCO_3 \xrightarrow{\triangle} Na_2CO_3 + H_2O + CO_2\uparrow$$

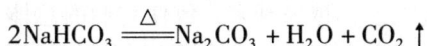

加入蔗糖是为了使混合物形成粘性物质，使 CO_2 气体不易逸出。草木灰或香烟灰可用作糖在火焰上燃烧的催化剂，而燃烧时放出的热量又促使 $NaHCO_3$ 分解。

六、实验注意事项

1. 所用的仪器、工具都应是干燥洁净的，以避免碳酸氢钠溶解和混入杂质，因为碳酸氢钠能溶解于水，影响实验效果。

2. 向草木灰上滴无水酒精时，使灰润湿即可。不可滴得过多，过多时酒精会溢出，点燃时，溢出的酒精会在四周燃烧，造成实验失败。

3. 用酒精棉球点燃堆积物时，不要碰到手上，以免灼伤，操作时应站在上风处。

实验七　会潜水的鸡蛋

一、实验目的

通过鸡蛋在稀盐酸中能潜水的实验，让学生了解稀盐酸与碳酸盐作用生成二氧化碳的反应。

二、实验用品

浓盐酸、蒸馏水、鸡蛋（小）、烧杯（1 000 mL 和 500 mL 各 1 个）、玻璃棒 1 个。

三、实验准备

1. 取一洁净的大烧杯（1 000 mL），向杯内倒入蒸馏水 600 mL，备用。

2. 取一新鲜完好的小鸡蛋，用水洗净后放入上述烧杯内，鸡蛋便沉到杯底不动，备用。

四、实验操作及现象

把上述放有鸡蛋的烧杯放在实验台上，这时鸡蛋仍在杯底不动，然后向烧杯内慢慢地倒入浓盐酸约 100 mL，边倒边轻轻地搅动。静置片刻后，鸡蛋壳上生出小气泡，且气泡逐渐变多，不久便看到鸡蛋慢慢地从杯底浮到稀盐酸液面上。稍停，又复沉入杯底，然后慢慢地再浮上来，再沉下去，如同潜水员一样，在稀盐酸溶液中上下游动。

五、实验现象分析

开始把鸡蛋放入有水的烧杯中时，因其密度比水的大，且鸡蛋壳不与水反应，所以沉到烧杯底部。后来加入浓盐酸时，最初鸡蛋壳中的主要成分碳酸钙虽已与稀盐酸发生反应生成二氧化碳，但是气体的量尚少，所以鸡蛋仍比稀盐酸重，故仍在杯底不动。随着反应的进行，生成大量二氧化碳气泡，这些很小的气泡密集地附着在蛋壳上，越来越多，致使它们的总体积，比原来鸡蛋的体积要大。同时，在稀盐酸中，由于二氧化碳比稀盐酸溶液轻，使浮力逐渐增加，当产生的浮力大于鸡蛋的重力时，浮力就把鸡蛋抬起来，并慢慢上升。当鸡蛋上升到酸液表面与空气接触后，一部分二氧化碳便逸散到空气中，致使浮力减小，因此鸡蛋又沉入杯底。然后，鸡蛋壳又与稀盐酸反应，在蛋壳表面又产生大量二氧化碳气体，当鸡蛋受的浮力大于鸡蛋的重力时，鸡蛋又再次浮出酸液表面，然后又沉下去，如此反复。只要鸡蛋壳中碳酸钙没有全部溶解，鸡蛋就一直会自动"上下游动"。当鸡蛋壳上不再产生气泡时，说明鸡蛋壳中的碳酸钙与稀盐酸反应完全，鸡蛋壳变软沉入杯底，再也不动了。

六、实验注意事项

1. 实验前烧杯和鸡蛋都应洗净，避免混入杂质，影响实验效果。

2. 实验用的鸡蛋应尽量选小鸡蛋，因鸡蛋越小，越容易浮起和下沉，实验效果越好。

3. 稀盐酸的浓度和用量应足够反应，并适当过量，以使蛋壳中的碳酸钙溶解更快、更完全。

4. 鸡蛋易打破，所以应多准备一个，以防万一。

七、问题与讨论

上述实验只有当鸡蛋壳中的碳酸钙与稀盐酸完全反应，碳酸钙全部溶解完，鸡蛋壳变软（仅有一层内软膜包住蛋白和蛋黄）时，鸡蛋才永远沉入杯底，再也不能游动。本实验不需要做到这一步，只要求鸡蛋能上下浮沉即可。

实验八　滴水生烟雾

一、实验目的

通过实验使学生了解硝酸铵在水的催化作用下对锌的氧化。

二、实验用品

硝酸铵（固体）、锌粉、蒸馏水、石棉板1个、长胶头滴管1个、药匙2个、蒸发皿2个、酒精灯1个、铁三脚架1个、石棉铁丝网1个、玻璃棒2个、干燥器1个。

三、实验准备

1. 称取6 g硝酸铵固体放在蒸发皿内，然后将其放在铁三脚架上加热并轻轻搅拌进行干燥，干燥后立即放入干燥器内，备用。

2. 称取3 g锌粉放在蒸发皿内，然后将其放在铁三脚架上加热并轻轻搅拌进行干燥，干燥后立即放入干燥器内，备用。

3. 将石棉板放在铁三脚架上预热半分钟，备用。

四、实验操作及现象

1. 首先从干燥器中取出硝酸铵，堆铺在石棉板上，再用玻璃棒拨动将其堆成台柱状。

2. 从干燥器中取出锌粉，堆放在硝酸铵台柱上面。

3. 用长胶头滴管吸些蒸馏水，慢慢地向锌粉上面滴水，边滴边观察，片刻，硝酸铵和锌粉发生激烈反应并燃烧起来，产生很浓的烟雾。

五、实验现象分析

硝酸铵和锌粉放在一起并不反应，但在一定的温度条件和水的催化作用下，硝酸铵对锌的氧化才得以发生，反应剧烈并产生很浓的烟雾。其化学反应方程式为：

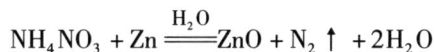

$$NH_4NO_3 + Zn \xrightarrow{H_2O} ZnO + N_2 \uparrow + 2H_2O$$

因反应物及生成物的固体颗粒分散在空气中形成了烟，水汽分散在空气中形成雾，因此反应时有烟雾产生。

六、实验注意事项

1. 全部药品和主要仪器，如药匙、蒸发皿、玻璃棒等都应干燥洁净。防止药品吸潮和仪器带入杂质，影响实验效果。

2. 固体硝酸铵和锌粉都有吸潮性，久置会吸潮。所以实验前必须进行干燥，且干燥后应立即放在干燥器内保存，防止再吸潮。

3. 硝酸铵铺在石棉板上，不能堆的太散、面积太大，应堆紧凑且呈台柱状，这样能使反应更完全。

4. 夏季气温高时石棉板不要预热，冬季气温低时石棉板应先预热，以保证实验所需的温度。

七、问题与讨论

NH_4NO_3 是无色、无臭、透明的六面棱晶，熔点 168 ℃，有强烈苦味。在空气中潮解，失去氨而显酸性，190 ℃和高于 190 ℃时开始分解。若过热（高于 300 ℃）可引起爆炸分解，生成 N_2O 和 H_2O，放出热量，其反应方程式为：$NH_4NO_3 = N_2O \uparrow + 2H_2O$（时常还会有一些 NO）；若有可燃物存在或撞击时，会发生爆炸反应：$2NH_4NO_3 = 2N_2 \uparrow + O_2 \uparrow + 4H_2O$。

NH_4NO_3 易溶于水，吸热使温度降低。0 ℃时在水中的溶解度为 118 g，20 ℃时为 192 g，100 ℃时为 871 g。主要用作肥料（含氮 32% ~ 35%）及工业和军用炸药，并可作杀虫药、冷冻剂等。

实验九 会变色的花

一、实验目的

通过实验使学生进一步掌握二氧化硫的漂白作用和稀硝酸的氧化性。

二、实验用品

亚硫酸钠、稀硫酸（1 mol/L）、稀硝酸（2 mol/L）、蒸馏水、鲜花一朵（浅色月季花或玫瑰花等）、烧杯（250 mL）4个、毛玻璃片1个、试剂瓶2个、棉线1根。

三、实验准备

1. 在一洁净的烧杯里配制 400 mL 1 mol/L 的稀 H_2SO_4 溶液，倒入试剂瓶，备用。

2. 在一洁净的烧杯里用 Na_2SO_3 和稀 H_2SO_4 反应制取 200 mL H_2SO_3，倒入试剂瓶，备用。

3. 取浅红鲜花一朵，用一根棉线拴住根部，再用蒸馏水润湿，然后将其放到洁净的烧杯里，线头露出，放在烧杯外，备用。

4. 取一洁净的烧杯配制 200 mL 稀 HNO_3 溶液，备用。

四、实验操作及现象

1. 将上述盛放鲜花的烧杯放在实验台上，然后向烧杯内倒入 H_2SO_3 溶液约 200 mL，使鲜花浸没在溶液里，盖上毛玻璃片，红色花很快变成白色花。

2. 从烧杯内取出白色花，再把它放在盛有稀硝酸的烧杯里，不久，白色花又转变成红色花。

五、实验现象分析

上述实验之所以会出现红色花变成白色花、白色花又变成红色花，是由于亚硫酸钠与稀硫酸反应生成亚硫酸，但亚硫酸不稳定，易分解出 SO_2。化学反应方程式为：

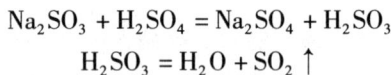

$$Na_2SO_3 + H_2SO_4 = Na_2SO_4 + H_2SO_3$$
$$H_2SO_3 = H_2O + SO_2 \uparrow$$

SO_2 具有漂白作用，它与花瓣里的红色素结合生成了无色或浅色物质，所以红色花变成白色花。但这种无色物质不稳定，容易被稀硝酸等氧化剂氧化而分解，所以白色花又恢复成原来的红色花。

六、实验注意事项

1. 亚硫酸不稳定必须现配现用，而且制成的亚硫酸应盖上瓶盖，防止分解。

2. 鲜花应选浅色花，以使变色速度快。

3. 二氧化硫是有刺激性的气体，空气中最高允许浓度是 20 mg/L。所以实验时应注意通风。

4. 稀硝酸具有氧化性，操作时要小心，不要溅到衣物或手脸上。

七、问题与讨论

1. 二氧化硫具有漂白作用，但是其漂白有色物质的机理较为复杂。上述实验可以认为二氧化硫溶于水，生成亚硫酸，亚硫酸跟有色的有机物质（如月季花或玫瑰花等中的花色素）作用，生成无色的加成物，但是这种加成物不稳定，当与氧化剂（如稀硝酸）接触时即分解。所以白色花也就又恢复了原来红色花的红色。又如，白色草帽的原料多半是带有黄色的金丝草、麦秆等，它们都是用二氧化硫漂白的，所以新的草帽十分洁白，但是使用久后便慢慢变黄，也是这个道理。

2. 二氧化硫也能使品红褪色，这可以从结构来解释。因品红是三苯甲烷的衍生物，结构里有一对醌式的发色团（ ═◯═ ）。当向品红溶液里加入亚硫酸后，亚硫酸分解出的二氧化硫便跟该发色团相互结合生成不稳定的无色化合物，改变了发色团的结构，但生成的这种化合物易分解。因此，在加热或放置过久的情况下，品红又恢复了原来的颜色。其反应可用下列化学方程式表示：

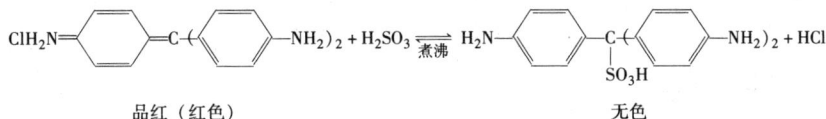

$$ClH_2N\!=\!\!\langle\bigcirc\rangle\!\!=\!\!C\!\!-\!(\langle\bigcirc\rangle\!\!-\!\!NH_2)_2 + H_2SO_3 \underset{煮沸}{\overset{}{\rightleftharpoons}} H_2N\!-\!\langle\bigcirc\rangle\!\!-\!\!C\!\!-\!(\langle\bigcirc\rangle\!\!-\!\!NH_2)_2 + HCl$$
$$\qquad\qquad\qquad\qquad\qquad\qquad\qquad\qquad\qquad\qquad\qquad\qquad\qquad SO_3H$$

品红（红色）　　　　　　　　　　　　　　　　无色

实验十　用火写字

一、实验目的

通过实验使学生了解浓硫酸的脱水性。

二、实验用品

硫酸、新毛笔 1 支、白纸 1 张、酒精灯 1 个、烧杯 1 个、试剂瓶 1 个、火柴 1 盒。

三、实验准备

1. 在一个洁净的烧杯里配制 100 mL 1 mol/L 的稀 H_2SO_4，倒入试剂瓶里，盖上瓶盖，备用。

2. 用毛笔蘸取稀硫酸溶液，在一张干燥洁净的白纸上写上"用火写字"四个大字。稍后白纸依然洁白如初，看不出字迹，备用。

四、实验操作及现象

首先展示上述"无字"的白纸，然后点燃酒精灯并将此白纸移近酒精灯的火焰上方，小心地慢慢烘烤。这时在白纸上慢慢地出现了清晰的黑色字迹"用火写字"四个大字。

五、实验现象分析

上述实验现象的出现，是因为稀硫酸不具有氧化性，用它写成的字如同用水写的字一样，看不出变化。当把它移近火焰后，随着温度的升高，稀硫酸中的水分很快蒸发，形成了浓硫酸，而浓硫酸具有强氧化性，对于纸、布和棉花等有机物有极强的脱水能力。纸等有机物脱水后，除去了氢和氧，只剩下单质状态的黑色碳，因而字迹也就变成了黑色。其反应可用下式表示：

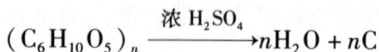

$$(C_6H_{10}O_5)_n \xrightarrow{\text{浓 }H_2SO_4} nH_2O + nC$$

六、实验注意事项

1. 最好选用较薄的白纸作为写字用的白纸，这样容易燃烧。

2. 毛笔必须用新的，以避免旧毛笔上的污物与浓硫酸反应，影响实验效果。

3. 白纸在酒精灯火焰上烘烤时，应对着字迹慢慢烘烤，只要出现黑字即可，否则对着纸烤或烘烤时间过长，纸会燃烧，造成实验失败。

4. 用稀硫酸写字的纸，最好现写现实验，不能用字迹已完全干的纸。否则当把它放在酒精灯火焰上烘烤时，会造成开始烘烤就把纸燃烧的错误现象。

实验十一 化学彩虹

一、实验目的

通过实验使学生了解几种指示剂和染料在酸性和碱性条件下的颜色变化。

二、实验用品

酚红、甲酚红、甲基红、亚甲蓝、亮绿、靛蓝、溴酚蓝、茜素红、烧杯 (300 mL) 2个、大试管 (20 mm×200 mm) 7个、滴瓶 (25 mL) 2个、药匙7个、试剂瓶7个。

三、实验准备

1. 取7个试管洗净、烘干并在试管口贴上标签，编号为 A、B、C、D、E、F、G。

2. 取滴瓶和烧杯各2个、药匙7个，洗净、晾干，备用。

3. 在两个洁净的烧杯里分别配制 200 mL 0.1 mol/L 盐酸和 100 mL 0.1 mol/L NaOH 溶液。然后各倒20 mL 在滴瓶里，备用。

4. 准备好盛放7种指示剂或染料的试剂瓶并编号：酚红 (a)、甲酚红 (b)、甲基红 (c)、甲基红/亚甲蓝 (d)、亮绿 (e)、靛蓝/溴酚蓝/茜素红 (f)、溴酚蓝/茜素红 (g)。然后按顺序放置在实验台上，备用。

四、实验操作及现象

1. 分别用药匙取上述指示剂和染料少许（约 1 mg），送入对应编号试管的底部，然后慢慢地将试管竖起来，按 A→G 的顺序放在试管架上排好，备用。

2. 向上述各试管中加入盐酸至半满，轻轻振荡后，7 个试管内均呈现不同的颜色（见表 5-5）。

3. 向上述各有色的试管内，再滴加 NaOH 溶液，边滴边轻轻振荡，7 个试管内溶液的颜色立即变得如同彩虹一样，绚丽多彩（见表 5-5）。

表 5-5 指示剂、染料在酸碱条件下显色

试剂	质量比	酸中色	碱中色
（a）酚红	—	橙	红
（b）甲酚红	—	红	橙
（c）甲基红	—	红	黄
（d）甲基红/亚甲蓝	4:1	蓝	绿
（e）亮绿	—	蓝绿	蓝
（f）靛蓝/溴酚蓝/茜素红	1:1:1	蓝紫	靛
（g）溴酚蓝/茜素红	1:1	黄	紫

五、实验注意事项

1. 所用仪器一定要洗净。可先用洗液洗，再用自来水刷洗，然后用蒸馏水洗。洗净后再晾干或烘干。不能混入杂质，以免干扰实验现象。

2. 本实验所用的试剂多，应按编排的顺序使用，不能乱用，以免影响实验效果，带来不必要的麻烦。

3. 为了便于学生观察，应在每个试管后放一张白纸，这样每一个试管内溶液颜色的变化，学生才能看得更清楚。

实验十二 粉笔炸弹——氯酸钾与红磷的作用

一、实验目的
通过实验使学生了解氯酸钾的氧化性。

二、实验用品
氯酸钾、红磷、酒精（95.57%）、蒸发皿 1 个、研钵（附研杵）1 个、小刀 1 把、药匙 2 个、粉笔 2 支。

三、实验准备
1. 取两支干燥洁净的粉笔，在大头中间处用小刀挖一小洞。此粉笔和挖下的粉笔灰均留下备用。

2. 取两药匙氯酸钾放在干燥洁净的研钵内研细，备用。

四、实验操作及现象

1. 用两个干燥洁净的药匙，分别取两药匙研细的氯酸钾和 1/2 药匙红磷放在同一个蒸发皿中，再向蒸发皿内滴入少量酒精（95.57%）。边滴边用药匙轻轻地充分搅拌成稠厚的糨糊。

2. 用药匙将上述糨糊状的混合物小心慢慢地装入上述粉笔洞中至满，再用粉笔灰把粉笔洞口轻轻堵上，放置、晾干，备用。

3. 将上述干燥后的粉笔轻轻拿起，洞口向下，然后向地面上用力猛掷，则立即发生爆炸，响声较大。

五、实验现象分析

上述发生爆炸的原理是：由于将粉笔向地面猛撞时，加大了粉笔洞有限空穴内的压强，促使混合物中的氯酸钾分解，生成了氯化钾和氧气，该充分的氧气又促使红磷剧烈燃烧，并在一定的压强下发生了爆炸。其中的反应如下：

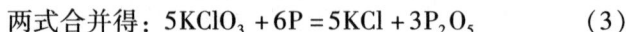

$$2KClO_3 = 2KCl + 3O_2 \uparrow \qquad (1)$$
$$4P + 5O_2 = 2P_2O_5 \qquad (2)$$

两式合并得：$5KClO_3 + 6P = 5KCl + 3P_2O_5 \qquad (3)$

由于反应中有 P_2O_5 生成，所以在爆炸的同时，有股白烟冒出。

六、实验注意事项

1. 全部仪器都应在课前洗净、晾干。

2. 取氯酸钾和红磷的药匙一定要分开用，切勿混用。混用时两药品会发生反应，引起灼伤事故。

3. 氯酸钾和红磷的混合不能在干燥状态进行。因为干燥时混合会燃烧，这样操作不安全，所以混合时应滴加浓酒精轻轻搅拌均匀。这是因为浓酒精含水量少，容易挥发，有利于混合物快速晾干，但酒精不能用得过多，把混合物调得过稀，致使混合物晾干的速度过慢，不易掌握扔掷时间。

4. 剩余的氯酸钾和红磷的混合物，不能随便扔掉，应放在铁器托盘中燃烧掉。另外，撒落在实验台上的药物，尤其是红磷，应用水冲洗掉再擦，切勿用手拿纸擦，以避免摩擦生热，使红磷燃烧，造成烧伤。

5. 做好的粉笔炸弹应放在阴凉处晾干，不能放在太阳光下暴晒。因暴晒会使温度升高，可能会引起粉笔自动爆炸，造成事故。

6. 做好的粉笔炸弹，不能随便乱放，更不能保存，应立即全部掷掉，让其爆炸，避免自动爆炸事故的发生。

7. 不能用白磷代替红磷做此实验。因白磷易燃且有毒，而红磷稳定且无毒。

8. 此粉笔炸弹实验虽然炸声很响又比较安全，但学生做此实验时，为了安全起见必须在教师指导下进行，避免事故的发生。

七、问题与讨论

1. 用粉笔灰堵住洞内的药品，是为了防止粉笔掷地时，药物撒落。但不能堵得过松、过多或过紧。过松时药品易撒落，不能发生反应；过多、过紧时药品不易发生反应，可能会出现"哑弹"。

2. 磷有三种同素异性体，即白磷（黄磷）、红磷和黑磷。常见的只有白磷和红磷。

白磷：半透明无色结晶固体。常温时，柔软如蜡，冷却变脆。放置光照中表面变黄，然后变红色，有特别气味。20 ℃及以上时在黑暗中发出磷光，称为"磷光现象"。与湿空气接触时，放出毒烟且有大蒜气味。白磷几乎不溶于水，故常保存在水中并放在黑暗处；易溶于二硫化碳和多种有机溶液（如苯、醚等）；也可溶于液态的 SO_2 和 NH_3 中。在空气或氧气中燃烧，呈深白色光，放出大量热量，生成氧化磷。白磷受光、热或电作用会转变为红磷。

红磷：暗洋红色，无臭、无味，在空气中无光辉、无毒的粉状物；加热时变暗色，约在250 ℃~260 ℃时即着火，约在300 ℃时剧烈燃烧；干空气中不氧化，但在湿空气中缓慢氧化；不溶于水、CS_2、液氨，易溶于热的浓 H_2SO_4 中。

白磷和红磷在一定条件下可以互相转化：

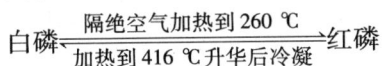

$$白磷 \xrightleftharpoons[\text{加热到416 ℃升华后冷凝}]{\text{隔绝空气加热到260 ℃}} 红磷$$

黑磷：黑色、长而薄的斜方六面晶体；在透射光中显红色；金属光泽；较红磷难挥发；在密闭管中加热到358 ℃时变为白磷；不溶于 HNO_3，溶于 CS_2。

实验十三　会变色的字——过氧化氢的氧化性

一、实验目的
通过实验使学生了解过氧化氢的氧化性。

二、实验用品
醋酸铅、双氧水、硫化氢饱和溶液、小烧杯（100 mL）2 个、试剂瓶（100 mL）3 个、毛笔 2 支、滤纸 2 张、制取硫化氢气体的装置 1 套。

三、实验准备

1. 配制溶液

①取一洁净的小烧杯，配制 0.5 mol/L 的醋酸铅溶液 50 mL，倒入试剂瓶中，备用。

②取 30% 的双氧水 50 mL，倒入试剂瓶中，盖上瓶盖，备用。

③制取饱和硫化氢溶液 50 mL，倒入试剂瓶中，备用。

2. 制作字条

用毛笔蘸上 0.5 mol/L 的醋酸铅溶液，在一张洁净的白色滤纸上，写上"会变色的字"五个大字，晾干后，仍像原来的白滤纸，备用。

四、实验操作及现象

1. 操作时首先打开盛放饱和硫化氢溶液的试剂瓶瓶盖。与此同时，双手拿起上述白纸，将白纸上写过字的地方放在瓶口上方，纸上便出现了灰黑色的"会变色的字"五个大字，然后移去饱和硫化氢溶液的试剂瓶并盖上瓶盖。

2. 用另一支毛笔蘸取上述双氧水，涂在灰黑色的字上，灰黑色的"会变色的字"立即在滤纸上消失，又变成白色的滤纸。

五、实验现象分析

上述实验现象发生的原因是：醋酸铅溶液是无色的，写在滤纸上晾干后仍然是无色的，当它与硫化氢气体相遇时，生成了灰黑色的硫化铅（$Pb^{2+} + H_2S = 2H^+ + PbS\downarrow$）。所以，用醋酸铅溶液写过的字，遇到硫化氢，便由无色变成灰黑色。

当用双氧水涂在灰黑色的字上时，字又消失，其原因是：硫化铅被过氧化氢氧化，变成了白色的硫酸铅，所以灰黑色的字又消失了，变成了白色。化学反应方程式如下：

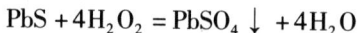

$$PbS + 4H_2O_2 = PbSO_4\downarrow + 4H_2O$$

六、实验注意事项

1. 所用仪器课前都应洗净、晾干，防止混入其他离子，造成实验失败。

2. 制备硫化氢饱和溶液时，因硫化氢气体有毒，应在课前在通风橱中制取，或在通风条件较好的实验室内制取，且制取后应盖上试剂瓶瓶盖，同时关闭发生器装置，防止硫化氢挥发。

3. 用醋酸铅溶液写过字的纸条，应晾干且远离硫化氢溶液。避免挥发的硫化氢与其作用，过早地使字条上的字变色，造成实验失败。

4. 字条应制作两张，留一张备用。

七、问题与讨论

1. 硫化氢的制取：少量硫化氢气体的制取可以用简易的试管来进行。如果需用量大，应用启普发生器制取，即用固体 FeS 和稀盐酸反应。如需要硫化氢饱和溶液，可再把硫化氢通入蒸馏水至饱和即可。

2. 有关硫化氢的中毒与急救见本书第 37 页"硫化氢的实验"。

实验十四　变色溶液之一——无色→红色→无色

一、实验目的

通过实验使学生了解酚酞指示剂在酸碱溶液中的颜色变化，以加深其对指示剂的认识。

二、实验用品

氢氧化钠（2 mol/L）、盐酸（2 mol/L）、酚酞试液、蒸馏水、烧杯（200 mL）1个、滴瓶1个、玻璃棒2个。

三、实验准备

取两个洁净的烧杯，在第一个烧杯里配制2 mol/L的氢氧化钠溶液50 mL；在第二个烧杯里配制2 mol/L的盐酸溶液100 mL，再向烧杯里滴入3~4滴酚酞试液，配成盐酸酚酞溶液。然后将此溶液倒在一洁净的滴瓶内，两种溶液皆像"清水"一样无色，备用。

四、实验操作及现象

首先把第一杯无色的氢氧化钠溶液放在实验台上，然后慢慢向烧杯里滴加上述盐酸酚酞溶液，且边滴边轻轻搅拌，至第一杯里溶液由无色逐渐变成红色为止。然后，继续滴加盐酸酚酞溶液，使红色溶液又变成无色的"清水"。

五、实验现象分析

上述实验现象的产生是由于酚酞指示剂的pH变色范围是8.0~10.0，且在酸性溶液里显无色，在碱性溶液里显红色。所以酚酞在第二杯稀盐酸溶液中显无色。当向第一杯无色氢氧化钠溶液中慢慢滴加第二杯盐酸酚酞溶液时，开始时氢氧化钠过量，酚酞显红色，所以溶液由无色变成红色。但随着盐酸酚酞溶液的继续加入，盐酸逐渐过量，酚酞不显色，所以溶液又由红色变为无色。

六、实验注意事项

1. 实验前应检查蒸馏水是否为中性。

2. 做此实验一定要用酸向碱溶液里滴加，而且开始滴加盐酸不能过量，如果过量，出现的红色会消失。所以应滴到红色刚出现为止。但是继续向红色溶液中滴盐酸时，一定要滴过量，要使溶液中的 OH^- 都被中和完。

3. 配制的碱溶液应为稀溶液（2 mol/L）。若溶液过浓，则酚酞也会显无色。

七、问题与讨论

1. 酚酞试液的配制见本书第30页"酚酞试液"。

2. 酚酞在浓碱液中为什么显无色呢？这要从它的结构来分析。

在氢氧化钠溶液里，酚酞分子中产生了醌式（ =〈　〉= ）结构。具有醌式结构的酚酞分子可以吸收可见光中的某部分光线，而把没有吸收的光线反射出来，这种反射出来的混合光为紫红色。碱液过浓时，酚酞的醌式结构被破坏。因此，不是吸收可见光中某些部分光线，而是把可见光全部反射出来，所以显无色。

实验十五 变色溶液之二——红色→蓝绿色→橙黄色→暗红色

一、实验目的

通过实验使学生了解六氨合钴络离子的生成。

二、实验用品

氯化钴、浓氨水、固体氯化铵、双氧水、蒸馏水、烧杯（100 mL）1 个、试管（20 mm×200 mm）1 个、试剂瓶（100 mL）1 个、药匙 1 个、量筒 1 个。

三、实验准备

配制 0.1 mol/L 的氯化钴溶液（粉红色）50 mL，装入试剂瓶，备用。

四、实验操作及现象

取一洁净的大试管，向试管内倒入上述红色的氯化钴溶液 6 mL，再用药匙小头取一匙氯化铵固体，慢慢放入试管并充分振荡，使之溶解，然后再向试管内逐滴滴加浓氨水，边滴边振荡。开始时生成蓝绿色沉淀，当继续滴加氨水后，沉淀慢慢溶解，溶液逐渐变成橙黄色。最后再逐滴滴入双氧水，边滴边振荡试管，于是橙黄色溶液又慢慢变成暗红色溶液，这时停止滴加双氧水。

五、实验现象分析

上述实验现象的发生是由于向氯化钴的红色溶液里滴加氨水时，生成了蓝绿色 $Co(OH)Cl$ 沉淀；继续滴加氨水时，$Co(OH)Cl$ 与氨水反应，沉淀溶解，生成了橙黄色的 $[Co(NH_3)_6]^{2+}$ 溶液；在此溶液中再滴加双氧水时，由于双氧水的氧化性，$[Co(NH_3)_6]^{2+}$ 被氧化成暗红色的六氨合钴络离子 $[Co(NH_3)_6]^{3+}$。其反应过程如下：

$$Co^{2+} + Cl^- + NH_3(aq) + H_2O = Co(OH)Cl\downarrow + NH_4^+$$

（粉红色）　　　　　　　　　　（蓝绿色）

$$Co(OH)Cl + 6NH_3(aq) = [Co(NH_3)_6]^{2+} + Cl^- + OH^-$$

（橙黄色）

$$2[Co(NH_3)_6]^{2+} + H_2O_2 = 2[Co(NH_3)_6]^{3+} + 2OH^-$$

（暗红色）

六、实验注意事项

1. 所用仪器应在课前洗净、晾干。药品应纯净，不能混有杂质。

2. 在氯化钴溶液里加氯化铵固体时，氯化铵的用量宜少不宜多，且要慢慢加入。若加多的话，开始加氨水时，可能无 $Co(OH)Cl$ 沉淀生成，而是直接生成橙黄色的 $[Co(NH_3)_6]^{2+}$ 溶液。

3. 加氨水和双氧水时，不能一次加很多，应慢慢地逐滴滴加，使其慢慢反应，便于观察反应颜色的变化过程。

4. 浓氨水和双氧水对人体有强烈的刺激作用，使用时应特别注意安全。

七、问题与讨论

浓氨水的性质及中毒与急救见本书第 39 页"氨的实验"。

实验十六　变色溶液之三——Fe^{3+} 的配位能力

一、实验目的

通过实验使学生了解 Fe^{3+} 离子有强的配位能力，能与许多物质形成有特征颜色的配合物。

二、实验用品

硫氰化钾、亚铁氰化钾、酒石酸、丹宁酸、亚硫酸氢钠、铁铵矾、蒸馏水、小烧杯（100 mL）5 个、大烧杯（1 000 mL）1 个、玻璃棒 6 个、量筒（50 mL 和 100 mL 各 1 个）。

三、实验准备

1. 配制铁铵矾溶液

称取 5 g 铁铵矾 $[Fe_2(NH_4)_2(SO_4)_4 \cdot 24H_2O]$ 放到洁净的大烧杯内，再量取蒸馏水 500 mL 倒入此烧杯内，搅拌使其溶解，备用。

2. 取 5 个洁净的小烧杯，分别配制以下 5 种溶液各 50 mL：①0.1 mol/L 的 KCNS 溶液；②0.1 mol/L 的 $K_4[Fe(CN)_6]$ 溶液；③0.2 mol/L 的酒石酸溶液；④0.04 mol/L 的丹宁酸溶液；⑤0.2 mol/L 的 $NaHSO_3$ 溶液，备用。

四、实验操作及现象

向上述 5 个小烧杯里分别滴加大烧杯内的铁铵矾溶液，边滴边搅拌，至各烧杯内的溶液出现特征颜色为止，此时会出现 1 号杯内红色；2 号杯内蓝绿色；3 号杯内黄绿色；4 号杯内黑色；5 号杯内琥珀色的五种美丽景象。

五、实验现象分析

将 Fe^{3+} 溶液分别滴入 5 种不同溶液中时，由于 Fe^{3+} 离子有很强的配位能力，能形成许多有特征颜色的配合物，所以便出现了魔术般的颜色变化，发生了如下 5 种反应：

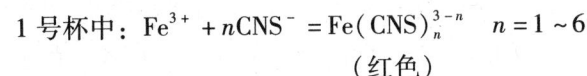

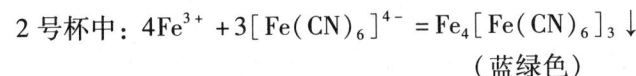

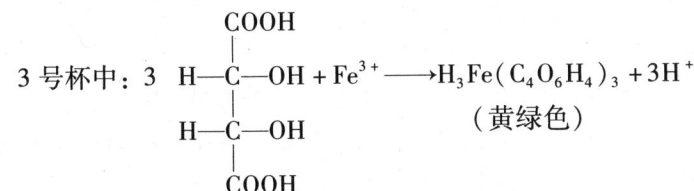

1 号杯中：$Fe^{3+} + nCNS^- = Fe(CNS)_n^{3-n}$　$n = 1 \sim 6$

（红色）

2 号杯中：$4Fe^{3+} + 3[Fe(CN)_6]^{4-} = Fe_4[Fe(CN)_6]_3 \downarrow$

（蓝绿色）

3 号杯中：
$$3\ \begin{array}{c} COOH \\ | \\ H-C-OH \\ | \\ H-C-OH \\ | \\ COOH \end{array} + Fe^{3+} \longrightarrow H_3Fe(C_4O_6H_4)_3 + 3H^+$$

（黄绿色）

4 号杯中:

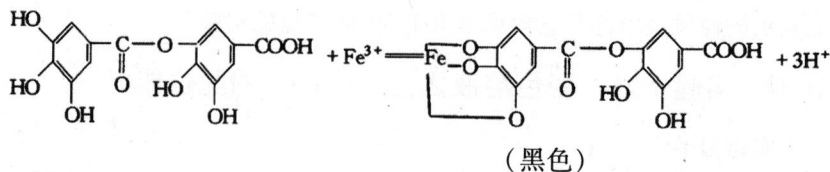

（黑色）

5 号杯中:

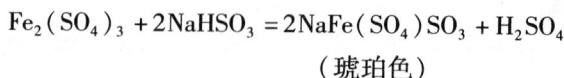

（琥珀色）

六、实验注意事项

1. 所用仪器一定要洗净（用自来水洗后，再用蒸馏水冲洗）、晾干。

2. 各溶液的浓度应配制准确，体积应相同（约为 50 mL），便于比较。

3. 各烧杯溶液应先编好号码，以免混淆。

实验十七　变色溶液之四——茶水→"墨水"→"茶水"

一、实验目的

通过实验使学生了解三氯化铁与没食子酸作用，生成络离子；二价铁离子与草酸根离子能发生光化学反应。

二、实验用品

三氯化铁（0.1 mol/L）、草酸（0.1 mol/L）、茶叶、蒸馏水、开水、烧杯（100 mL）4 个、滴瓶（100 mL）2 个、玻璃棒 3 个、白瓷板 1 个。

三、实验准备

1. 用开水泡半杯可以喝的绿茶水，弃去茶叶，备用。

2. 配制 0.1 mol/L $FeCl_3$ 溶液和 0.1 mol/L $H_2C_2O_4$ 溶液各 50 mL，分别倒入滴瓶内，备用。

四、实验操作及现象

首先实验者可以先喝一口上述绿茶水，证明此茶水是可以喝的。再取一洁净的烧杯，倒入半杯此绿茶水，并把此烧杯放在白瓷板上。然后向烧杯内逐滴滴入三氯化铁溶液，边滴边搅拌，茶水立即变成了蓝黑色的"墨水"。接着再向此"墨水"里滴加草酸溶液，边滴边搅拌，于是"墨水"又变成了"茶水"。

五、实验现象分析

首先当三氯化铁溶液滴入绿茶水中时，因茶叶中含有没食子酸，它以甙的状态结合成鞣质存在于茶水中。所以，当它与三氯化铁作用时，便生成了蓝黑色的没食子酸铁络合物。其化学反应如下：

$$2 \quad \text{HO} \underset{\text{OH}}{\overset{\text{COOH}}{\bigcirc}} \text{OH} + \text{FeCl}_3 \longrightarrow \text{H}_3\Big[\text{Fe}\big(\quad\big)_2\Big] + 3\text{HCl}$$

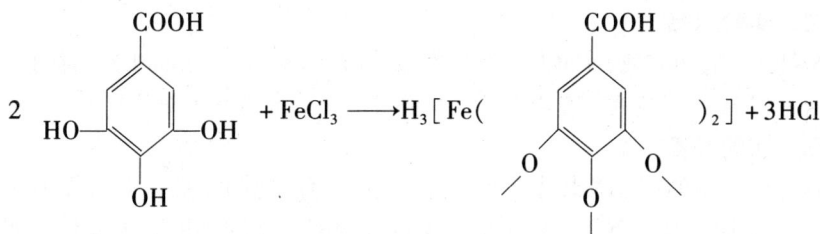

然后向此没食子酸铁络合物中滴入草酸溶液时，草酸便与蓝黑色没食子酸铁反应，生成了草酸铁。其化学反应式如下：

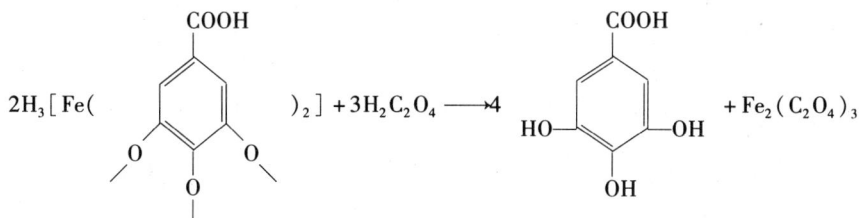

$$2\text{H}_3\Big[\text{Fe}\big(\quad\big)_2\Big] + 3\text{H}_2\text{C}_2\text{O}_4 \longrightarrow 4 \quad \text{HO}\underset{\text{OH}}{\overset{\text{COOH}}{\bigcirc}}\text{OH} + \text{Fe}_2(\text{C}_2\text{O}_4)_3$$

三价铁离子与草酸根离子在光的作用下发生光化学反应，部分 $\text{C}_2\text{O}_4^{2-}$ 离子被氧化成二氧化碳，而三价铁被还原成二价铁。所以，蓝黑色又褪去，于是蓝黑色"墨水"又变成"茶水"。其化学方程式为：

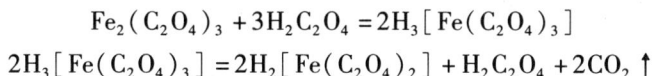

$$\text{Fe}_2(\text{C}_2\text{O}_4)_3 + 3\text{H}_2\text{C}_2\text{O}_4 = 2\text{H}_3\big[\text{Fe}(\text{C}_2\text{O}_4)_3\big]$$

$$2\text{H}_3\big[\text{Fe}(\text{C}_2\text{O}_4)_3\big] = 2\text{H}_2\big[\text{Fe}(\text{C}_2\text{O}_4)_2\big] + \text{H}_2\text{C}_2\text{O}_4 + 2\text{CO}_2\uparrow$$

六、实验注意事项

1. 向茶水中滴入三氯化铁的量，应注意不能滴的过多，过多会产生沉淀，只要茶水变成蓝黑色即可。同样向"墨水"里滴加草酸时，也应控制量且边滴边搅拌，直至蓝黑色褪去，变成"茶水"即可。

2. 实验开始时的茶水可以喝，实验后的"茶水"不能喝。因为它已不是能喝的茶水，而是 $\text{H}_2\big[\text{Fe}(\text{C}_2\text{O}_4)_2\big]$ 和 $\text{H}_2\text{C}_2\text{O}_4$ 溶液。

3. 所用的仪器都应洗净，不能带入杂质，以免影响实验效果。

七、问题与讨论

蓝黑墨水长时间暴露在空气中，特别是墨水瓶打开放在阳光下直晒，会使墨水变质，产生黑色沉淀而不能使用，这里的黑色沉淀物就是鞣酸铁。

实验十八 变色溶液之五——汽水→"牛奶"→"果汁"→"咖啡"

一、实验目的

通过在汽水中依次加入 AgNO_3、氨水、$(\text{NH}_4)_2\text{S}$ 溶液后，汽水颜色发生改变的实验，提高学生学习化学的兴趣。

二、实验用品

NaHCO₃ 饱和溶液、NaCl、柠檬酸、AgNO₃ 溶液（0.1 mol/L）、稀氨水、酚酞试液、(NH₄)₂S 溶液、玻璃茶杯（无色）1 个、玻璃棒 1 个。

三、实验准备

在一个洁净的玻璃茶杯中，倒入半杯 NaHCO₃ 饱和溶液，再向杯中加入少量 NaCl，搅拌使其溶解。然后再倒入少量柠檬酸，杯中立即产生大量气泡，便制成了可以饮用的无色汽水。

四、实验操作及现象

1. 在上述汽水中，滴入少量 AgNO₃ 溶液，边滴边搅拌，生成了白色浑浊溶液，便制成了"牛奶"。

2. 在上述"牛奶"里，加入少量稀氨水和几滴酚酞溶液，边滴边搅拌均匀，便制成了红色的"果汁"。

3. 在上述"果汁"里，滴入少量(NH₄)₂S 溶液，边滴边搅拌均匀，红色的"果汁"迅速变成了黑褐色的浓"咖啡"。

五、实验现象分析

1. 由于 NaHCO₃ 与柠檬酸反应，放出 CO_2 气体，便制成了无色的汽水。其化学反应方程式是：

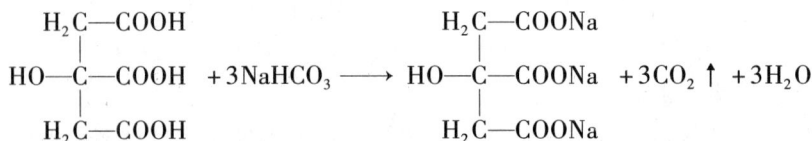

$$
\begin{array}{l}
H_2C\text{—COOH} \\
\quad | \\
HO\text{—}C\text{—COOH} \\
\quad | \\
H_2C\text{—COOH}
\end{array}
+3NaHCO_3 \longrightarrow
\begin{array}{l}
H_2C\text{—COONa} \\
\quad | \\
HO\text{—}C\text{—COONa} \\
\quad | \\
H_2C\text{—COONa}
\end{array}
+3CO_2\uparrow +3H_2O
$$

2. 在汽水中加入 AgNO₃ 溶液，由于在汽水里事先加了 NaCl，所以 NaCl 与 AgNO₃ 反应生成了白色 AgCl 沉淀。搅拌后溶液变浑浊，如同"牛奶"一样。其化学反应方程式是：

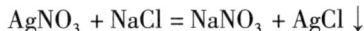

$$AgNO_3 + NaCl = NaNO_3 + AgCl\downarrow$$

3. 在"牛奶"中加入过量的氨水时，由于氨水与 AgCl 反应生成可溶性的银氨溶液，而酚酞试液在过量的氨水里显红色，所以"牛奶"又变成了红色的"果汁"。其化学反应方程式是：

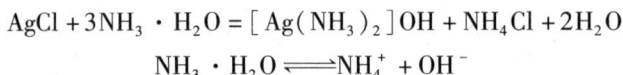

$$AgCl + 3NH_3 \cdot H_2O = [Ag(NH_3)_2]OH + NH_4Cl + 2H_2O$$

$$NH_3 \cdot H_2O \Longrightarrow NH_4^+ + OH^-$$

4. 在"果汁"中加入少量 (NH₄)₂S 溶液时，由于银氨溶液中的 Ag⁺ 和 (NH₄)₂S 溶液中的 S²⁻ 反应生成黑褐色的 Ag₂S 沉淀。振荡后的溶液很像浓"咖啡"。其离子反应方程式是：

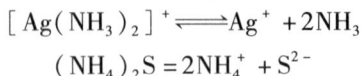

$$[Ag(NH_3)_2]^+ \Longrightarrow Ag^+ + 2NH_3$$

$$(NH_4)_2S = 2NH_4^+ + S^{2-}$$

$$2Ag^+ + S^{2-} = Ag_2S \downarrow$$

六、实验注意事项

1. 实验用的茶杯、玻璃棒应洗净，不能混入其他杂质，否则会造成实验失败。

2. 在滴加试剂时，应慢慢地逐滴滴加，注意观察现象。只要出现应有的实验现象，就应适时停止滴加，不能滴过量。滴过量会产生大量沉淀，便不成"饮料"了。

实验十九　棉球自燃之一——钠的活泼性

一、实验目的
通过实验使学生进一步了解金属钠的活泼性。

二、实验用品
金属钠、酚酞试液、蒸馏水（温水）、水槽（$\Phi = 100 \sim 150$ mm）、镊子1个、棉花、玻璃片1个、小刀1把、滤纸1张。

三、实验准备
1. 在一洁净的小型水槽中，注入半槽温蒸馏水，然后向水中滴入约20滴酚酞试液，备用。

2. 从盛金属钠的试剂瓶中取一块金属钠，放在洁净的玻璃片上，用小刀切取几粒绿豆大小的金属钠放在滤纸上，吸干钠表面的煤油后，立即把它放在一团棉球中包好，备用。同时把切剩下的钠立即放回原贮钠瓶内，盖上瓶盖。

四、实验操作及现象
上述棉球准备好后，迅速用镊子夹住，轻轻地把它放在水槽的水面上，立即可以看到棉球在水面上游动，且转到哪里，哪里的水溶液就变红，片刻棉球便自动燃烧，如似棉球在水上着火燃烧。这时水槽内的水溶液逐渐变成红色。

五、实验现象分析
上述棉球之所以能燃烧是因为棉花内的金属钠与水反应，生成氢氧化钠并放出氢气（$2Na + 2H_2O = 2NaOH + H_2 \uparrow$），又由于反应放出的热量使氢气燃烧，而氢气的火焰又引燃了棉花。因此浮在水面上的棉球便着火燃烧。加之氢气的推动，燃着的棉球便在水面上转动。同时，钠与水反应生成的碱（$NaOH$）又使酚酞显红色。故此，在棉球转动到的水溶液中，酚酞变红，所以最后水溶液显红色。

六、实验注意事项
1. 水槽等全部仪器课前应洗净，不能带进碱性离子，以免影响实验效果。

2. 所用的水应是蒸馏水，避免自来水中的杂质影响实验效果。同时还应用温热的蒸馏水，这样可使钠燃烧得更快些。

3. 为确保实验效果更明显，应掌握水与酚酞试剂的体积比，防止酚酞过少，反应过程中水溶液不显色，造成实验失败。所以实验前应反复试验其体积比，如取 100 mL 水，约滴 8 ~ 10 滴酚酞试液。

4. 实验所用的金属钠应多取几粒，以增大它与水的接触面，但也不能切得太多、太大，以免反应过分激烈而发生危险。

5. 棉花不要包得太紧，避免生成的氢气难以逸出。应包成松松的棉球，以金属钠掉不出来为宜。同时应用新的普通棉花，便于燃烧，不能用脱脂棉。

七、问题与讨论

1. 钠的中毒与急救见本书第 38 页"钠的相关实验"。

2. 金属钠可用作有机合成和某些金属冶炼的还原剂、合成橡胶的催化剂、石油的脱硫剂、核反应堆中的热载体等。另外，火箭在大气层高空施放钠蒸气，可产生明亮的橙黄色云雾。

实验二十　棉球自燃之二——汽油的燃烧

一、实验目的

通过实验使学生了解汽油是易挥发、易着火的液体，燃烧完全生成二氧化碳和水。

二、实验用品

汽油、蜡烛、烧杯（500 mL）1 个、玻璃片 2 片、棉花（脱脂棉）、镊子 1 个、火柴 1 盒。

三、实验准备

1. 取一支约 4 cm 高的蜡烛，固定在一块玻璃片上，备用。

2. 用镊子夹一团棉花，沾满汽油放在一块玻璃片上，备用。

四、实验操作及现象

用火柴同时点燃上述蜡烛和吸有汽油的棉球。点燃后，立即用烧杯罩在燃烧的棉球火焰上，棉球火焰即熄灭。然后再把烧杯拿开，已熄灭的棉球瞬间又自动着火燃烧起来，直到最后火焰熄灭。

五、实验现象分析

上述沾有汽油的棉球能自动着火燃烧，是由它的结构和性质决定的。汽油是炼制石油时得到的一种燃料，即把石油分馏时，在 120 ℃ ~ 150 ℃间沸腾分馏出来的馏出物为汽油。它是由 C_4 ~ C_{12} 的各族烃类组成的，是一种易挥发、易燃的液体，沸点范围在 220 ℃以下。一旦受热可变为可燃气体，这种气体遇火即会着火燃烧，完全燃烧时生成二氧化碳和水。

基于汽油的上述特征，故本实验棉球中的汽油开始燃烧后被烧杯盖熄，产生的气体仍在烧杯内，当拿下烧杯时，可燃性气体遇到蜡烛火焰的明火时即燃烧，所以棉球又被点燃。这就出现了上述棉球自动燃烧的现象。

六、实验注意事项

1. 用棉球沾满汽油，其吸入的量应是以汽油不会滴下来为原则。吸的过多，棉球放在玻璃片上，汽油会流出来，造成玻璃片上汽油也会燃烧。

2. 蜡烛和浸有汽油的棉球间的距离，应通过反复试做来确定它们应放置的位置，以保证实验成功。

七、问题与讨论

1. 汽油之所以有气味，是因为其中含有少量具有强烈特殊臭味的硫醇。空气中含有 1×10^{-8} g/L 的乙硫醇（C_2H_5SH）时人们便能感觉出来，而且其燃烧产物 SO_2 和 SO_3 还具有腐蚀性，所以使用和燃烧时应注意安全。

2. 自油井里提出的石油带来水分，经过沉淀分离出水分后得到"原油"。再把"原油"进行蒸馏，可以分馏出多种产品。如在 120 ℃ ~150 ℃时沸腾分馏出的烃类混合物为"汽油"；在 150 ℃~300 ℃时分馏出的分馏物为"灯油"。但在这个温度下，不单发生蒸馏作用，还发生石油的部分分解。因此，在蒸馏时还有气体产物生成。这时应停止蒸馏，可通入过热蒸气，便可蒸馏出"轻润滑油"。最后为"重润滑油"。如果只从石油精炼出汽油和灯油而不制润滑油，那么这时蒸馏釜中剩下的是"重油"。重油是石油的重要组成部分，广泛用作液体燃料，可用来进行石油的热裂。

实验二十一　魔水喷字

一、实验目的
通过实验让学生了解 $[Fe(SCN)]^{2+}$ 和 $Fe_4[Fe(CN)_6]_3$ 的生成和颜色特征。

二、实验用品
亚铁氰化钾、硫氰化钾、氯化铁、蒸馏水、小烧杯（100 mL）3 个、玻璃棒 3 个、绘图纸（白色）1 张、毛笔 2 支、塑料喷雾器 1 个。

三、实验准备

1. 取 3 个洁净的小烧杯，在第一个烧杯里配制 0.1 mol/L（20%）的亚铁氰化钾溶液 50 mL；在第二个烧杯里配制 0.1 mol/L（20%）的硫氰化钾溶液 50 mL；在第三个烧杯里配制 0.1 mol/L（5%）的氯化铁溶液 50 mL，备用。

2. 把 50 mL 氯化铁溶液倒入塑料喷雾器内旋紧喷头塞并试喷一下，备用。

3. 取一张白色的绘图纸，用一支毛笔蘸取上述亚铁氰化钾溶液，在纸的下半部从左到右写上"蓝蓝的大海"五个大字。用另一支毛笔蘸取硫氰化钾溶液，在纸的上半部从左到右写上"火红的太阳"五个大字。晾干后，如同"白纸"一样，看不出纸上有字。

四、实验操作及现象

首先展示上述制好的"白纸",然后把"白纸"贴在黑板上或画板上。拿起喷雾器,向"白纸"上有字的地方轻轻地由左向右喷洒氯化铁溶液。在纸的上部迅速出现红色的"火红的太阳"五个大红字,纸的下部出现蓝色的"蓝蓝的大海"五个大蓝字。

五、实验现象分析

上述实验现象的产生是因为:亚铁氰化钾、硫氰化钾都极易溶于水,其水溶液都是浅色或无色的。所以用它们的溶液写字或绘画,字干后几乎不显色。另外,由于它们又都能与氯化铁作用,生成新的物质呈现一定的颜色。其中,"蓝蓝的大海"是用亚铁氰化钾写的,它与氯化铁溶液发生反应,生成蓝色的络合物亚铁氰化铁(普鲁士蓝)沉淀。其离子反应方程式是:

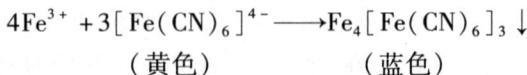

$$4Fe^{3+} + 3[Fe(CN)_6]^{4-} \longrightarrow Fe_4[Fe(CN)_6]_3 \downarrow$$
$$\text{(黄色)} \qquad\qquad\qquad \text{(蓝色)}$$

"火红的太阳"是用硫氰化钾溶液写的,它与氯化铁反应,生成红色的络合物硫氰化铁。其离子反应方程式为:

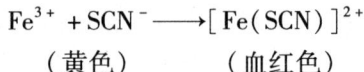

$$Fe^{3+} + SCN^- \longrightarrow [Fe(SCN)]^{2+}$$
$$\text{(黄色)} \qquad\quad \text{(血红色)}$$

六、实验注意事项

1. 此实验所显示的颜色的深浅度,取决于所配制的各种溶液的浓度。应反复探索最佳浓度,以取得应有的效果。

2. 喷洒氯化铁时,喷雾器的喷嘴应细小,使喷出的溶液呈雾状。否则,喷嘴过粗喷出的溶液会滴下来,影响实验效果。

3. 盛放氯化铁的喷雾器不能用铁制品,因铁制品容易被氯化铁腐蚀,即:$2FeCl_3 + Fe = 3FeCl_2$,可使用塑料制品或玻璃制品的喷雾器。

4. 喷雾器使用过后,应将盛放的药品倒掉并冲洗干净。

5. 所用的全部仪器课前应洗涤干净并晾干。

实验二十二　水点酒精灯

一、实验目的

通过实验让学生了解金属钠与水反应生成氢气并放出大量热量,使灯芯内的乙醇燃烧。

二、实验用品

金属钠、无水酒精、蒸馏水、玻璃棒1个、酒精灯1个、玻璃片1个、滤纸1张、镊子1个、小刀1把、剪子1把。

三、实验准备

1. 打开酒精灯把灯芯烧焦的部分剪去，并将灯芯拨散，再滴上几滴无水酒精，盖上灯帽，备用。

2. 用镊子从试剂瓶中取一块金属钠，放在干燥的玻璃片上，用滤纸吸干表面的煤油，再用小刀切除外面的氧化膜，然后切下一块赤豆粒大小的钠，并把它放到上述酒精灯的灯芯里，盖上酒精灯灯帽，备用。把切下的"钠皮"立即再放回盛放金属钠的煤油瓶里，盖好瓶盖。

四、实验操作及现象

打开酒精灯灯帽，取一洁净的玻璃棒，沾满蒸馏水并将水滴在上述酒精灯灯芯上，酒精灯立即被点燃，如同水把酒精灯点燃一样。

五、实验现象分析

上述现象的产生是因为灯芯上的金属钠遇玻璃棒滴下的水，发生激烈反应，生成氢氧化钠和氢气（此处少量氢气不发生燃烧），并放出大量热量。其热量超过了易燃的酒精（即乙醇）的燃点，从而使酒精着火燃烧，而酒精在燃烧时又放出大量热量。因此，出现了上述所谓"水点酒精灯"的现象。其反应过程如下：

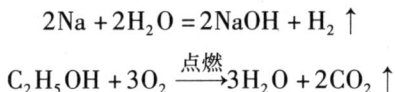

$$2Na + 2H_2O = 2NaOH + H_2 \uparrow$$

$$C_2H_5OH + 3O_2 \xrightarrow{点燃} 3H_2O + 2CO_2 \uparrow$$

六、实验注意事项

1. 取用金属钠应用镊子夹取，不能用手拿，以免灼伤手。同时取用时动作应迅速，以免钠表面被氧化。

2. 切下的金属钠氧化膜，应同剩下的金属钠一并放回原试剂瓶，不能随便乱丢，更不能丢在水池里，以免发生爆炸事故。

3. 做此钠与水的反应时，为确保实验成功，还应注意以下几个问题：

①所用的酒精灯灯芯最好是新用不久的，且灯芯要粗。

②滴在灯芯上的酒精，最好是无水酒精，同时还应使灯芯吸得足够满。

③钠块要足够大且埋在灯芯内不易被发现。

④向灯芯滴水时，应逐滴滴入，避免水滴得过快过多，甚至流出来，造成温度低，灯芯不能被点燃而使实验失败。

实验二十三 冰柱着火燃烧

一、实验目的

通过生动的趣味实验使学生进一步了解乙炔的制取及可燃性。

二、实验用品

电石（碳化钙）、冰柱、蒸发皿 1 个、火柴 1 盒。

三、实验准备

在一个洁净的蒸发皿里放入一块冰柱，然后在冰柱上埋放几块电石，备用。

四、实验操作及现象

首先把上述盛放冰柱的蒸发皿放在实验台上，然后用火柴去点燃冰柱，冰柱迅速变成一团烈火，产生明亮耀眼的火焰和浓烟，并且带有一点臭味，好像冰柱能着火燃烧一样。

五、实验现象分析

上述实验现象表面看好像冰柱能被点燃，而且越烧越旺。其实能着火燃烧的并不是冰柱，而是冰柱上可燃的乙炔。因为点燃之前事先在冰柱上放了几块电石，当燃烧的火柴接触冰柱时，它的热量能够使冰柱开始有少量融化，出现少量水。因电石颇易溶于水，这时电石一遇到水就发生剧烈的化学反应，生成可燃性气体乙炔。而乙炔遇火即燃烧，放出热量。产生的热又进一步使冰柱融化，融化后的水又与电石反应，再生成乙炔。因此，随着冰柱的逐渐融化，乙炔不断地产生，致使火焰越烧越旺，直至电石消耗完，火焰才渐渐地熄灭。最后冰柱变成糊状的石灰浆。其反应过程是：

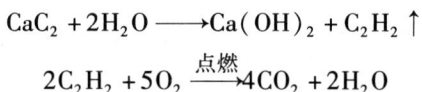

$$CaC_2 + 2H_2O \longrightarrow Ca(OH)_2 + C_2H_2 \uparrow$$

$$2C_2H_2 + 5O_2 \xrightarrow{\text{点燃}} 4CO_2 + 2H_2O$$

根据上述反应，可用电石制作乙炔灯，用于照明。

六、实验注意事项

1. 由于电石遇水迅速反应，因此，当冰柱上放好电石后，应立即进行点燃。尤其是夏季冰柱易融化，更应快速进行点燃。

2. 取用电石后，应立即盖好盛放电石的试剂瓶，避免电石吸潮，生成可燃性气体乙炔。

七、问题与讨论

1. 乙炔分子里含碳量较甲烷、乙烯高，所以在不完全燃烧下，生成碳的固体颗粒，再经强热就产生明亮耀眼的火焰和黑烟。

2. 纯净的乙炔是无色无臭的。但是，用商业电石制取乙炔时，由于这种电石中含有 CaS、Ca_3P_2、Ca_3As_2 等杂质，它们也能与水反应，生成 H_2S、pH_3、AsH_3，因而产生特殊的臭味。其反应的化学方程式如下：

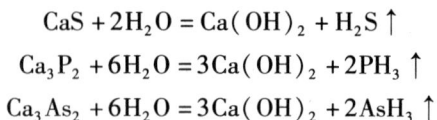

$$CaS + 2H_2O = Ca(OH)_2 + H_2S \uparrow$$

$$Ca_3P_2 + 6H_2O = 3Ca(OH)_2 + 2PH_3 \uparrow$$

$$Ca_3As_2 + 6H_2O = 3Ca(OH)_2 + 2AsH_3 \uparrow$$

3. 乙炔在氧气中燃烧可产生 3 500 ℃的高温和强光,可用于焊接或切割金属并用于夜航标志灯等。

实验二十四　不烧手的火焰

一、实验目的

通过实验使学生了解四氯化碳和二硫化碳混合点燃,产生不烧手的低温冷火焰的原因。

二、实验用品

四氯化碳、二硫化碳、量筒（50 mL 和 10 mL 各 1 个）、烧杯（100 mL）1个、蒸发皿 1 个、玻璃棒 1 个、白纸 1 张、火柴 1 盒。

三、实验准备

分别量取 25 mL 四氯化碳和 10 mL 二硫化碳并倒入一个洁净的烧杯里,用玻璃棒轻轻搅拌,混合均匀,备用。

四、实验操作及现象

把上述混合液倒在一干燥洁净的蒸发皿中,稳放在实验台上。用火柴点燃混合液,混合液立即燃烧,有淡蓝色的火焰。然后手拿一张白纸,放在火焰上试燃,结果纸没有被点燃,手也没有烧伤,一切都安然无恙。

五、实验现象分析

上述实验现象的产生,是因为在反应物中的二硫化碳不仅可以燃烧,而且反应是放热的,其火焰温度较高。化学反应方程式为:

$$CS_2 + 3O_2 \xrightarrow{\text{点燃}} CO_2 + 2SO_2$$

但是,在二硫化碳中混入一定量的四氯化碳再点燃时,火焰的温度则变得很低。这是因为四氯化碳虽不燃烧,但易蒸发,且蒸发时要吸收大量的热。又由于四氯化碳的蒸发不仅使二硫化碳的火焰不能集中,且使其被四氯化碳的蒸气所笼罩,以致不能完全燃烧。故二硫化碳燃烧的火焰,由高温的火焰变为低温的"冷火焰"。故此火焰不能使纸燃着,也烧不伤手。

六、实验注意事项

1. 所用的全部仪器都应在课前洗净、晾干。

2. 四氯化碳和二硫化碳都易挥发,且有毒。在实验室的条件下,因其用量很少,一般是轻度中毒。只要发现中毒,立即离开中毒现场,呼吸新鲜空气即可。同时操作时应站在上风口,注意通风。

3. 在四氯化碳和二硫化碳的混合液中,四氯化碳应过量,这样可使二硫化碳燃烧的火焰一直处于低温,直至燃烧完毕。

4. 实验过后蒸发皿内的剩余物应及时处理掉。可用氢氧化钾的醇溶液溶解，然后用水洗涤干净。

七、问题与讨论

1. 纯净的二硫化碳是无色液体，很易流动，带有醚的气味，但通常含部分分解产物，呈黄色，具有恶臭。二硫化碳几乎不溶于水，通常也不与水化合，易挥发，46 ℃即可沸腾，其蒸气极易燃烧爆炸，呈蓝色火焰，加热分解为碳和硫。二硫化碳蒸气有毒，吸入含有0.3%或更高浓度的二硫化碳的空气后，会迅速引起严重的疾病，造成中枢神经系统紊乱。在企业的空气中，其最高容许含量为0.01 mg/L。二硫化碳蒸气虽有毒，但它是脂类、树脂、橡皮、碘、磷和硫的优良溶剂，也广泛地应用于防止农作物虫害的杀虫剂中。

2. 四氯化碳的中毒与急救见本书第48页"四氯化碳的实验"。

实验二十五　手帕燃烧——乙醇的燃烧

一、实验目的
通过生动的实验使学生了解乙醇的易燃性。

二、实验用品
灯用酒精或医用酒精、烧杯（500 mL）1个、坩埚钳1个、酒精灯1个、纯棉手帕2条、火柴1盒。

三、实验准备
1. 取实验用的灯用酒精或医用消毒酒精200 mL倒在一洁净的烧杯里，备用。

2. 将棉质手帕洗净、晾干，备用。

四、实验操作及现象
1. 首先把酒精灯放在实验台上并点燃。

2. 将一干净的纯棉手帕浸入上述盛放酒精的烧杯中，浸湿透后用坩埚钳夹住一角，举起来让多余的酒精淌入烧杯里，然后取出来在酒精灯火焰上点燃。手帕立即燃烧。火焰由下而上越烧越旺，如同手帕在燃烧一样。当火焰稍小后，迅速将正在燃烧的手帕用手拿起，用力抖动，或双手把手帕迅速握在手心里，火焰即可熄灭。然后拉开手帕观看，手帕仍然完好无损。

五、实验现象分析
酒精（C_2H_5OH）容易燃烧，和水能以任何比例混合，但水不能燃烧。当点燃手帕上的酒精水溶液时，它们逐渐蒸发成酒精蒸气和水蒸气。由于产生的水蒸气不可燃，相对地减少了酒精蒸气的浓度。同时，因为有水的存在，酒精蒸气燃烧时放出的热量，必然有一部分要消耗在水的加热与汽化上，这样总共消耗的热量就更多。所以火焰的温度也就相对降低了。因此，点燃酒精溶液时，酒精燃烧而水却留在手帕上，使温度达不到手帕的着火点，这样就保护了手帕不被燃烧，生动地给学生留下了手帕烧不坏的印象。其化学反应式如下：

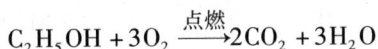

$$C_2H_5OH + 3O_2 \xrightarrow{\text{点燃}} 2CO_2 + 3H_2O$$

六、实验注意事项

1. 点燃手帕后，燃烧的时间不要过长。时间过长，水分蒸发干后，手帕也会被烧坏。

2. 点燃手帕时要从手帕的下端点，这样从上向下流的酒精会不断燃烧。如从上端点燃，局部酒精燃烧完后手帕便会燃烧。

3. 此实验所用酒精与水的比例与手帕燃烧的时间应经过多次实验，找出最佳方案后，方可在课堂上实验。如使用无水酒精，则酒精与水的比例可为2:1。灯用酒精和医用酒精可不用配水。至于燃烧时间，视手帕大小而定。

4. 点燃浸有酒精的手帕时，不能用手拿手帕，应用坩埚钳夹着点燃，以免把手烧伤。

5. 为预防实验失败，手帕可多准备一条备用。

七、问题与讨论

表5-6　酒精与饮用酒的乙醇含量

类别	乙醇含量（体积百分比）
无水酒精	99.5%
普通酒精	95.57%
饮用白酒	50%~70%
饮用黄酒	8%~15%
饮用葡萄酒	6%~20%
饮用啤酒	3%~5%
实验灯用酒精	70%
医用消毒酒精	75%

普通酒精含乙醇95.57%和水4.43%，是恒沸点的混合物，它的沸点是78.15 ℃，比纯乙醇的沸点（78.5 ℃）略低。用普通酒精加生石灰处理，经蒸馏可提纯制取无水酒精（99.5%乙醇），再加金属镁处理可得到绝对酒精（100%乙醇）。

实验二十六　地雷阵

一、实验目的

通过生动的实验使学生了解碘化氮不稳定，受振荡、碰撞极易发生分解性爆炸，并使学生掌握危险实验的操作方法。

二、实验用品

碘、浓氨水、普通漏斗1个、滤纸、烧杯1个、木棒1个、量筒1个、木板1个。

三、实验准备

1. "地雷"——碘化氮的制备

①首先把滤纸放入干燥洁净的普通漏斗里，再把此漏斗固定在铁架台的铁圈上，然后再在漏斗下放一个干燥洁净的烧杯，备用。

②称取 1~2 g 碘的粉末，放在 500 mL 的烧杯中，然后加入 50~100 mL 浓氨水，用木棒不断地轻轻搅拌，使碘和浓氨水充分反应。然后将此悬浊液倒在普通漏斗里进行过滤。这时烧杯内仍残留许多未反应的碘，可以将烧杯里的滤液再倒回原烧杯，轻轻搅拌使氨水与未反应的碘再次反应，然后再过滤。如此反复操作使碘与浓氨水充分反应。最后将原烧杯中残留的固体全部转移到滤纸上。

当漏斗内尚有少量液体未滤出时，即可将滤纸从漏斗中取出，把滤饼平铺在木板上。

2. 地雷阵的布置

用木棒迅速将滤纸上的滤饼泼洒在水泥地面上，晾干 30~60 min，即可进行表演。

四、实验操作及现象

让学生在撒有滤饼的地面上走动，在自己的脚下立即会发出爆炸声，随着脚步的移动将发出连续的爆炸声。如果很多人走动，爆炸声如同地雷遍地开花。若天气晴朗甚至有风吹动时也会发出爆炸声，但这种脚踩爆炸只是惊奇而没有危险。

五、实验现象分析

上述现象产生的原因是：在常温时，碘跟浓氨水反应生成一种暗褐色的物质，通常称之为碘化氮，实际上该暗褐色物质是带有不同数量氨的碘化氮化合物，如 $NI_3 \cdot NH_3$、$NI_3 \cdot 2NH_3$，其中 $NI_3 \cdot NH_3$ 为红铜色针状晶体，而 NI_3 为黑色。其化学反应方程式如下：

$$5NH_3 + 3I_2 = NI_3 \cdot NH_3 + 3NH_4I$$

当碘化氮干时，极易分解发出爆炸声，故极轻微的触动（如受震动、碰撞或脚踩）即可引起爆炸。化学反应方程式如下：

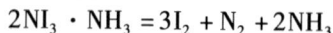

$$2NI_3 \cdot NH_3 = 3I_2 + N_2 + 2NH_3$$

爆炸时，由于有热量放出，从而使生成的碘变成紫色的碘蒸气。所以当用脚踩时，伴随爆炸声有股紫烟冒出。

六、实验注意事项

1. 由于氨是易挥发有刺激性臭味的气体，而碘的蒸气也有特殊臭味，对人的呼吸器官、眼睛和皮肤都有刺激作用，故操作时应特别小心，尤其是脸部应避开药品。

2. 因为碘化氮极易分解爆炸，甚至在潮湿时也会爆炸分解，所以过滤时滤饼一旦成稠糊状就应停止过滤，取下放在木板上并迅速泼洒。不能等漏斗内液体全部流出，滤饼已干才拿下泼洒，这样会造成泼洒时就可能发生爆炸，致使操作者被炸伤。为此，碘化氮糊不要调稀，也可以不过滤，直接泼洒，晾干。

3. 因碘化氮易爆炸，所以不要多制，而且制多少都要一次用完，特别是碘，更不能取多。

4. 泼洒在地面上的碘化氮糊，应在干后再用脚踩，不能在糊上踩，否则鞋底粘上糊，糊干会自行爆炸。

5. 实验过后应立即清洗所用的仪器和用品。

七、问题与讨论

本实验经过多次试验，得出以下几组数据供参考。

表 5-7 地雷阵实验数据

碘量 (g)	浓氨水 (mL)	搅拌时间 (min)	撒在地面上的爆炸时间 (min)	过滤与否	备注
1	50	20	20	过滤	经过滤，滤饼干的较快
1	50	30	10	过滤	10~20 min 后便能爆炸
1	50	20	30	未过滤	未过滤，滤饼干的较慢
1	50	20	40	未过滤	需 30~40 min 才会爆炸

第三单元 教学实验研究

实验一 电解水课堂实验的教学

本实验介绍的电解水实验的方法，是用 1 mol/L 的硫酸钠溶液作电解质，再加入溴甲酚绿指示剂并将该溶液的 pH 调到接近 4.5（即溴甲酚绿的近似 pKa 值）。当电解进行时，学生不仅可以观察到阴阳两极产生的气体，而且还能看到两玻璃管内溶液颜色的变化，并通过颜色的变化，进而了解两极溶液 pH 的变化，从而总结出两个半电池反应和整个电解反应。

一、溶液的配制

1. 配制 1 mol/L 硫酸钠溶液 200 mL，再分别配制 1 mol/L 醋酸溶液、

1 mol/L硫酸溶液、0.01 mol/L 和 1 mol/L 氢氧化钠溶液各 20 mL。

2. 配制溴甲酚绿指示剂溶液 20 mL：将 0.1g 溴甲酚绿溶于 15 mL 0.01 mol/L氢氧化钠溶液中，然后加入蒸馏水稀释至 20 mL。

二、实验步骤及现象

1. 将 20 mL 溴甲酚绿指示剂溶液倒入盛有 200 mL 1 mol/L 硫酸钠溶液的烧杯里，搅拌均匀，然后滴入 1 mol/L 醋酸溶液，边滴边搅拌至混合液呈现清绿色为止。用广泛 pH 试纸检验，这时溶液的 pH 近似为 4.5。

2. 将上述溶液倒入水电解器中至满，然后关闭两玻璃管上的活栓。

3. 将阴阳两极接上电源，进行电解。随着电解的进行，两极产生了气体，溶液颜色逐渐发生变化。这时可引导学生观察，溶液由清绿色逐渐变成黄色的一极，产生的气体较少；溶液由清绿色逐渐变成蓝色的一极，产生的气体较多，然后比较得出两气体的体积比是 1:2。

4. 引导学生进行两种气体性质和两极溶液酸碱性的检验：

①用小试管收集体积较多的气体并移向酒精灯，进行点燃，则产生轻微的"卟"声，证明该气体是氢气，该电极是阴极。阴极区溴甲酚绿呈现蓝色，说明阴极区溶液呈碱性，pH 为 10~11。

②用小试管收集体积较少的气体，将点燃的木条插入试管时，木条燃烧更旺，证明该气体是氧气，该电极是阳极。阳极区溴甲酚绿呈现黄色，说明阳极区溶液显酸性，pH 为 3~4。

5. 最后将电解器中黄、蓝两种颜色的溶液倒入烧杯中，混合液又变成最初的绿色，这时溶液的 pH 为 4~5。

6. 实验结束后引导学生讨论总结，写出电解水的反应式。通过对以上电解现象的观察、产物的检验以及对现象的讨论和分析，学生不难写出以下电解水的反应式：

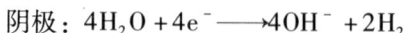

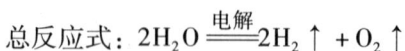

$$阳极：6H_2O \longrightarrow 4H_3O^+ + O_2\uparrow + 4e^-$$
$$阴极：4H_2O + 4e^- \longrightarrow 4OH^- + 2H_2$$

$$总反应式：2H_2O \xrightarrow{\text{电解}} 2H_2\uparrow + O_2\uparrow$$

三、问题与讨论

1. 在未进行电解之前，先用两支洁净的小试管各取 1 mL 待电解溶液，然后向一支试管里滴入 1~2 滴 1 mol/L 的硫酸溶液，溶液呈现出溴甲酚绿在酸性溶液中的颜色——黄色；再向另一支试管中滴入 1~2 滴 1 mol/L 的氢氧化钠溶液，则呈现溴甲酚绿在碱性溶液中的颜色——蓝色（以供电解时作比较之用）。

2. 氧气和水合氢离子在阳极产生，氢气和氢氧根离子在阴极产生。同时，阳极每产生 1 体积的氧气，阴极便同时产生 2 体积的氢气，而且阳极和阴极分别产生的酸性（指示剂显黄色）和碱性（指示剂显蓝色）溶液，混合后彼此恰好中和（指示剂显绿色）。

实验二　电解水最佳条件的选择

现行义务教育课程标准实验教科书九年级上册第三单元课题一"水的组成"安排了"水的电解实验"。它是利用简易的水电解器，在直流电的作用下，电解生成氧气和氢气，且它们的体积比约为 1:2。理论上体积比是 1:2，但实际上体积比略有误差，原因是多方面的。下面对其误差原因作简要分析，并提出电解水的最佳条件，以保证产气的体积比达到理论值。

1. 氧氢两气体在水里的溶解度不同（如 20 ℃时，101 kPa 下氧气的溶解度为 31 mL/L，而氢气的溶解度为 18.2 mL/L），致使两管内水压不等，造成误差。为了减少此误差，可在实验前先电解一段时间，使电解产生的氧气和氢气，分别在测量气管的液体里溶解达到饱和，然后放出两管聚集的气体，重新调整后，再开始实验。

2. 电极的氧化产生副作用，使氧气量减少。这与电压的高低有关。电压愈低，电解速度愈慢，电极氧化速度愈快，氧气溶于水的量就愈多。反之，电压愈高，电解速度愈快，电极氧化速度愈慢，氧气溶于水的量就愈少，这样氧氢气体的体积比误差就愈小。因此，电压应控制在 18～24 V 之间为宜。

3. 电极材料不同，电解生成的气体体积比也有差异，但电极材料的选择应与电压、电解液及其浓度和电解时间的选择一并考虑。现将实验测得的各种数据列表如下，供参考。

表 5 – 8　电解水条件的选择及效果

电极材料	电解液	电解液浓度	电压（V）	电解时间（s）	O_2 和 H_2 的体积比
铂金片（市售电解器配套的铂金片，含铁等杂质）	稀 H_2SO_4	10%	18	56	5.6:11.2
		15%	24	32	5.1:10.2
铂金丝（纯铂金）	稀 NaOH	10%	18	85	4.8:9.6
		15%	24	50	5:10
纯铁丝或普通铁丝（含铅等杂质）	稀 NaOH	15%～20%	18～24	36～60	5.3:10.6
		5%～10%	18～24	120 以上	接近 1:2

从表 5 – 8 可见，在相同电压（18～24 V）、相同浓度的硫酸或氢氧化钠作电解液的条件下，有条件的学校可选用铂金丝作电极，效果最好。在一般学校

可选用铂金片（含铁等杂质）、纯铁丝或普通铁丝作电极，效果也是很好的。

实验时应注意：

1. 氢氧化钠溶液一定要用蒸馏水配制，而且还应过滤，否则，电解时泡沫较多，影响观察。

2. 电解器应洗净、晾干，所用的电极材料实验前也应除去其表面的杂质和锈斑，再洗净、擦干。

3. 各种电解质的浓度应配制准确。

4. 电解时应认真仔细地观察，准确地记录电解时两气体的体积比和最终的电解时间。

实验三　氢气性质的两个课堂实验的教学研究

现行《义务教育化学课程标准》第三单元关于氢气的性质实验中安排了"氢气吹肥皂泡"与"氢气和空气的混合点燃爆炸"两个实验。本文仅就此两个实验的教学进行探讨。

一、氢气吹肥皂泡

做好此实验使之百发百中，引人入胜的关键是：

1. 氢气要干燥

为此，可在启普发生器的导气管处接一个盛放碱石灰和棉花的干燥管，以便脱水和除去酸雾。这里最好使用1:4的稀硫酸和锌反应制取氢气。

2. 吹泡要细心

通氢气前要把橡皮导管剪平再蘸取肥皂液，然后慢慢开启气体发生器活栓。当形成小气泡时（约有绿豆大），就应慢慢竖起橡皮管，让气体继续向上由小到大吹，以防止突然吹大而炸裂或吹歪而滑掉。待氢气泡吹到一定大时，利用腕力轻轻摆动橡皮管，肥皂泡即脱离管口而上飘。

3. 使用中性肥皂液

中性肥皂液的参考配方：10 mL 原汁海鸥洗涤剂（或其他洗涤剂）加甘油调匀；1.6 g 合成洗衣粉加 15 mL 蒸馏水（或雨水），再加 8～10 滴甘油调匀至无颗粒残留；0.4 g 香皂加 10 mL 蒸馏水、5～6 滴甘油调匀，待用。但不能用碱性过大的物质，如洗衣皂来调制，因为钠肥皂遇氢气中的酸雾，就会起复分解反应变成脂肪酸。也不能用自来水调制，因硬水中含有 Ca^{2+}、Mg^{2+}、SO_4^{2-} 等离子，它们与肥皂作用会有不溶性物质产生，这样气泡就不易长大。

4. 做对比实验

为说明氢气的密度小，给学生留下氢气泡上飘的生动而深刻的印象，可以用燃着的木条去点燃上飘的氢气泡。也可用嘴吹一些肥皂泡与氢气泡比较，从它们的运动方向来说明。

5. 要复习巩固

做完实验可用顺口溜进行小结，以提高学生的兴趣，有利于学生复习巩固："氢吹肥皂泡，中性肥皂好；粘度需适宜，去找甘油调；橡皮管吹泡，轻甩即上飘；空中去点火，声响泡报销。"

二、氢气和空气的混合点燃爆炸

将一铁制罐头（或塑料圆筒）圆筒（直径约 7 cm、高约 8 cm）底部打一小孔（孔的大小以能塞进一根火柴梗为宜），用向下排气法快速收集氢气至满（大约需 1~2 min）并进行筒内氢气的纯度检验。试纯后关闭启普发生器的导气管活塞，慢慢抽出橡皮导气管并将启普发生器移远。拔掉罐头盒上的火柴梗，立即点燃氢气，即发生燃烧和爆炸。

此实验应做到"一点即燃、燃后要响、响后即炸"。为此，需注意以下五个问题：

1. 氢气逸速快，气体要干燥

氢气需用启普发生器来制取，这样氢气能很快充满铁筒（或塑料筒）。反之，用简易装置收集氢气速度太慢，且易扩散，致使筒内无法收集到纯氢气，这样，进行点燃时便会出现"一点即炸"。同时，制取氢气需要用碱石灰进行干燥，否则氢气因含水分或酸雾过多，进行点燃时也会造成"一点即炸"。

2. 橡皮导气管，插入圆筒底

收集氢气时，应用橡皮管（不可用玻璃导管）插入筒底。这样不仅能使筒内的空气尽量排空，而且收集完毕时可以边收集边抽出导气管，空气不易进去，氢气也难以逸出。

3. 桌面与筒面，干燥且不平

桌面上如果有水会使筒边缘与桌面结合紧密（如同"水封"），或桌面与筒边缘都很平滑，也会使筒边与桌面结合较紧。此时，点燃氢气后，空气不易进去，会造成"一点即燃、燃后不炸"。因此，收集氢气时，应选择桌面干燥且又不太平的位置，或把筒边事先剪掉一点，使筒口边与桌面有一点空隙。这样点燃氢气时，随着氢气的燃烧，空气不断从筒下面补充，达到爆炸极限时便会爆炸。

4. 氢气需试纯，动作快而稳

为防止"一点即炸"或"一点不炸"的现象发生，在点燃之前还必须进行氢气的试纯，方法是：拔掉筒底的火柴梗，用 5 mL 的小试管在小孔处用向下排气法收集氢气，收集片刻后，一边用拇指堵住试管口，一边立即将火柴梗重新塞住洞孔，然后点燃小试管里的氢气，进行试纯检验。

试纯后迅速抽出筒内橡皮管，移去启普发生器，立即燃着系在木棒上的酒精棉花，迅速拔掉筒上的火柴梗，点燃氢气。这时可让学生静静地听纯氢气燃烧时发出的"卟"的声音,同时观察到淡蓝色火焰(筒后要衬一白色纸屏以便于学生观察),燃烧片刻后,便可听到筒内发出由弱到强的"呜呜"声。这是爆炸前的预示,而后瞬间便发出震耳欲聋的爆炸声。爆炸的气浪随即把铁筒(或塑料筒)冲得很高。

5. 生动的小结,提高了兴趣

做完实验可用顺口溜写在黑板上或制成幻灯片等进行小结,使现象再现,便于学生复习巩固:"氢气易扩散,勿用简仪器;取个小铁筒,筒底留有孔;圆筒口不平,导管插筒顶;筒孔插火柴,下边灌氢气;待到气收满,装置快移远;拔出火柴梗,去点筒孔氢;片刻筒跳舞,炸声震太空。"

实验四　Mn₂O₇的强氧化性实验新方法

Mn_2O_7的强氧化性是众所周知的,但如何用实验来证实众说不一。以下实验可以既安全又生动形象地证实Mn_2O_7的强氧化性。

一、反应原理

高锰酸钾与浓硫酸作用时,生成浅棕色的MnO_3^+,继而生成Mn_2O_7(高锰酸酐)。

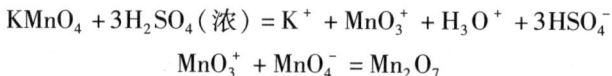

$$KMnO_4 + 3H_2SO_4(浓) = K^+ + MnO_3^+ + H_3O^+ + 3HSO_4^-$$

$$MnO_3^+ + MnO_4^- = Mn_2O_7$$

Mn_2O_7是棕绿色油状液体,只在0 ℃以下稳定,在常温时能发生爆炸性分解,生成MnO_2和O_2(含有相当多的O_3)。它具有很强的氧化性,酒精、乙醚以及其他有机物与它接触即燃烧。

$$2Mn_2O_7 + C_2H_5OH = 4MnO_2 + 3H_2O + 2CO_2 \uparrow$$

二、实验步骤及现象

1. 将100 mL(或50 mL)浓硫酸注入容量为500 mL的玻筒中,然后将此玻筒浸入盛有半杯水的2 000 mL的大烧杯中。用移液管分四次将100 mL(或50 mL)无水乙醇沿玻筒内壁仔细地注入玻筒,使乙醇与浓硫酸形成明显的界面。

2. 轻轻碰动一下上述玻筒,使乙醇和浓硫酸在界面处有极少部分混合,然后向玻筒中小心地撒入少量高锰酸钾晶粒。其方法是:先进行试探性地投入3~4粒高锰酸钾晶粒,然后在45 s内分三次将0.047 9 g高锰酸钾全部加入。当高锰酸钾晶粒接触到浓硫酸时,在界面处随着高锰酸钾的缓缓下降与浓硫酸发生反应,有气泡生成。约半分钟后有绿色物质出现并缓缓下降,且不断有细小颗粒随气泡上下浮动到界面处。此现象持续两分半后,便开始在界面处出现闪光点(带有光的小爆炸声),大约间隔几秒钟便有一个闪光点出现,接着能连续10 min不断地出现闪光点。

如果还想继续观察上述现象，可以将第二份或第三份高锰酸钾晶粒（如第二份 0.120 5 g）在 1 min 内分三次加入，则又会连续出现闪光点。待反应又持续 30 min 左右，气泡慢慢减少，最后趋于停止，这时界面处有褐色二氧化锰飘浮堆积，筒底沉下棕紫色物质。

三、注意事项

1. 高锰酸钾晶粒不宜呈粉末状，也不宜粗大，以半个芝麻粒大小为宜。

2. 浓硫酸与乙醇在界面处应极少量混合，这样会使生成物 Mn_2O_7 发生爆炸性分解的同时，乙醇着火燃烧，出现的闪光会更频繁、更明显，效果更好。

3. 此实验带有一定的潜在危险性，除操作应小心外，为防止意外事故的发生，操作时最好在大烧杯后放一个高于大烧杯的黑色半圆形的硬纸屏。这样既能使实验操作安全，又能使闪光现象更加明显。

4. 反应后废液的处理：反应后剩余物上层是易燃的乙醇，下层是未反应完的浓硫酸和反应后的剩余物，都是强腐蚀、强氧化性或易燃的物质，必须认真处理，不能随便倒入废液缸。其处理方法是：先用移液管吸出上层乙醇，然后将下层的废液倒入废碱液中（这样可使浓硫酸稀释并发生中和反应）。经处理后的废液方能倒入废液缸中。

实验五　彩色振荡实验研究

一、实验原理

该实验是指示剂二氯蓝靛酚钠的溶解性及其在不同 pH 溶液中颜色的变化应用于讲解 pH 概念的一个有趣的补充实验。现以下式表示：

$$A^- \underset{OH^-}{\overset{H^+}{\rightleftharpoons}} HA$$

（蓝色水溶液）（红色有机溶液）

式中 A^- 是 HA 的配对基，溶于水后溶液显深蓝色，在酸性溶液中显红色。HA 本身是红色的中性物质，在酸性和碱性溶液中均显红色，溶于有机溶剂（如 $CHCl_3$）亦显红色。

在整个实验过程中，由于水层 pH、A^- 和 HA 在水中溶解性的变化以及液层界面的完全混合与分离，使得不同时刻分液漏斗内上下液层呈现不同颜色。美丽的实验现象，既激发了学生学习化学的兴趣，又使学生学到了 pH 的基本知识。

二、实验步骤及现象

1. 取一洁净的 250 mL 的分液漏斗，倒入 100 mL 蒸馏水和 50 mL 三氯甲烷，轻轻摇动分液漏斗，使其混合。静止后上下两层均为无色（如图 5 - 3 的 a，上层是水，下层是三氯甲烷）。

2. 图 5-3 的 a→b：向上述分液漏斗中加入 A⁻ 溶液 50 mL，上层（H₂O）立即呈深蓝色（A⁻ 离子溶于水），下层（三氯甲烷）仍为无色。充分振荡分液漏斗，使上下两层液体混合。静止后上层是深蓝色，下层仍是无色（如图 5-3 的 b）。

3. 图 5-3 的 b→c：向上述分液漏斗中再加入 0.5 mL 1 mol/L 的盐酸，用玻璃棒轻轻搅动上层溶液（注意不使上下层液体混合），则上层 A⁻（蓝色）立即变成了 HA（红色），下层仍为无色（如图 5-3 的 c）。此时上下两层在未混合之前，红色仍保持在上层液体中。这时上层液体的 pH 约等于 3。

4. 图 5-3 的 c→d：将上述分液漏斗的液体剧烈振荡约 2 min，使上下液层充分混合。部分上层溶液中中性的 HA 分离进入下层 CHCl₃ 中，这时上下液体均为红色（如图 5-3 的 d），因为 HA 在中性的 CHCl₃ 中显红色。这时上层液体的 pH 约等于 7。

5. 图 5-3 的 d→e：将上述状态下的液体再剧烈振荡约 3 min，这时大部分中性的 HA 由上层水中进入到下层 CHCl₃ 中，故下层呈现红色，上层红色变浅。如果振荡时间充足，上层的红色会几乎看不到（如图 5-3 的 e）。这时上层液体的 pH 约等于 3。

6. 图 5-3 的 e→f：向上述状态下的分液漏斗中再加入 1 mL 1 mol/L 的 NaOH 溶液，开始时由于上下两层液体没有混合，上层水溶液虽呈碱性，但是颜色没有变化。当轻轻摇动漏斗，部分红色的 HA 在碱性条件下转化为蓝色的 A⁻，进入上层水溶液中，致使上层水溶液又呈蓝色（含有 A⁻），下层仍呈红色（含有未转化的红色 HA）。这时上层液体的 pH 约等于 8（如图 5-3 的 f）。

7. 图 5-3 的 f→b：将上述状态下的分液漏斗再剧烈振荡 2~3 min，使上下两层液体充分混合，以使 HA 全部转化为 A⁻ 并进入上层溶液层。这时又再次出现步骤 2 中上层蓝色、下层无色的现象。这时上层溶液的 pH 为 7。

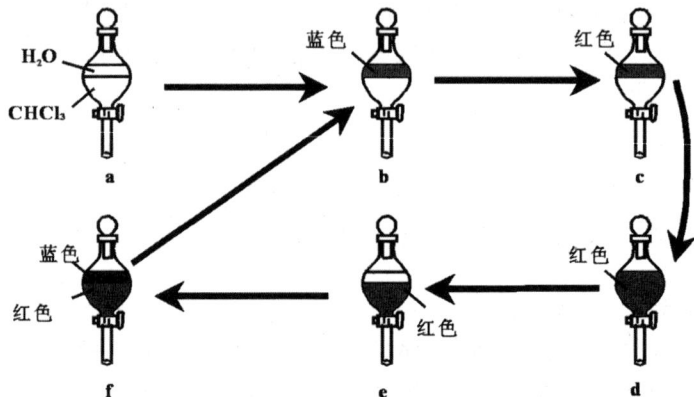

图 5-3　彩色振荡实验图

如想重复操作步骤 3 到 7 液体颜色变幻的实验现象，则可重复以上 6 个循环过程。此实验在讲解二氯蓝靛酚钠指示剂的溶解性及其在不同 pH 溶液中颜色变化的同时，进一步生动形象地讲解了 pH 的概念。

三、实验注意事项

1. 分液漏斗和各试剂瓶等仪器应洗净、晾干。

2. 二氯蓝靛酚钠指示剂应现配现用，避免放置后分解，影响实验效果。

3. 向液体中滴加酸碱试剂时，应慢慢滴加，以免滴过量。

4. 为重复实验现象和防止实验失败，指示剂应适当多配制。实验后剩余的指示剂应即时处理掉，不能放置过久。

四、问题与讨论

1. 指示剂的配制：称取 0.25 g 二氯蓝靛酚钠指示剂，放入盛有 5 mL 蒸馏水的洁净小烧杯中，再滴入 1 mol/L 的氢氧化钠溶液 2~3 滴，调节溶液 pH 在 11 左右，备用（配制时可配 2~3 次的实验用量）。

2. 三氯甲烷（氯仿）被认为是致癌物质，使用时要特别小心，实验时应注意通风，避免逸散到空气中或洒在手上。

3. 上述实验现象可用下表表示。

表 5-9　振荡实验溶液的 pH 变化

操作步骤	加入介质	上层颜色（液体成分）	下层颜色（液体成分）	上层液体 pH
1	—	无色（H_2O）	无色（$CHCl_3$）	pH≈7
2	加指示剂	深蓝色（H_2O、A^-）	无色（$CHCl_3$）	pH≈7
3	加 H^+	红色（H_2O、H^+、HA）	无色（$CHCl_3$）	pH≈3
4	—	红色（H_2O、H^+、HA）	红色（$CHCl_3$、HA）	pH≈7
5	—	无色（H_2O、H^+）	红色（$CHCl_3$、HA）	pH≈3
6	加 OH^-	蓝色（H_2O、A^-、OH^-）	红色（$CHCl_3$、HA）	pH≈8
7	—	蓝色（H_2O、A^-）	无色（$CHCl_3$）	pH≈7

实验六　摩尔数的课堂实验教学

众所周知，相同摩尔数的不同活泼金属与同体积水或酸发生氧化还原反应时，所产生的氢气体积也不相同，而这种体积的变化与反应时转移的电子的摩尔数相关。用常规的试管进行实验，只能让学生看到这些金属与水或酸反应生成氢气速度快慢的不同，但不能看到生成氢气的体积和摩尔数的不同。这里介绍一种利用气球内氢气体积的变化生动展现上述不同的方法，以帮助学生进一步了解摩尔数的概念。

一、实验过程及现象

1. 取三个洁净的 250 mL 的平底烧瓶（颈外径 25 mm），向一个烧瓶里倒入 150 mL 蒸馏水，向另两个烧瓶里分别倒入 150 mL 稀盐酸（2 mol/L）。

2. 称取 0.23 g（0.01 mol）金属钠、0.24 g（0.01 mol）金属镁和 0.27 g（0.01 mol）金属铝，分别装入三个与其对应的干燥洁净的气球里（气球上事先贴好注有金属名称的标签）。

3. 将三个气球内的空气排掉，再把它们的颈部套在三个烧瓶瓶口上（其中将装有金属钠的气球套在有水的烧瓶瓶口上），分别扎紧瓶口。然后将此三个烧瓶，按钠、镁、铝的顺序排成一横排。

4. 实验时按上述装钠、镁、铝气球的顺序倾斜气球，使三种金属分别滑入烧瓶中。振荡烧瓶使它们都充分反应，生成的气体进入气球，片刻后，三个气球便膨胀起来，而且可以看到三个气球按装钠、镁、铝的顺序，体积依次增大。反应结束后让学生分析为什么会产生这种现象。

二、现象的理论分析与讨论

1. 首先取两摩尔的三种金属，让学生完成以下三个化学方程式，并标出各个氧化还原反应方程式中电子转移的数目。

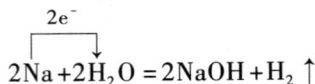

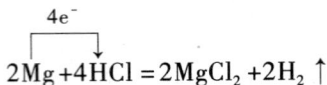

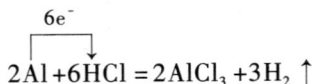

$$\overset{\displaystyle 2e^-}{\underset{\textstyle 2Na+2H_2O = 2NaOH+H_2\uparrow}{\rule{0pt}{0pt}}}$$

$$\overset{\displaystyle 4e^-}{\underset{\textstyle 2Mg+4HCl = 2MgCl_2+2H_2\uparrow}{\rule{0pt}{0pt}}}$$

$$\overset{\displaystyle 6e^-}{\underset{\textstyle 2Al+6HCl = 2AlCl_3+3H_2\uparrow}{\rule{0pt}{0pt}}}$$

2. 根据上述各反应式中电子转移的数目，让学生分析出，当反应物（指三种金属）是等摩尔时（如 0.01 mol），反应时产生的氢气体积的大小与转移的电子总数是同比例的，并进一步掌握摩尔、摩尔数、气体摩尔体积的概念。

三、实验注意事项

1. 收集后的氢气球可以扎紧取下，以作氢气储气袋，留作其他实验用。

2. 将第一个烧瓶中的碱溶液，分别倒入另两个盛废酸的烧瓶中，中和后倒掉，再用大量水冲洗干净即可。

3. 金属钠取好后，应立即装入绝对干燥的气球中。因为金属钠一旦碰到水便立即反应，可能会出现危险事故。

四、问题与讨论

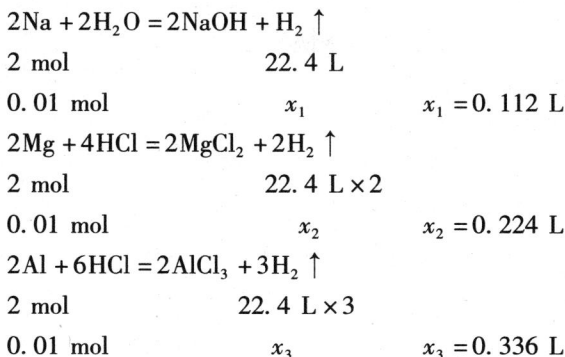

$2Na + 2H_2O = 2NaOH + H_2 \uparrow$

2 mol   22.4 L

0.01 mol x_1 $x_1 = 0.112$ L

$2Mg + 4HCl = 2MgCl_2 + 2H_2 \uparrow$

2 mol   22.4 L × 2

0.01 mol x_2 $x_2 = 0.224$ L

$2Al + 6HCl = 2AlCl_3 + 3H_2 \uparrow$

2 mol   22.4 L × 3

0.01 mol x_3 $x_3 = 0.336$ L

实验七　茶汁、果汁酸碱指示剂的研制

用鲜花的浸出液作酸碱指示剂受地区和季节的限制。如采用茶汁、水果汁制备酸碱指示剂，则原料易得，价格低廉，不仅可以帮助教师完成课堂教学任务，也可以作为学生的课外活动内容让学生参与，提高学生的研究能力。

一、指示剂的制备

1. 取红茶、绿茶、茉莉花茶、甘草、菊花、金银花等各 2~4 药匙，分别放入洁净的小烧杯里，然后向每个烧杯中倒入约 50 mL 的沸水（蒸馏水煮沸），浸泡 30 min 以上，得到深色浓茶汁，冷却后备用。

2. 将切成片状的带皮水果，如国光苹果、雪梨、水蜜桃、柑橘（去皮）以及生姜片等，分别放入洁净的小烧杯里，然后向每个烧杯中倒入约 50 mL 沸水（蒸馏水煮沸），再继续煮沸片刻，冷却后备用。

3. 将切成块状的去皮的雪梨、苹果、柑橘和带皮的水蜜桃分别用洁净的纱布包住，然后轻轻用力挤压，得到其原汁，备用。

二、指示剂的检验

1. 检验方法

①向点滴板三个间隔的空穴里分别滴入 5% 氢氧化钠、1:4 盐酸溶液和蒸馏水各 4 滴。

②将上述制好的茶汁和果汁分别向上述三个穴里各滴入 2~3 滴，观察这些茶汁和果汁滴入后的颜色变化，再分别同第三个盛放蒸馏水穴里的液体颜色进行比较，并记录它们在酸碱溶液中的颜色变化。

2. 各茶汁、果汁在酸碱溶液中的颜色如下表：

表 5 - 10　茶汁、果汁在酸碱溶液中的显色

序号	茶汁和果汁	遇酸显色	遇碱显色	结论
1	绿茶（泡液）	无色	棕色	显色明显
2	红茶（泡液）	浅棕色	深棕色	可用
3	茉莉花茶（泡液）	无色	棕色	显色明显
4	菊花茶（泡液）	淡黄色	鲜黄色	可用
5	甘草茶汁（泡液）	淡黄（浑浊）	深黄（浑浊）	可用
6	金银花汁（泡液）	无色	淡黄色	可用
7	金银花汁（煮液）	无色	亮黄色	显色明显
8	生姜汁（去皮煮液）	无色	浅黄色	可用
9	梨汁（带皮煮液）	无色	鲜黄色	显色明显
10	梨汁（去皮煮液）	无色	亮黄色	显色明显
11	苹果汁（带皮煮液）	浅红色	黄色	显色明显
12	苹果汁（去皮煮液）	无色	亮黄色	显色明显
13	桃汁（带皮煮液）	粉红色	黄棕色	显色明显
14	橘子皮（干的煮液）	浅黄（澄清）	黄色（浑浊）	可用
15	梨汁（去皮原液）	无色	淡黄色	可用
16	苹果汁（去皮原液）	黄色（浑浊）	浅黄（浑浊）	可用
17	桃汁（去皮原液）	粉红色	黄棕色	显色明显
18	柑橘汁（去皮原液）	略带浅黄	鲜黄色	显色明显

三、问题与讨论

1. 以上所列 18 种茶汁、果汁的试验结果表明，以 1 号、3 号、7 号、9 号、10 号、11 号、12 号、13 号、17 号和 18 号等 10 种酸碱指示剂的效果最好，其他也都是可以使用的酸碱指示剂。

2. 指示剂的制备，可以将原料用沸水浸泡或用沸水冲泡后再煮片刻，也可用果汁原液。

3. 制备茶汁和果汁饮料时，应使用蒸馏水浸泡，使用的仪器也应洗净，不能带进酸碱离子。

4. 全部茶汁和果汁最好现配现用，以免放置过久在空气中氧化，影响检验效果。

实验八 水果原电池实验研究

众所周知,原电池是把化学能转变为电能的装置。这里介绍的电池是有趣的"水果电池"。当把锌片和铜片两电极插入各种不同的水果(一块、三块或多块水果用铜导线串联)或水果汁里时,会产生一定的电势和电流。它不仅能提高学生学习化学的兴趣,丰富学生的课外生活,而且还能巩固和拓宽学生对原电池知识的学习和理解。

一、实验测得的数据

现将实验测得的各水果原电池的电动势和瞬间电流峰值以及它们的 pH 列表如下。条件:Cu/Zn 电极;插入面积:20 mm(或 27 mm)(长)× 20 mm(宽)。

表 5 – 11 水果原电池的测定

电解质		原电池电动势(V)	电流(μA)	电解质的 pH
1. 苹果	三块串联 一块	1.022 1.029	2 9	5.5
2. 橙子	三块串联 一块	0.886 0.934	4 12.5	4
3. 香蕉	三块串联 一块	0.89 0.885	1.5 7.5	5.5
4. 梨	三块串联 一块	0.97 0.995	2 9	5.5
5. 菠萝	三块串联 一块	0.81 0.93	5.5 10.5	3.5
6. 橘子	三块串联 一个	1.003 0.916	2 11	4
7. 甘蔗煮汁		0.805	21	5.5
8. 橙子煮汁		0.967	22	4.5
9. 菠萝煮汁		0.901	28	4
10. 香蕉煮汁		0.966	24.5	5.5
11. 梨煮汁		0.915	19	6
12. 苹果煮汁		1.015	25.5	5
13. 橘子煮汁		0.98	22	5.5
14. 桂圆煮汁		0.754	26	6

二、结论与分析

1. 从以上各水果及其浸煮液作为电解质进行原电池实验测得的电动势及电流的实验数据可见，它们都可以代替稀硫酸作为电解质进行原电池实验。其中以苹果、橘子、梨及其浸煮液是最好的电解质材料。另外，除用 Cu/Zn 作电极外，还可用 Pb/Zn、Cu/Pb 等作电极。

2. 上述测得的电压、电流数据，除取决于电解质、电极材料外，还取决于其他因素如电极浸入面积、电极之间的距离等。

上述两点结论都经过试验，这里不再列举。

三、注意事项

1. 制备水果煮汁时，均将所用水果洗净（先用自来水洗，再用蒸馏水洗），切成小片，所取质量大致相同，放入盛 60 mL 冷蒸馏水的烧杯中，以煮沸为宜。避免浸煮时间过长，破坏其部分营养成分。

2. 所取的各水果样品的体积不一样，为了便于比较，所以，电极插入电解质里的深度以体积最小的水果为准，如香蕉的直径为 30 mm，所以电极插入的深度为 20 mm，极间距离为 30 mm 左右。对于水果煮液电解质，其电极插入的深度为 27 mm（60 mL 电解质放入 100 mL 的烧杯中，其溶液的深度为 27 mm），极间距离为 30 mm。

3. 各水果电池可以由一个、两个、三个或更多个电解质材料串联组成，这样可以提高学生学习化学的兴趣。

实验九　蔬菜原电池实验研究

原电池是把化学能转变为电能的装置。这里介绍的电池是"蔬菜原电池"。当锌片和铜片两电极插入不同的蔬菜汁（原汁或煮液）或块状蔬菜中（一块或多块蔬菜用铜导线串联）时，都会产生一定的电势和电流。它不仅能提高学生学习化学的兴趣，丰富学生的课外生活，而且还能巩固和拓宽学生对原电池知识的学习和理解。

一、实验测得的数据

现将实验研究测得的部分蔬菜原电池的电动势和瞬间电流峰值以及"电解质"的 pH 列表如下，仅供参考。

表 5-12 蔬菜原电池的测定

电极	电解质（规格）	原电池电动势（V）	电流（μA）	电解质的 pH
Cu/Zn 电极〔电极插入面积: 2×20 mm（宽）×15 mm（深）〕	1. 番茄〔直径 33mm 高 43mm〕三个串联 一个	0.9164 0.922	5.5 15	4
	2. 荸荠〔直径 42mm 高 23mm〕三个串联 一个	0.758 0.7667	2 8.5	6
	3. 土豆〔直径 50mm 高 36mm〕三个串联 一个	0.6167 0.69	2.6 14.5	5.5
	4. 洋葱〔长 50mm 宽 45mm 高 25mm〕三块串联 一个	0.6698 0.83	2.2 8.5	6
	5. 杨花萝卜〔直径 30mm 高 22mm〕三个串联 一个	0.625 0.703	5 9	6
	6. 生姜〔直径 25mm 高 27mm〕三块串联 一块	0.618 0.735	2.7 10	6
	7. 莴笋〔直径 37mm 高 50mm〕三块串联 一块	0.545 0.602	3 9.7	6
	8. 黄瓜〔直径 35mm 高 32mm〕三块串联 一块	0.792 0.85	3.5 14	6
	9. 白花菜（一瓣）三瓣串联 一瓣	0.65 0.655	2 4	6
	10. 新鲜榨菜 三块串联 一块	0.75 0.78	4 11	6
	11. 春笋〔直径 40mm 长 70mm〕三块串联 一块	0.676 0.881	7 15	6.5

续表

电极	电解质（规格）	原电池电动势（V）	电流（μA）	电解质的 pH
Cu/Zn 电极［电极插入面积：2×20 mm（宽）×15 mm（深）］	12. 冬瓜 （直径 90mm　三个串联 的半球）　一个	0.673 0.727	2 6	6
	13. 白萝卜 ［直径 50mm］三个串联 ［高 60mm ］一个	0.664 0.769	2 8	6
	14. 藕 ［直径 60mm］三块串联 ［高 60mm ］一块	0.83 0.892	3 8	6.5
Cu/Zn 电极［电极插入面积：2×20 mm（宽）×40 mm（深）］	15. 青菜苔原汁	0.7313	9.5	6
	16. 芹菜原汁	0.75	14	6
	17. 葱煮液	0.797	19.5	5.5
	18. 菠菜煮液	0.774	24	6.5
	19. 韭菜煮液	0.681	20	6.5
	20. 椰菜煮液	0.84	23	5
	21. 黄豆芽煮液	0.772	20	6
	22. 茼蒿煮液	0.682	22	6
	23. 紫菜煮液	0.83	21	6.5
	24. 马蓝头煮液	0.81	20	5
	25. 蒜苗煮液	0.849	17	6.5
	26. 辣椒煮液	0.961	22.5	6
	27. 荠菜煮液	0.799	21	5
	28. 新鲜蘑菇煮液	0.75	25	6
	29. 白花菜煮液	0.763	22	6.5
	30. 鲜海带煮液	0.83	16	5

二、注意事项

1. 所选蔬菜一定要新鲜，不能有腐烂菜，以避免实验数据有误差。

2. 对所选蔬菜应反复洗净，以防止残余农药影响实验效果。

3. 蔬菜原液和煮液应现配现用，以免久置变质变味。

4. 所用仪器一定要洗净、消毒并专杯专用，不可混用。

三、问题与讨论

1. 蔬菜原汁的制备：将适量蔬菜洗净，再用蒸馏水淋洗，晾干，用洁净的纱布包裹后用两手拧出菜汁即可。

2. 蔬菜煮液的制备：将适量蔬菜洗净，再用蒸馏水淋洗，然后放入盛有 100 mL 冷蒸馏水的烧杯中，加热煮沸片刻，冷却后即可。

3. 一年四季的蔬菜都可用来进行原电池的实验，因受地区和季节的限制，三月份本地市场上只有上述蔬菜供应，所以仅做出以上 30 项实验数据。

实验十　离子迁移的投影实验研究

一、实验原理

利用有色盐离子在电场的作用下通过明胶薄层进行投影教学，让学生观察有色盐的离子在培养皿内，向着与自己所带电荷相反的电极方向移动。本实验操作简单，使用方便，现象鲜明，生动形象。

二、实验准备

1. 制作浸硝酸钾溶液的薄海绵

按培养皿内径的尺寸裁两块洁净的多孔的薄海绵，并把它们放在盛有 5% 硝酸钾溶液的烧杯里浸泡，备用。

2. 明胶液的配制

取 5 g 硝酸钾溶于 100 mL 沸蒸馏水中，再加入 3 g 用蒸馏水浸泡过的琼脂，边加边搅拌溶解，制成均匀透明的明胶液，备用。

3. 配制饱和硝酸铜和重铬酸钾溶液各 5 mL，分别倒在干燥洁净的滴瓶里，备用。

三、实验步骤及现象

1. 取一直径为 110 mm 的培养皿，洗净吹干并在底面直径处用红水彩笔划一条直线，再画上毫米刻度线，放在投影仪的载物台上，然后往培养皿内滴入少量 5% 的硝酸钾溶液，使培养皿内润有一薄层硝酸钾溶液（如图 5－4 的 a）。

2. 将制好的明胶溶液趁热慢慢地倒入培养皿内，形成均匀的薄层（1～2 mm厚）。

3. 在明胶液快要凝结时，迅速向培养皿中心处小心地滴入 1 滴饱和的硝酸铜和重铬酸钾混合液，并立即从上述烧杯中取出两块浸透了 5% 硝酸钾溶液的多孔薄海绵，粘在培养皿内两侧，再夹上两个回形针，使回形针与海绵接触。然后用鳄鱼夹夹住回形针，接上直流电源（24 V），打开投影仪电源开关（如图 5－4 的 c）。片刻，便可从银幕上观察到离子的迁移。蓝色的 Cu^{2+} 向阴极移动，橙红色的 $Cr_2O_7^{2-}$ 离子向阳极移动（如图 5－4 的 b），生动直观，图像清晰，既加深了学生对离子迁移概念的理解，又提高了学生学习化学的兴趣。

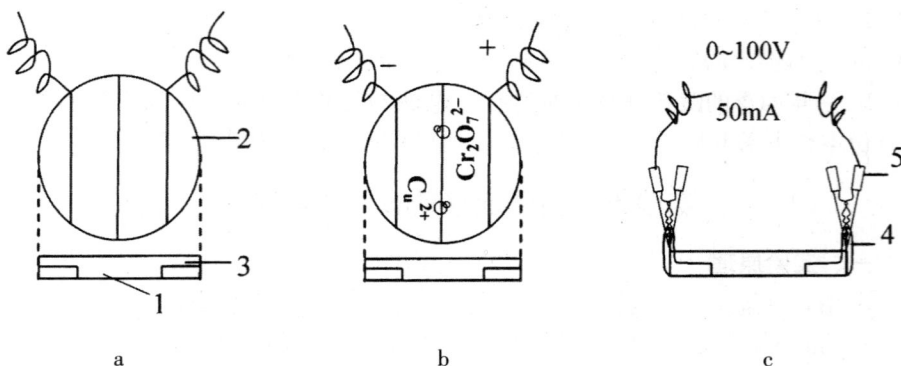

图 5 – 4 离子迁移投影实验
1. 培养皿；2. 多孔海绵；3. 明胶液；4. 回形针；5. 鳄鱼夹

四、实验注意事项

1. 培养皿内外一定要洗净烘干，以免投影时有水印或污点。另外，投影仪的载物台面也应干燥洁净，以免影像出现异常。

2. 制备明胶液的琼脂应事先洗净浸泡，然后煮沸至全部溶解成透明胶体。否则有不溶物会使银幕上出现斑点，影响观察。

3. 多孔海绵应尽可能薄一点（1～2 mm 厚）、窄一点。

4. 为便于观察，应使所配制溶液的颜色深一些，故应将硝酸铜、重铬酸钾溶液配制成过饱和溶液。

5. 培养皿上两极通电时，打开投影仪后就应开始计时，并测量离子移动的距离。这样才能比较出两离子在相同时间内移动的距离，进一步了解它们迁移的速度。

6. 此实验也可用常规实验的方法，如在电场作用下，有色盐离子通过明胶盐桥，借助于指示剂的作用来检验离子的迁移方向，但这种方法产生的迁移速度慢或迁移模糊，不易观察。因此，还是上述投影方法较好。

五、问题与讨论

1. 实验步骤 3 中也可在直径线上任两点处，分别滴入饱和的硝酸铜和重铬酸钾溶液各一滴（若滴过量应立即用洁净的滤纸小心地吸去多余的溶液）。

2. 此离子迁移的投影实验也可用其他有色盐离子的饱和溶液，如淡黄色的铬酸钾、绿色的 $Ni(NO_3)_2 \cdot 6H_2O$ 或黑色的 $CuCr_2O_7 \cdot 2H_2O$ 等进行，但必须在明胶液未凝结之前将一粒晶体放在培养皿中间的直线上，这样才能看到阴阳离子向两极移动的现象。否则，完全凝结后再放入，通电时离子移动困难，影响观察。

3. 上述实验得到的数据是：通电 3 min 时，蓝色的 Cu^{2+} 离子移动 12 mm，橙红色的 $Cr_2O_7^{2-}$ 离子移动 13 mm。30 min 时，蓝色的 Cu^{2+} 离子移动 20 mm，橙红色的 $Cr_2O_7^{2-}$ 离子移动 22 mm。

实验十一　有趣的颜色变幻实验

有颜色变化的实验颇多，用甲酸、硝酸和硫酸这三样酸就能组成有颜色变化的实验，且效果较好。

一、实验操作步骤

1. 将 2 mL 甲酸加到一盛 20 mL 浓硫酸（50 ℃）的玻璃筒中，5 min 后再加 4 mL 甲酸。当确定有一氧化碳气体产生时，约 5 min 后，再加 4 mL 浓硝酸于反应混合物中。

2. 60 ~ 70 min 后，再加入 4 mL 甲酸。整个过程在静置条件下进行，或者只在轻轻摇动下进行。如果反应在剧烈振动下进行，则无颜色变化出现。

二、实验现象及分析

这个看起来并不复杂的反应，变色原理和动力学研究尚无定论，这里仅对其变色现象作粗略地分析。

当最后 4 mL 甲酸加入后，即可观察到一淡绿色液层，在该液层慢慢移向玻璃筒底部时，中层出现黄色液层，下面紧接着是蓝色液层。气体从玻璃筒底部放出，引起两种色层的交织，从而出现了从淡黄色到蓝色的颜色变化。在这些颜色变化的 2 min 内，每次蓝色消失时，即有特定的气体放出（主要是二氧化碳和二氧化氮），最后只有蓝色存在，但如果对溶液进行剧烈振动，这种颜色随即消失并伴有大量的二氧化碳和二氧化氮气体放出。如果这时溶液呈淡黄色，蓝色就会再次出现。因为一氧化碳不会被浓硝酸和浓硫酸混合物氧化成二氧化碳，当硝酸参与甲酸—浓硫酸混合酸中反应时，二氧化碳和二氧化氮的产生，很可能是由生成一氧化碳引起的，这种一氧化碳的形成过程是独立进行的。此外，上述蓝色再次出现可能是由三氧化二氮引起的（$N_2O_3 = NO + NO_2$），因为气泡产生时，蓝色便消失了。

三、实验注意事项

1. 做这个实验时必须小心操作，避免各种强酸溅到手上或衣物上。

2. 操作过程中应避免剧烈振动使反应过于猛烈，必须在静止条件下慢慢添加各种酸。

3. 操作过程中，应仔细观察并记录溶液颜色的变化。

实验十二　多彩的萃取实验

一、实验原理

萃取的方法常用于迅速分离那些包含有机化合物的混合物。如果萃取的是一种包含两种白色有机固体化合物的混合物，并在分离的基础上得到两种白色固体，则这种分离是无法用肉眼直接观察是否已分离的。现改用各种有色的有机化合物。如橙色的偶氮苯、白色的苯甲酸、黄色的间—硝基苯胺三种混合物的分离，不仅可以直接看得见三种不同颜色的化合物，而且也可通过熔点、颜色和产率等来证明混合物已分离，得到三种纯的有机化合物。

二、实验操作步骤

1. 称取偶氮苯、苯甲酸和间—硝基苯胺各 1 g，放入干燥洁净的烧杯中。用量筒量取 75 mL 的乙醚倒入烧杯中，搅拌使其混合溶解，然后倒入分液漏斗中。再向分液漏斗中加入 40 mL 10% 的氢氧化钠溶液，振荡、静置、分层，将下面一层液体放入烧杯中。加热烧杯，蒸掉醚层，然后再加入约 20 mL 6 mol/L 的盐酸，调节至 pH 等于 1。冷却至室温，收集白色的苯甲酸沉淀。

2. 向分液漏斗里醚液中加入 50 mL 3 mol/L 的硫酸，振荡、静置、分层。将下面的液体放入烧杯中，加热烧杯，蒸掉醚层。然后再加入约 120 mL 10% 的氢氧化钠，调节至 pH 等于 10。在冰水中冷却，收集黄色的间—硝基苯胺晶体。

3. 向分液漏斗中加入 50 mL 饱和氯化钠溶液，振荡、静置、分层，排出含水层后，放入烧杯中，用 5 g 无水硫酸镁干燥。然后蒸掉醚液，在冰水中冷却，收集橙色的偶氮苯晶体。

三、实验注意事项

1. 液体混合时应振荡充分，使其完全溶解而分层。

2. 分液时应等液体静止，分出明显的两层后，才能放掉下层溶液，且放液体物质时，应慢慢放出，不得多放或少放，以免影响观察和产率。

3. 调节 pH 时，应慢慢滴加试剂，不能滴过量。

4. 蒸发含乙醚的液体时，应在通风橱里或站在上风处操作，以免吸入乙醚而中毒。

实验十三　有颜色的自动催化实验

自动催化是指一个能被自身生成物所催化的过程，本实验介绍一种有颜色的自动催化反应。

一、反应原理

$$\underbrace{ClO_3^- + HSO_3^- + 2SO_3^{2-}}_{pH=7} \longrightarrow \underbrace{Cl^- + 3SO_4^{2-} + H^+}_{pH<7}$$

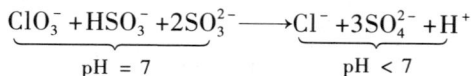

在酸性介质中进行，能加快该反应的进行（因为产物也是酸性的，所以产物能催化该反应的进行）。故当一个反应被自身的产物催化时，称为"自动催化反应"。这个实验可用溴酚蓝作指示剂来证明该反应的发生与否。

二、实验试剂的配制

1. 配制 33% 的硫酸

本实验宜用 33% 的硫酸，配制方法是：取 2 体积 96% 浓硫酸与 7 体积蒸馏水混合即可。

2. 两种溶液的配制

第一种：在一洁净的烧杯中，放入 12.6 g 亚硫酸钠、4.1 g 氯酸钾和 5 mg 溴酚蓝，然后再倒入 50 mL 蒸馏水，搅拌溶解即配成溶液。

第二种：向一洁净的烧杯里倒入 50 mL 蒸馏水，然后取 4 mL 33% 的硫酸慢慢倒入烧杯中，边加边搅拌即配成溶液。

三、实验操作步骤及现象

1. 将上述第二种溶液缓慢地加到第一种溶液中，边加边搅拌。当两种溶液充分混合时，氯酸钾完全溶解，溶液呈紫罗蓝色，此时溶液的 pH 为 6.5 ~ 7.0，也就是说溶液是被 HSO_3^-/SO_3^{2-} 所缓冲的。

2. 在两个分别标有 A、B 的试管中各加入 1 滴 33% 的硫酸，在不断振荡下向 A 试管中滴入上述溶液，试管 B 以最快的速度倒入上述溶液，使两试管均盛有相同体积的液体，然后再摇动两支试管。此时会发现它们的颜色各不相同。A 试管中溶液呈黄色，但 B 试管中溶液呈蓝色。

这个实验说明，滴加的硫酸（33%）能驱动反应，但不能改变整个溶液中指示剂的颜色。

四、问题与讨论

1. 步骤 2 的实验目的在于说明指示剂颜色的变化，并不仅仅是酸扩散的结果。

2. 如无溴酚蓝指示剂，也可用甲基橙、乙基橙、刚果红等指示剂代替，因为它们的变色范围接近，见表 5 – 13。

表 5 – 13　几种指示剂的变色范围

指示剂名称	酸性显色	碱性显色	变色 pH 范围	指示剂试剂	指示剂的浓度 （mol/L）
溴酚蓝	黄	蓝紫	3.0 ~ 4.6	乙醇（20%）	0.1
甲基橙	红	橙黄	3.1 ~ 4.4	水	0.1
乙基橙	红	橙	3.0 ~ 4.5	水	0.1
刚果红	蓝紫	红	3.0 ~ 5.2	水	0.1

3. 缓冲溶液：不因加入少量的酸或碱而显著改变氢离子浓度的溶液，通常是弱酸或弱碱和它的盐混合而成的溶液。如乙酸和乙酸钠溶液等。

实验十四　离子的结合及分步结晶

一、实验原理

本实验是利用两种可溶性盐的复分解反应，得到两种不同的可溶性盐，而这两种不同的可溶性盐能借分步结晶来分离。过去是用硝酸钠和氯化钾这两种可溶性盐来做这个实验的。当这两种盐混合溶于水后，通过多次的冷却和蒸发的循环，可以制得硝酸钾和氯化钠。由于这四种盐都是无色的，没有明显可见的方法区别它们，也很难确定某种样品是否溶解了或结晶了，纯度如何等。

现选用一种带颜色的离子来解决上述问题，这样，分离的程度和晶体的纯度，可以通过颜色的出现和消失很容易地判断出来。本实验是用氯化钾和硝酸镍来做的。当这两种盐溶于水后，由硝酸镍、氯化钾、氯化镍、硝酸钾的溶解度曲线可知，当饱和混合溶液的温度由高降到低时，有利于硝酸钾的结晶析出。而当溶液由于蒸发而浓缩时，则有利于氯化镍的结晶析出。这可以根据颜色的变化来确定析出的物质：含有结晶水的硝酸镍是翡翠绿色的，含有结晶水的氯化镍是黄绿色的，而无水氯化镍则是黄褐色的，当然氯化钾和硝酸钾都是白色晶体。冷却和蒸发交替进行，几次循环后，即可由硝酸镍和氯化钾制得氯化镍和硝酸钾。

二、实验步骤及现象

1. 称取 10.9 g 硝酸镍晶体和 5.6 g 氯化钾放到 100 mL 洁净的烧杯中，加 15 mL 蒸馏水，搅拌使之溶解。然后，用酒精灯加热至两种固体全部溶解，溶液呈绿色。根据溶解度曲线图可知，在 40 ℃时两种不同重量的固体在 15 mL 水中均能溶解。

2. 把上述混合溶液放在空气中自然冷却至室温，此时开始有少量白色针状晶体析出并沉积在烧杯底部，溶液仍呈绿色。继续在空气中冷却，晶体析出量增多且不断增大，然后再将烧杯放到冰水中自然冷却，5 min 后使之降到 0 ℃，让晶体长大。此时有大量白色晶体析出，且中部是较大的针状晶体，边缘呈细小针状。同时用冰水冷却 15 mL 蒸馏水备用（用来清洗晶体）。

3. 迅速用布氏漏斗和抽滤瓶过滤冷却的溶液，漏斗上出现淡绿色针状晶体，滤液呈绿色，然后取 4 mL 上述冷却后的蒸馏水淋洗晶体，仔细摇动过滤装置，以便清洗晶体。继续抽滤，把水滤去。再用 3 mL 蒸馏水淋洗，再抽滤至晶体颜色完全褪去呈白色晶体为止（把滤液保存备用）。

4. 把上述绿色滤液倒入蒸发皿里，并把蒸发皿放在酒精灯上加热蒸发。滤液温度应控制在 95 ℃左右。继续蒸发，溶液量不断减少，蒸发皿内液体边缘出现黄褐色固体。随着溶剂的不断减少，溶液最后达到饱和，有关离子即结合形成化合物晶体析出，液体表面出现一层黄绿色硬壳。在 500 mL 吸滤瓶中加 250 mL 温水，同时插入一个 20 mm×180 mm 的试管，连挂一个布氏漏斗，趁热迅速过滤蒸发液，则滤纸上得到黄绿色晶体，滤液呈深绿色。

5. 将上述第二次过滤的滤液从试管中转移到烧杯里，放在空气中自然冷却至室温。这时烧杯底部有晶体析出（形状仍呈针状，但比第一次结晶的晶体较小）。再把烧杯放到冰水中冷却 5 min，其温度下降至 0 ℃时，有大量晶体析出。

6. 迅速趁冷将上述冷却液进行抽滤，滤纸上出现淡绿色晶体，滤液呈绿色。再用 2 mL 冷却后的蒸馏水淋洗晶体，晶体颜色褪去，呈现白色（形状与第一次结晶相同，只是晶体略小些）。把第三次滤液倒入蒸发皿里，用酒精灯加热蒸发至干，出现黄绿色晶体。再经过烘炒，出现黄褐色粉末，与第二次结晶相同。

三、实验现象分析与结论

1. 第一次结晶的晶体呈白色针状，晶粒较大。由晶体颜色、形状及溶解度曲线图可以判断出该晶体为硝酸钾。

2. 第二次结晶的晶体为黄绿色，炒干后呈黄褐色粉末。由固体颜色及溶解度曲线图可以判断出此结晶物为无水氯化镍。

3. 第三次结晶的晶体呈白色针状，与第一次结晶物的形状、颜色及结晶手段均相同，可以断定该晶体为硝酸钾。

4. 第四次结晶的晶体炒干后为黄褐色粉末，与第二次结晶物的颜色、形状及结晶手段均相同，可以断定该结晶物为无水氯化镍。

四、注意事项

1. 滤液冷却结晶时，若在搅拌下冷却，虽结晶速度快，但晶体较细小。而令其自然冷却，速度虽慢些，但晶体颗粒较大，易于观察。

2. 在反复溶解、过滤、蒸发、冷却、结晶的过程中，应认真操作，减少消耗，避免药品损失，以使分步结晶后的硝酸钾晶体和无水氯化镍的总重量，接近原反应物硝酸镍晶体和氯化钾的总重量。

3. 夏天做此实验因室温较高，冷却速度慢，做出的晶体较小；冬天做此实验时，室温较低，冷却效果较好（可下降到 0 ℃），晶体较大。

表 5 - 14　四种盐在不同温度下的溶解度

溶解度（g）＼温度（℃）　盐	0	20	40	60	70	90	100
硝酸钾	13.3	31.6	63.9	110.0	138	202	246
硝酸镍	44.3	49.1	54.8	61.1（55 ℃）	63.9	—	—
氯化钾	27.6	34	40	45.5	—	—	56.7
氯化镍	35.5	39	41.9	44.8	—	—	47

实验十五　蓝色发光的喷泉实验

一、实验准备

溶液 A 的制备：将 2 g Na_2CO_3 溶于 250 mL 蒸馏水中，再加入 0.1 g 氨基苯二酰一肼，搅拌使其溶解，然后再分别加入 12 g NaHCO$_3$、0.25 g（NH$_4$）$_2$CO$_3$ 和 0.2 g CuSO$_4$，边加边搅拌，直至固体全部溶解。最后用蒸馏水稀释至 500 mL，备用（一次用 250 mL）。

溶液 B 的制备：取 25 mL 3% 的 H$_2$O$_2$ 溶液，用蒸馏水稀释至 500 mL，备用（一次用 250 mL）。

二、实验操作步骤及现象

1. 取一干燥洁净的 500 mL 圆底烧瓶，用向下排气法收集一瓶氨气，用带有胶头滴管（预先吸满水）和尖嘴导气管（预先套一橡皮管并用弹簧夹夹住）的塞子，塞紧瓶口并将烧瓶倒置在铁架台的铁圈上。然后在导气管处连接一个 T 型玻璃导气管，并通过 T 型管与 A、B 两溶液相通。A、B 两溶液分别盛放于两个烧杯中。

2. 实验开始时打开弹簧夹，轻轻挤压滴管的胶头，使少量水进入烧瓶。由于瓶中氨气的溶解，圆底烧瓶中气压降低，使溶液 A 和溶液 B 液面同时下降，溶液都进入圆底烧瓶，并在烧瓶中混合，产生耀眼的蓝色发光喷泉。

三、实验现象分析

氨极易溶于水，能形成喷泉实验。A、B 两溶液混合，产生发光现象，表明了化学能向光能的转化。实验利用氨的喷泉实验，产生了耀眼的蓝色。同时，氨基苯二酰一肼的氧化，要求在碱性条件下进行。实际上，在 A、B 两溶液混合之前，溶液 A 已具有碱性（pH = 9）。

四、实验注意事项

1. 整个装置应严密不漏气，且收集的氨气应既干燥又集满。若装置漏气，或氨的浓度稀薄，都不能形成喷泉，导致实验失败。为此，实验之前应检查整个装置的气密性。同时，收集氨气时，一定要先进行干燥。

2. 为使实验现象更加鲜明，提高学生的兴趣，可以在有遮光设备的教室或在夜晚关上电灯进行实验，这样效果更好。

第四单元　仿工业生产及其生产原理

实验一　一氧化碳还原氧化铁

一、实验目的

通过实验使学生了解工业高炉炼铁的主要反应原理及其实验的成败关键。

二、实验用品

浓硫酸、甲酸、氧化铁、澄清石灰水、磁铁、沸水、玻璃丝、铁架台 2 个、蒸馏烧瓶（250 mL）1 个、滴液漏斗 1 个、大烧杯 1 个、具支试管 2 个、燃烧管（即硬质玻璃管）1个、多头酒精灯1个、指形试管2个、玻璃导管、橡皮管、橡皮塞、槽形纸条、火柴1盒。

三、实验准备

1. 将蒸馏烧瓶、滴液漏斗、燃烧管洗净、烘干（或烤干）。

2. 如图5-5装好全套仪器并检查装置的气密性。

3. 取少量干燥洁净的玻璃丝，将氧化铁粉末均匀地拌入其中。

4. 卸下燃烧管，从一端塞入玻璃丝，并用V型纸条将红色的氧化铁粉末（拌有玻璃丝）送入燃烧管中部。这时可让学生观察其颜色、状态和不被磁铁吸引的现象。再在另一端塞好玻璃丝，然后将此燃烧管固定在铁架台上。

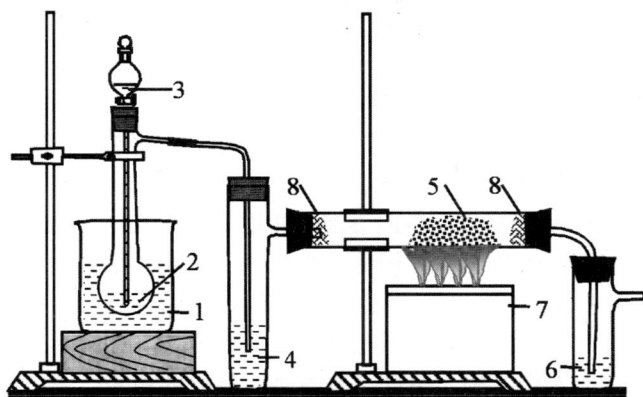

图5-5 一氧化碳还原氧化铁
1-热水；2-浓H_2SO_4；3-甲酸；4、6-澄清石灰水；
5-氧化铁；7-多头酒精灯；8-玻璃丝

5. 向蒸馏烧瓶中倒入40 mL浓硫酸，并把它固定在铁架台上，放在大烧杯里。再向滴液漏斗中倒入15 mL甲酸并把它装入蒸馏烧瓶中固定起来。

6. 在两个具支试管中各倒入少量（约占1/3体积）澄清石灰水，然后把装置连接好，如图5-5所示，备用。

四、实验步骤及现象

1. 向大烧杯里倒入半杯沸水，再从滴液漏斗向蒸馏烧瓶中滴下少量甲酸，让生成的CO排除仪器装置内部的空气，以保安全。同时，注视从4、6溶液内部逸出的气泡是否一致。若不一致，说明再次装置时有漏气现象，需重新装置，直至检查不漏气为止。

2. 加热燃烧管之前要做CO的爆鸣实验，以便检验装置中的空气是否被赶尽。

3. 点燃多头酒精灯，先在燃烧管下方来回匀热，再集中加热中部1～2 min。然后从滴液漏斗滴入少量甲酸，边滴边引导学生观察4处澄清石灰水没变化；6处澄清石灰水变浑浊；燃烧管内的颜色由红色逐渐变成黑色；在6的出口处用火点燃，火焰呈蓝色。

4. 当燃烧管处红色的氧化铁变成黑色的铁时，移去酒精灯，停止加热。再继续通入CO至燃烧管冷却。

5. 稍停片刻，待燃烧管冷却后，便可撤去热水浴并拆除 CO 的发生装置和燃烧管两端的具支试管。然后用磁铁在燃烧管上方左右移动，可看到还原出来的黑色铁粉被磁铁吸上来并随磁铁左右移动。最后把燃烧管中的玻璃丝和铁粉倒在石棉网上，再用磁铁把生成的铁粉吸出来。

五、实验注意事项

1. 装置应严密不漏气。开始实验时应用 CO 把整个装置中的空气先排尽。为此，加热前应做爆鸣试验，以防 CO 与空气混合时发生爆炸事故（CO 与空气混合物的爆炸极限为 12.50% ~ 74.20%）。

2. 因 CO 有毒，制取时应在通风良好的实验室内进行。多余的 CO 应即时燃烧掉或收集起来以作他用。

3. 从滴液漏斗中向蒸馏烧瓶里滴入甲酸时，应慢慢滴加，不能过猛、过多（一般为每秒 1 滴）。因为过猛、过多地滴入甲酸会与浓硫酸反应剧烈，过多的 CO 从尾气处放出，污染空气，可能会使实验人员中毒。

4. 停止实验时应继续通入 CO 至燃烧管冷却后，才能移去 CO 的发生装置。否则会有空气进入装置，被还原的热的铁粉又会被空气中的氧气氧化。同时装置 6 中的石灰水也会倒吸，进入热的燃烧管中，使燃烧管骤然受冷而炸裂。

5. 实验结束后应将 CO 发生装置移去，放在通风橱内，或即时拆除，其方法是：先将滴液漏斗中的甲酸倒入原试剂瓶，蒸馏烧瓶中的混合酸，加碱液中和后除去，最后洗净仪器。

6. 最后应引导学生对观察的现象进行分析、综合，并与工业生产中高炉炼铁的反应原理进行对比，得出高炉炼铁反应的化学方程式：

$$Fe_2O_3 + 3CO \xrightarrow{\triangle} 2Fe + 3CO_2 \uparrow$$

六、问题与讨论

1. CO 可以用上述方法直接制取，也可以在课前制取，收集储存在储气瓶、塑料袋或球胆里供实验时使用。这样既省去了气体发生装置，又便于控制气流的大小。

2. 因 CO 对人体有剧毒，它与血红蛋白结合的能力比氧气大 250 倍，能破坏人体血液的输氧能力，使用时应注意安全（中毒与急救见本书第 35 页 "一氧化碳的实验"）。

3. 燃烧管前后各配一个盛放澄清石灰水的具支试管，便于对比。反应前只有 CO，所以装置 4 内澄清石灰水没有变化。反应后因有 CO_2 生成，所以使装置 6 内澄清石灰水变浑浊，生成了 $CaCO_3$。

4. CO 的产生可以有以下三种方法：

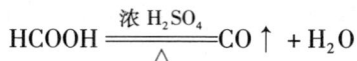

$$HCOOH \xrightarrow[\triangle]{浓 H_2SO_4} CO \uparrow + H_2O$$

$$H_2C_2O_4 \xrightarrow[\triangle]{\text{浓 } H_2SO_4} H_2O + CO\uparrow + CO_2\uparrow$$

$$K_4Fe(CN)_6 + 6H_2SO_4 + 6H_2O \xrightarrow{\triangle} 2K_2SO_4 + FeSO_4 + 3(NH_4)_2SO_4 + 6CO\uparrow$$

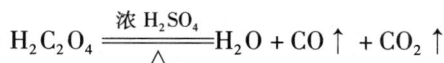

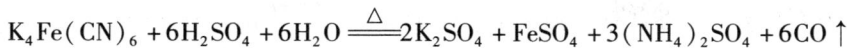

本实验选用的是第一种方法。

5. Fe_2O_3 装入燃烧管中时,应用玻璃丝作载体。这样可以扩大反应物 CO 和 Fe_2O_3 的接触面积,使反应更充分,缩短了反应时间,提高了反应效率。

实验二 接触法制硫酸

一、实验目的

通过实验使学生了解接触法制硫酸的生产原理和生产过程,以及工业生产中要用浓硫酸吸收三氧化硫的道理。

二、实验用品

硫粉、重铬酸铵、浓硫酸、氢氧化钠溶液、氯化钡溶液、稀硝酸、脱脂棉、催化管 1 个、双连球 1 个、具支试管 2 个、烧杯 1 个、玻璃丝(或石棉绒)、铁架台(附铁夹)1 个、多头酒精灯 1 个、坩埚(附坩埚钳)1 个、燃烧匙 1 个、T 型管 1 个、弹簧夹 2 个、酒精灯 1 个、小试管 1 个、石棉网 1 个、铁三脚架 1 个。

三、实验准备

1. 洗净、烘干(或烤干)全部仪器,并在一支具支试管中加入蒸馏水,另一支具支试管中加入浓硫酸,烧杯内倒入稀氢氧化钠溶液,备用。

2. 硫棉的制备:在一洁净的燃烧匙中加入少量研碎的硫粉,放在酒精灯上加热。当硫粉在燃烧匙中受热熔化后,随即投入一小团疏松的脱脂棉并搅拌,使熔化的硫粉沾在脱脂棉上,便制成了硫棉球。取下燃烧匙内的硫棉球,备用。

3. 催化剂三氧化二铬的制备:在一洁净的坩埚内放入研碎的 0.5 g 重铬酸铵,盖上坩埚盖,露出一条缝隙,放在铁三脚架上的干净石棉网上焙烧。当加热到坩埚内有嘶嘶的声音时,停止加热,慢慢地取下坩埚盖。红色的重铬酸铵晶体发生了分解反应,生成了绿色三氧化二铬粉末。其反应的化学方程式为:

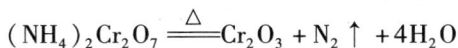

$$(NH_4)_2Cr_2O_7 \xrightarrow{\triangle} Cr_2O_3 + N_2\uparrow + 4H_2O$$

待坩埚冷却后,将三氧化二铬粉末和石棉绒混合并装入催化管中,然后在三氧化二铬粉末的两端用玻璃丝固定,备用。

四、实验步骤及现象

1. 按图 5 - 6 所示安装好仪器并检查气密性。

2. 打开弹簧夹 a,夹紧弹簧夹 b,点燃多头酒精灯,预热催化剂约 1 min,然后再加热硫棉。随后慢慢地用双连球鼓进空气,把装置中的水分完全吹出。

当硫棉开始燃烧时，速将多头酒精灯固定加热催化剂。不久在盛水的具支试管中有大量的白雾出现。这时夹紧弹簧夹 a，打开弹簧夹 b，片刻盛浓硫酸的具支试管中没有或只有少量的白雾出现。酸雾进入盛氢氧化钠溶液的烧杯里，被氢氧化钠吸收。

3. 实验结束后，取出盛水的具支试管，将其中的溶液倒入小试管中，滴加氯化钡溶液，有白色沉淀生成，再滴加几滴稀硝酸时，沉淀不溶解。说明盛水的具支试管中有硫酸生成。

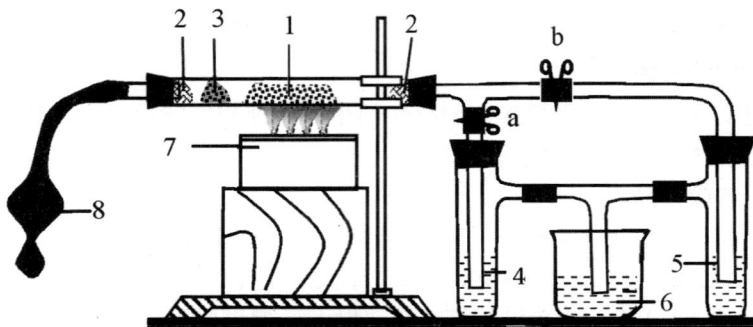

图 5-6　接触法制硫酸
1-Cr_2O_3；2-玻璃丝；3-硫-棉；4-蒸馏水；5-浓 H_2SO_4；
6-稀 NaOH 溶液；7-多头酒精灯；8-双连球；a、b 为两弹簧夹

五、实验注意事项

1. 鼓气速度应均匀，不宜过快。

2. 硫棉是用熔化的硫浸透脱脂棉制成的，故硫中有了棉花就像蜡烛一样，容易点燃。

3. 催化剂必须是新制的。在催化管中上下填放均匀，特别是上面不要留空隙，否则，气体都从上面空隙中通过，下面的催化剂就不能发挥作用。另外，鼓入空气也可改为鼓入氧气，以加快反应速度，实验效果更好。

4. 加热催化剂 Cr_2O_3 的温度以 400 ℃～500 ℃为宜，勿过高。

5. 鼓气的时间应控制。当盛浓硫酸的具支试管内液面上一旦出现白雾时，应立即停止鼓气，以便向学生说明工业生产上是用98% 的 H_2SO_4 吸收 SO_3，而不能用水吸收。

6. 排出的气体中，还含有未转化的二氧化硫，实验时应用氢氧化钠溶液吸收，并注意通风。

7. 用坩埚制备 Cr_2O_3 时，由于(NH_4)$_2Cr_2O_7$ 受热分解迅速而猛烈，并有火花出现，操作时应注意不要把脸和手靠近坩埚，防止灼伤。另外，反应时撒落在石棉网和实验台上的 Cr_2O_3 应收集保存，以备后用。

8. 做完实验后可用此套装置对照工业生产的简单流程示意图，讲解接触法

制硫酸的三个主要工段和尾气回收装置。

六、问题与讨论

1. 本实验基本上能表示出接触法制取硫酸的工业生产过程。当硫棉燃烧时，硫跟鼓入的空气中的氧气化合生成二氧化硫。二氧化硫在催化剂 Cr_2O_3 的作用下，继续被氧化生成三氧化硫，而生成的三氧化硫气体通入水中时，不能被水完全吸收。当从水中逸出的三氧化硫与空气中的水汽结合时（具支试管中的水），形成硫酸的酸滴。因此，水不是三氧化硫的良好吸收剂，在工业上是用浓硫酸来吸收三氧化硫的，得到发烟硫酸（$H_2SO_4 \cdot xSO_3$）。发烟硫酸可根据需要用水稀释成不同浓度的硫酸。化学反应方程式如下：

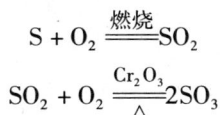

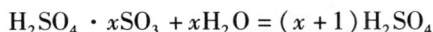

$$S + O_2 \xrightarrow{燃烧} SO_2$$

$$SO_2 + O_2 \xrightarrow[\triangle]{Cr_2O_3} 2SO_3$$

$$H_2SO_4 \cdot xSO_3 + xH_2O = (x+1)H_2SO_4$$

2. 工业生产中用燃烧硫铁矿（主要成分是 FeS_2）的方法来制取二氧化硫。该反应的化学方程式如下：

$$4FeS_2 + 11O_2 \xrightarrow{高温} 2Fe_2O_3 + 8SO_2$$

本实验中如用喷灯，可用 FeS_2 细粒代替硫粉，则更符合我国生产硫酸的情况。

3. 二氧化硫的催化氧化是接触法制硫酸的关键反应。除用 Cr_2O_3 作催化剂外，铂石棉、五氧化二钒、氧化铁、氧化钨、氧化铜、氧化钛等，也都可作二氧化硫接触氧化的催化剂。

实验三　氨氧化法制硝酸

一、实验目的

1. 通过实验使学生进一步了解氨气在催化剂的条件下被氧化生成硝酸的原理。

2. 运用模拟实验讲解硝酸生产的工艺过程。

二、实验用品

浓氨水、碱石灰、重铬酸铵、氯化钙、氢氧化钠溶液、蒸馏水、双连球 1 个、具支试管 1 个、燃烧管 1 个、球形干燥管 1 个、具支 U 形干燥管 1 个、广口瓶 2 个、烧杯 1 个、多头酒精灯 1 个、瓷坩埚 1 个、铁三脚架 1 个、瓷三角 1 个、坩埚钳 1 个、石棉网 1 个、铁架台（附铁夹）1 个。

三、实验准备

1. 洗净、烤干（或烘干）所有仪器。

2. 制作 Cr_2O_3 催化剂（同本书第 203 页"催化剂三氧化二铬的制备"）略。

3. 在球形干燥管里装入干燥剂碱石灰，球两端加些玻璃丝，防止鼓气时干燥剂被吹散。在具支 U 型管里装入干燥剂 $CaCl_2$，备用。

4. 在燃烧管中间装入催化剂 Cr_2O_3，管两端各放入玻璃丝，使 Cr_2O_3 位置不会因鼓气而移动。

5. 在一广口瓶中注入 20 mL 蒸馏水，在烧杯里倒入稀氢氧化钠溶液 20 mL。

6. 按图 5-7 所示安装好实验装置并检查气密性。

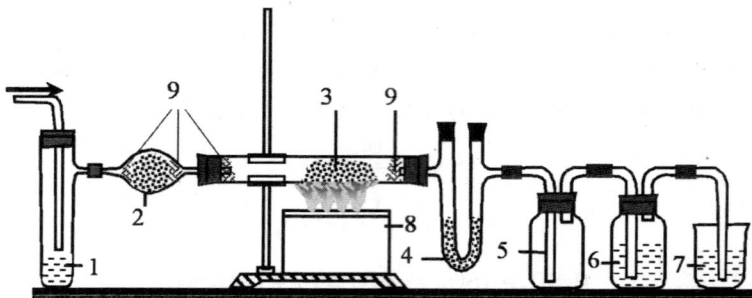

图 5-7 氨氧化制硝酸

1-浓氨水；2-碱石灰；3-Cr_2O_3；4-无水 $CaCl_2$；5-空广口瓶；
6-蒸馏水；7-NaOH（稀）；8-多头酒精灯；9-玻璃丝

四、实验步骤及现象

1. 取下具支试管并向试管中倒入浓氨水 5 mL，调节导管使之与氨水液面稍有距离（约 0.5 cm），在导管处接一个双连球。

2. 点燃酒精灯预热燃烧管（催化剂）2~3 min，待 Cr_2O_3 呈灰绿色并发红时，即可用双连球慢慢地向具支试管中鼓入空气，使氨气和空气的混合气体进入燃烧管中进行催化氧化。

3. 约过 1~2 min 后，燃烧管中催化剂红热发火，空广口瓶中出现红棕色气体且颜色逐渐加深。证明 NH_3 氧化生成的 NO 被空气中的 O_2 氧化为 NO_2。当红棕色的 NO_2 进入盛水的广口瓶时被水吸收，颜色变浅，同时有少量淡黄色气体进入盛 NaOH 溶液的烧杯中被 NaOH 吸收，最后放出少量无色气体。

五、实验注意事项

1. 全部仪器应洗净烘干，防止因有水而使反应中生成 NH_4NO_3 或 NH_4NO_2 的白色烟雾，造成红棕色气体中混有白色烟雾，即发生如下反应：

$$2NH_3 + H_2O + 3NO_2 = 2NH_4NO_3 + NO$$
$$2NH_3 + H_2O + 4NO = 2NH_4NO_2 + N_2O$$
$$NH_3 + HNO_3 = NH_4NO_3$$

2. 干燥剂应事先焙烧，焙烧后应放在干燥器内保存，防止吸潮。装置 2 中碱石灰的作用是脱水，装置 4 中无水 $CaCl_2$ 是为了除水、吸收和冷却氨。

3. 导气管插入具支试管中的高低应由氨水的浓度决定。如用浓氨水，导管口距离液面约 0.5 cm，如用 1:1 的稀氨水，导管口应插入液下约 0.5 cm。应慢慢鼓气，以防止把水鼓入干燥管以及使过量氨进入燃烧管。一般以 1 s 鼓一下为宜，尽量让进入燃烧管的 NH_3 和 O_2 的体积比是 4:5，以不出现白色烟雾为标准。

4. 为保证温度达到催化温度（400 ℃ ~ 450 ℃），必须用多头酒精灯预热 Cr_2O_3，使其由墨绿色（或灰绿色）变成红色。只有发红时，才能鼓进 NH_3 和空气。如 Cr_2O_3 不发红，说明 NH_3 不足，可将具支试管中的导管向下移一点。如果广口瓶 6 中出现白烟（NH_4NO_3），说明 NH_3 过量，这时可将导管略向上提。所以，操作时应仔细观察，慢慢鼓气。

5. 尾气仍有少量 NO 和 NO_2，应用 NaOH 稀溶液进行吸收，防止污染，所以实验后应将导气管插入盛有 NaOH 溶液的烧杯里。

6. 实验结束后应先撤去装置 1、6、7，然后移去酒精灯。所用仪器应冷却后才能洗涤。

六、问题与讨论

氨催化氧化的反应原理如下。

在洁净的氧气里，氨燃烧生成氮气和水，发出黄色火焰，在有催化剂存在下，可生成 NO，其反应的化学方程式为：

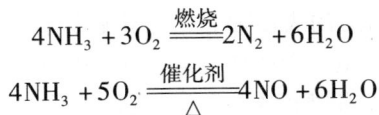

$$4NH_3 + 3O_2 \xrightarrow{燃烧} 2N_2 + 6H_2O$$

$$4NH_3 + 5O_2 \xrightarrow[\triangle]{催化剂} 4NO + 6H_2O$$

由于反应中放出许多热量，故反应开始后催化剂不需要外界供应能量，就能继续保持红热。生成的 NO 立即跟剩余的氧气化合，生成红棕色的 NO_2 气体，即：

$$2NO + O_2 = 2NO_2$$

生成的 NO_2 再被水吸收生成硝酸，即：

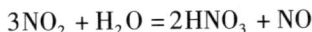

$$3NO_2 + H_2O = 2HNO_3 + NO$$

可在实验结束后取下广口瓶 5 的瓶塞，用湿润的蓝色石蕊试纸，在广口瓶口处检验，蓝色试纸变红，即呈酸性，由此可证明在广口瓶 5 中有硝酸生成。

尾气用氢氧化钠溶液吸收，主要除去其中的氮的氧化物：

$$NO_2 + NO + 2NaOH = 2NaNO_2 + H_2O$$

实验四　简易炼铜法

一、实验目的

通过实验使学生了解氧化铜在高温与过氧化钠等引火剂存在的条件下，与铝反应生成铜的反应原理及冶炼过程。

二、实验用品

氧化铜、铝粉、氯化钾、蔗糖、过氧化钠、蒸馏水、铁架台（附铁圈）1个、铁盒、沙子、药匙、马粪纸、细铁丝、长胶头滴管1个、表面皿1个、滤纸、镊子1个。

三、实验准备

1. 制作湿漏斗：取一直经约为15 cm的马粪纸，折叠成漏斗状，其下端用细铁丝捆扎固定，并在下端出口处剪一直径约1 cm的小圆孔，用水浸湿后即成湿漏斗。再把湿漏斗放在铁架台的铁圈上，并在湿漏斗的正下方，放一个盛沙的铁盘子，备用。

2. 制作干漏斗：用一圆形滤纸折叠成和上述湿滤斗形状大小相同的漏斗，即为干漏斗，备用。

图 5 - 8　简易炼铜
1 - 氧化铜、铝粉；2 - 氯酸钾、蔗糖、过氧化钠；
3 - 细沙；4 - 滴管（水）；5 - 湿、干漏斗

3. 称取10 g黑色氧化铜粉末和2 g铝粉，放在干燥洁净的表面皿里，用药匙轻轻搅拌将它们混合均匀。然后倒在上述自制的干漏斗里，中间用药匙掘出一凹洞。再在凹洞处依次放入引燃剂2 g氯酸钾粉末、5 g蔗糖粉末、2 g过氧化钠粉末。最后将此盛放药品的干漏斗，放在上述湿漏斗里（如图5 -8），备用。

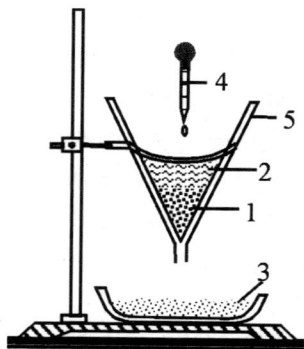

四、实验步骤及现象

用长胶头滴管吸取少量水，向干漏斗内的引燃剂过氧化钠等粉末上滴2~3滴水，混合物立即着火燃烧，产生耀眼的白色光芒，火星四射。与此同时，熔融态的铜水从湿漏斗的出口处直泻在漏斗下盛沙的铁盘中。待铁盘冷却后，再用镊子从沙盘中找出紫红色的铜粒。

五、实验现象分析

上述实验现象的产生，是由于强氧化剂过氧化钠易溶于水并与滴入的水发生剧烈反应，放出大量热量，生成 NaOH 和 H_2O_2，而 H_2O_2 分解放出 O_2，又引起蔗糖的氧化和氯酸钾的分解（在352 ℃时便分解放出氧气），加速了混合物着火燃烧，其燃烧时的高温又促进了铝粉与氧化铜的氧化还原反应。有关反应的化学方程式如下：

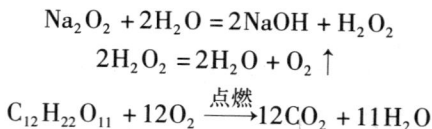

$$Na_2O_2 + 2H_2O = 2NaOH + H_2O_2$$

$$2H_2O_2 = 2H_2O + O_2 \uparrow$$

$$C_{12}H_{22}O_{11} + 12O_2 \xrightarrow{\text{点燃}} 12CO_2 + 11H_2O$$

$$2KClO_3 \xrightarrow{\text{高温}} 2KCl + 3O_2 \uparrow$$

$$3CuO + 2Al \xrightarrow{\text{高温}} Al_2O_3 + 3Cu$$

六、实验注意事项

1. 所用仪器（如表面皿、药匙等）都应是干燥洁净的，避免混有的杂质和药品过早地与水反应。

2. 干漏斗制成后不要立即放在湿漏斗内。只能在装好药品进行实验时才能放入，避免干漏斗吸潮。

3. 所用的药品一定要干燥，尤其是 CuO 和 Al 粉。可在实验前进行烘干并放在干燥器内保存，用时才取出。另外所有药品都应呈粉末状，以利于反应。

4. 实验前应移去装置旁的易燃物。

5. 操作前实验人员应戴上石棉手套和安全眼镜。面向学生一面的装置，应放个透明的安全屏，既便于观察又保证学生的安全。

6. 实验时向干漏斗内滴水后，因反应猛烈，实验人员应迅速远离实验装置，避免灼伤。

7. 实验过后的纸漏斗应做处理，炼出的铜应等铁盘冷却后，才能拣出来，以免烫伤。

七、问题与讨论

CuO 是棕黑色的非结晶粉状物或粗的黑色小粒，不溶于水和乙醇，溶于稀酸、氯化钾和碳酸铵溶液，易被氢、CO、单质 C 及金属还原。这里用的是高温时 CuO 被 Al 还原成单质 Cu 的反应。

实验五　酚醛树脂的制取

一、实验目的

通过实验加深学生对缩聚反应和简单制取酚醛树脂的仿工业法的认识。

二、实验用品

苯酚、甲醛（40%）、浓盐酸、浓硫酸、冰醋酸、氢氧化钠、酒精、蒸馏烧瓶（125 mL，附导气管）1 个、分液漏斗（125 mL，附橡皮塞）1 个、烧杯（200 mL）1 个、铁架台（附铁圈和铁夹）、量筒（50 mL）4 个、酒精灯 1 个、小试管（5 mL）1 个、纱布、火柴 1 盒。

三、实验准备

1. 课前应将蒸馏烧瓶、分液漏斗、小试管、导气管和小烧杯都洗净、烘干或烤干，备用。

2. 将一块洁净的纱布用稀氢氧化钠溶液润湿，备用。

3. 将分液漏斗导管处套上一个与蒸馏烧瓶上口配套的橡皮塞，备用。

四、实验操作及现象

1. 量取 30 mL 浓盐酸倒入蒸馏烧瓶内，并把它固定在铁架台上。

2. 在分液漏斗的管口套上一个小试管，然后将此漏斗装入上述烧瓶内并塞紧连接的橡皮塞。再向分液漏斗内倒入 40 mL 浓硫酸。

3. 在小烧杯里放入 5 g 苯酚，微热使其熔化，再加入 6 mL 40% 的甲醛溶液（相当于 5 g）和 11 mL 冰醋酸，混合均匀。然后将蒸馏烧瓶的导气管插入烧杯的溶液中，再在烧杯口上盖一块用稀氢氧化钠处理后的纱布。装置如图 5-9。

4. 打开分液漏斗活栓，让浓硫酸慢慢滴入烧瓶内，使氯化氢从溶液内

图 5-9 酚醛塑脂的制备
1-浓 H_2SO_4；2-浓 HCl；
3-苯酚、甲醛、冰醋酸；4-纱布

蒸发出来，进入烧杯并与烧杯内的酚醛混合物发生反应。混合物溶解并很快变浑浊，然后逐渐变成黄色粘稠状，最后突然变成蓬松状态而膨胀起来。这时应停止通入氯化氢，生成淡红色酚醛树脂，用水冲洗取出。

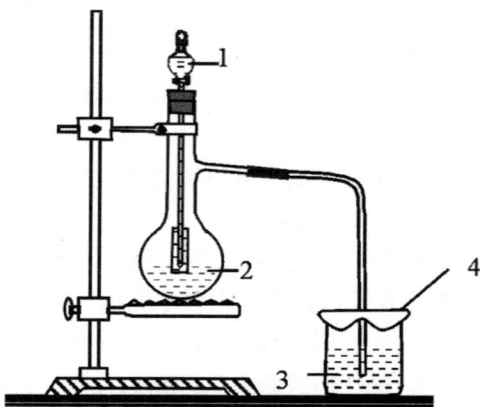

五、实验反应原理

酚醛树脂通常是由苯酚跟甲醛的缩聚反应制得，但因催化剂种类、苯酚和甲醛的用量比例以及温度等条件的不同，产物也会有所不同。上述实验是在酸性条件下进行的，（酸性催化剂可用盐酸、硫酸、草酸，这里用的是盐酸）苯酚略过量。甲醛与苯酚的摩尔数比小于 1 时（工业生产中，两者比为 5:6 或 6:7），苯酚分子中苯环的两个邻位与甲醛起反应，形成线状高分子化合物，生成了热塑性的线型酚醛树脂。随着溶液 pH 的减小，反应速度加快。其反应机理如下：

首先酚与醛形成一羟甲基苯酚：

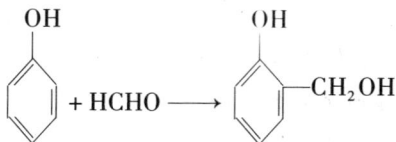

然后一羟甲基苯酚与其他苯酚分子的活性氢原子化合生成水，同时生成二羟基二苯基甲烷：

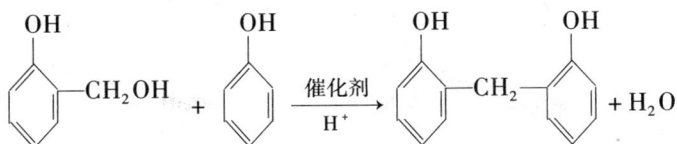

最后再经多次重复缩合，生成能溶于乙醇等有机溶剂的线型酚醛树脂：

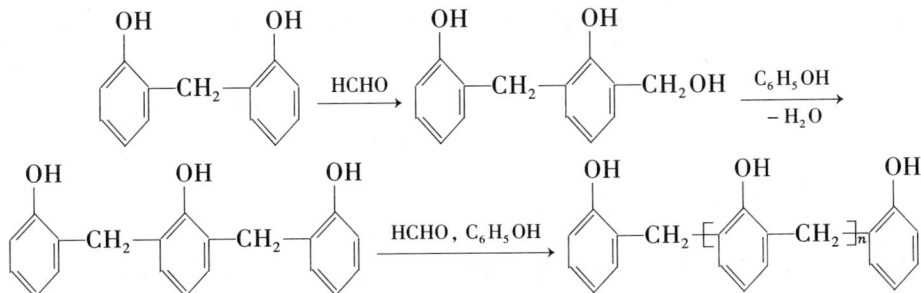

式中 n 为缩聚度，一般 n = 4～8。

六、实验注意事项

1. 实验开始时滴入浓硫酸的速度不要太快，以烧杯内每秒钟产生 1 个气泡为宜。当氯化氢通入小烧杯内约 5 min 左右，可调节漏斗活栓，使浓硫酸滴下的速度再减慢些，以免氯化氢的导管阻塞和混合物体积突然膨胀而引起过猛的飞溅。大约通气 10 min，混合物便会突然膨胀，这时即可停止滴加浓硫酸。用水冲洗烧杯，取出酚醛树脂。

2. 为防止混合物的飞溅和中和酸雾，在烧杯口上可盖上一块用稀氢氧化钠溶液浸湿的纱布。

3. 在漏斗管口套上一个小试管，是为了让浓硫酸从试管口慢慢外溢出来，与浓盐酸接触，吸收浓盐酸中的水分，促使氯化氢慢慢蒸发出来。

4. 因甲醛有一定的毒性，苯酚有强烈的腐蚀性，操作时应注意通风和安全，防止吸入其蒸气。观察现象时头部不要接近小烧杯，以免混合物体积膨胀时，飞溅到眼及面部，造成灼伤。万一皮肤接触苯酚，会灼伤成白斑，应立即用酒精冲洗，或用酒精棉球擦洗，然后再用水冲洗，至白斑消失。

5. 实验完毕应清洗烧杯，用水洗不掉时，可以加入乙醇浸泡几分钟，然后再刷洗。如再洗不掉，可参考本书第 18 页"粘有酚醛树脂的试管的清洗方法"。

七、问题与讨论

1. 苯酚是无色的晶体，但在空气中易被氧化成对苯醌：

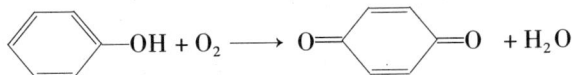

它再与苯酚相结合，生成一种结构复杂的红色物质。所以苯酚放置过久会呈粉红色，但不影响实验。另外，苯酚在空气中吸收空气中的水分会导致其熔点降

低，甚至在常温下变成液体，所以保存时应注意密封。

2. 40%的甲醛溶液存放时间过长，会聚成白色片状或粉状固体。所以实验时如果用的是新买的40%的甲醛溶液，本实验应量取6 mL。如已结成固体，需要称取5 g并小心捣碎，即可使用。

第五单元　小化工制作实验

实验一　火柴的制作

一、制作原理

目前使用的普通火柴有多种配方，因白磷极毒，又易自燃，所以均以红磷为原料。红磷仅在摩擦时才能燃烧，因此，红磷的极小微粒在摩擦热的作用下，在空气中燃着后，便引起火柴头上易燃成分的燃烧。

二、制作配方

现举两例如下（组成以重量百分数表示）：

表5-15　火柴制作配方一

火柴头药	含量（%）	火柴盒药	含量（%）
$KClO_3$	46.5	红磷	30.8
$K_2Cr_2O_7$	1.5	Sb_2S_3	41.8
S	4.2	白垩	2.6
锌白	3.8	锌白	1.5
铅丹或氧化铁	15.3	铅丹或氧化铁	12.8
玻璃粉	17.2	玻璃粉	3.8
骨胶	11.5	骨胶	6.7

表5-16　火柴制作配方二

火柴头药	含量（%）	火柴盒药	含量（%）
$KClO_3$	52	Sb_2S_3	48
$K_2Cr_2O_7$	1	红磷	48
ZnO	1	炭黑	1
MnO_2	12	皮胶	3
S	5		
炭黑	1		
玻璃粉	12		
松香	4		
皮胶	12		

三、制作方法

1. 首先将火柴头药分别在干燥洁净的研钵内研细，然后将它们一一放在一个大蒸发皿内，用玻璃棒混合均匀，再慢慢滴加 25% 的胶水，边滴边搅拌，调和成稠糊，备用。

2. 将火柴盒药也分别在干燥洁净的研钵内研细，再将它们一一倒入一个蒸发皿内，用玻璃棒搅拌均匀，再慢慢滴加较稀的胶水，边滴边搅拌，调和成稀薄糊状的火柴盒药液。然后用洁净的毛刷涂刷在火柴盒的两侧上，晾干，备用。

3. 取一块石蜡放到一洁净的蒸发皿内，加热使其熔化。然后趁热取火柴棒，放入熔化的石蜡液中，蘸取石蜡至棒端约 2 cm 处，沾好后冷凝，备用。

4. 在一根细绳上系满木夹，备用。

5. 将粘有石蜡层的火柴棒放到上述配好的稠糊状的火柴头药中，轻轻转动火柴棒，使头部均匀地粘满火柴头药，取出，分别夹在上述木夹上，晾干，备用。

6. 上述火柴棒、火柴盒都晾干后，即可使用。手拿火柴棒头，只要轻轻地在火柴盒有药处一擦，火柴棒即被点燃。

四、问题与讨论

如需要红色信号火柴，可在火柴药头中增加适量的 $Se(NO_3)_2$；如需要绿色信号火柴，可在火柴头药中增加适量的 $Ba(NO_3)_2$。

实验二　焰火的制作

一、实验准备

取氯酸钾和淀粉各 5 g，并将氯酸钾放在研钵里研成细粒状，再和淀粉混合均匀，然后将它们分成四等分放在四个蒸发皿内。向第一个蒸发皿里放入 2 g 硝酸锶、第二个蒸发皿里放入 2 g 硫黄、第三个蒸发皿里放入 2 g 氯化铜、第四个蒸发皿里放入 2 g 镁粉。分别用玻璃棒轻轻搅拌均匀，备用。

二、实验操作及现象

把上述四个蒸发皿摆在实验台上，然后向四份药品上分别滴加浓硫酸各 2~3 滴，它们均立即着火燃烧，产生美丽的火焰。第一个蒸发皿里产生红色火焰、第二个蒸发皿里产生蓝色火焰、第三个蒸发皿里产生绿色火焰、第四个蒸发皿里产生白色火焰。

三、实验现象分析

上述实验现象的发生是由于浓硫酸与氯酸钾反应，使氯酸钾分解产生 ClO_2，而 ClO_2 再分解产生 O_2，放出的热量促使淀粉燃烧，产生的高温再使各种金属及金属盐类燃烧，并发出不同颜色的火焰。其反应的化学方程式如下：

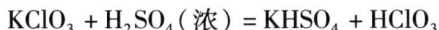

$$KClO_3 + H_2SO_4(浓) = KHSO_4 + HClO_3$$

$$3HClO_3 = HClO_4 + H_2O + 2ClO_2 \uparrow$$
$$2ClO_2 = Cl_2 + 2O_2$$

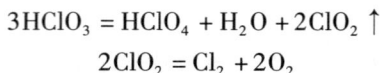

四、实验注意事项

1. 所使用的全部仪器应干燥洁净，避免影响实验效果和引起事故。

2. 为了保证各种药品容易着火燃烧，避免在制作焰火时发生燃烧或爆炸事故，必须保证药品干燥并严格遵守操作程序。

3. 各种药品必须分别研磨成粉末后，再行混合。如果混合后再研磨，摩擦放出的热量可能使药品着火燃烧。

4. 氯酸钾应研成细粒状，以使反应更充分，但不能研成粉状使反应过分猛烈。

5. 浓硫酸一定要浓，切忌吸水。同时，浓硫酸不能滴的过快、过多，以免反应过于剧烈，发生危险。

6. 浓硫酸与氯酸钾反应猛烈，操作时应细心并戴上手套、围上围裙。注意不要溅到手上、眼里或衣物上，避免灼伤事故的发生（中毒与急救见本书第37页"浓硫酸的实验"）。

7. 实验过后应立即处理四个蒸发皿。可用碱液清洗，然后再用水冲洗。

五、问题与讨论

1. 金属及金属盐类燃烧时，为什么会发出不同颜色的火焰呢？

各种物质的结构和电子排列不同，它们在燃烧时一旦受热，电子便可能增加能量，从原来的轨道跃迁到更远的轨道上，这种现象叫"激发"。当处于激发状态的电子，恢复到原来状态时，就会发射出不同波长的光把能量释放出来。各种金属盐类发射出来的光线的波长不同，所以光的颜色也不同。在可见光范围内，波长最长的是红色，其次是橙、黄、绿、青和蓝光，波长最短的是紫光。例如，燃烧时，锶及锶盐发出红光；钙及钙盐发出浅红光；钠及钠盐发出黄光；钡及钡盐发出浅绿光；铜及铜盐发出绿光，但硫酸铜（含结晶水）则发出蓝光；钾及钾盐发出紫光；硫发出蓝光；镁及镁盐发出白光等。所以第一个蒸发皿里的锶盐燃烧发出红色火焰；第二个蒸发皿里的硫黄燃烧发出蓝色火焰；第三个蒸发皿里的氯化铜燃烧发出绿色火焰；第四个蒸发皿里的镁粉燃烧发出白色火焰。

2. 焰火就是利用各种不同的金属及其盐类在灼烧时发出不同颜色的光制成的，如果将几种单色焰火混合在一起进行点火燃烧，可以得到彩色焰火。常见的各色焰火，可按下列质量比配方进行调制：

红色：用氯酸钾、硫黄、木炭和硝酸锶，质量比为 4∶11∶2∶33；

绿色：用氯酸钾、硫黄和硝酸钡，质量比为 9∶10∶31；

蓝色：用氯酸钾、硫黄、硝酸钾和蔗糖，质量比为 7∶5∶7∶2；

黄色：用硫黄、木炭、硝酸钾和硝酸钠，质量比为 6:1:15:1；

白色：用硫黄、木炭、硝酸钾和镁粉，质量比为 3:2:12:1。

3. 焰火的制作：如需要制作可以燃放的焰火，可在上述药品配制完毕后，立即分放在草纸上卷紧，然后用线扎牢，挂在细长的木棒或竹竿上。手持木棒，点燃纸卷下方，纸卷内的药品便燃烧，放出灿烂的彩色光芒。只用一种药料配成的是单色焰火。如把各组单色焰火的药料配合燃烧，就能得到五彩绚丽的焰火。

4. 通常节日看到的焰火，是利用发射装置把药料发送到空中燃烧放出的。军事上是把各种药料装到子弹或炮弹里，制成红、绿、蓝、黄、白等颜色的信号弹。

实验三　金属上写字用的墨水的配制

在金属上写字可以用特殊铅笔写，也可用墨水写。这里介绍此种特殊墨水的配制方法。其配制过程如下：

1. 取 1 份重量的亚甲基蓝颜料放入烧杯里，然后加入 150 份重量的酒精使其溶解。再加入 20 份重量的研细的松香，搅拌使其充分混合均匀。

2. 将上述盛混合物的烧杯，小心地放在热水中进行水浴加热。轻轻搅拌直到松香完全溶化为止，备用。

3. 取 3 份重量的硼砂放入盛有 250 份重量热水的烧杯里，充分搅拌使其溶解。待完全溶解后，再将它倒入上述溶液中，搅拌均匀，即制成了能在金属上写字的墨水。

实验四　蓝黑墨水的配制

一、配　方

表 5 - 17　各成分的比例及其所起的作用

成分	数量（份）	作用
草鞣酸	2	主要成分
没食子酸	1.5	主要成分
硫酸亚铁	3.25	主要成分
浓硫酸	0.7	防止墨水沉淀
墨水蓝	2.5	作颜料用
酸性大红	0.15	作颜料用
石炭酸	0.5	防止蓝黑墨水有机物腐败
甲醛	少量	防止 Fe^{2+} 被氧化剂氧化成 Fe^{3+}
胶水	0.5	增加蓝黑墨水粘性，防止产生沉淀
蒸馏水	500	溶剂

二、制作方法

将 500 份蒸馏水分成三份，分倒在三个洁净的烧杯里（其中第二个烧杯里水较多些）。先将没食子酸和草鞣酸放入第一杯蒸馏水里，搅拌溶解。再取一干燥洁净的烧杯并向烧杯里倒入浓硫酸，放入硫酸亚铁，充分搅拌使其溶解，并将此溶液慢慢地倒入第二杯蒸馏水中，混合均匀。然后将墨水蓝和酸性大红溶于第三杯蒸馏水中。最后，将上述三杯溶液充分搅拌混合均匀，再加入石炭酸、胶水及少量甲醛，充分搅拌使其溶解并混合均匀即成蓝黑墨水。

实验五　彩色温度计的实验室制作方法

一、制作原理

在实验室里用二氯化钴制作彩色温度计，是利用 $CoCl_2 \cdot 6H_2O$ 晶体在逐渐失水时，颜色变化特别鲜明的原理来制作。

众所周知，$CoCl_2 \cdot 6H_2O$ 在常温下就部分地失水，因而随着空气中的湿度不同而具有各种不同的颜色。如：

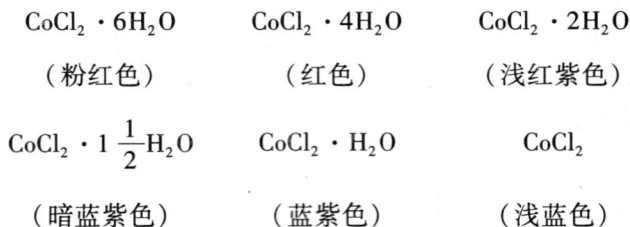

$$CoCl_2 \cdot 6H_2O \qquad CoCl_2 \cdot 4H_2O \qquad CoCl_2 \cdot 2H_2O$$

　　（粉红色）　　　　　　（红色）　　　　　　（浅红紫色）

$$CoCl_2 \cdot 1\frac{1}{2}H_2O \qquad CoCl_2 \cdot H_2O \qquad CoCl_2$$

　　（暗蓝紫色）　　　　　（蓝紫色）　　　　　（浅蓝色）

若把 $CoCl_2 \cdot 6H_2O$ 加热到 120 ℃，则变成浅蓝色无水盐 $CoCl_2$，再溶于冷水又呈粉红色，形成 $CoCl_2 \cdot 6H_2O$。所以，随着温度的升高二氯化钴逐渐失去和它相结合的水，直至全部失去结晶水变成蓝色 $CoCl_2$；反之当温度降低时，二氯化钴逐渐得到水分，变成粉红色的 $CoCl_2 \cdot 6H_2O$。在这中间形成不同的水合物，呈现不同深浅的蓝色和红色。

二、制作方法和步骤

1. 把少量二氯化钴晶体放入试管，然后向试管内倒入约 4 mL 无水酒精，二氯化钴溶解。因酒精能吸去晶体中的水分，故溶液呈现蓝色。

2. 加热上述盛酒精溶液的试管，并慢慢向试管内滴加蒸馏水。由于二氯化钴重新吸收水分，于是溶液颜色逐渐变淡、变红，一直到溶液冷却至室温后，变成淡红色为止。停止滴加蒸馏水，即制成了显示温度变化的液体。

3. 用橡皮塞塞紧试管口并用石蜡密封，即制成了彩色温度计。

4. 将此温度计插到不同温度的水中，用颜色把管中液体因温度改变而改变的色彩，依次画在白纸板上，并在各个颜色的旁边记下水的温度，这样便制成了一张温度变化的参照表。最后把此表附立在试管旁边，使用时对照溶液颜色的变化，就可测知气温的大致高低了。

实验六　平面镜的制作与研究

一、实验目的

通过实验加深学生对醛还原银氨溶液生成银的银镜反应的认识，使学生进一步了解工业镀银的方法。

二、实验用品

硝酸银、氨水、甲醛、氢氧化钠、氧化铁红、浓硝酸、蒸馏水、平面玻璃片、玻璃棒、烧杯、大木板（面积比玻璃片略大点）、脱脂棉。

三、实验准备

1. 平面玻璃的净化处理

将新玻璃裁成方块（小方块的大小不限），然后将一面粘贴上纸条以作记号。在准备作银镜用的另一面加少量氧化铁红，手持脱脂棉将氧化铁红与玻璃平面反复摩擦，以擦去可能沾污在玻璃表面的有机物。反复摩擦后，擦去氧化铁红，用水洗去表面剩余的氧化铁红，再用蒸馏水淋洗干净。为保证实验效果，也可将玻璃片先用热浓硝酸洗，再用蒸馏水洗，然后用 10% 的氢氧化钠溶液洗，最后再用蒸馏水洗涤干净。这样，实验时才可能得到光洁明亮的银镜。

2. 平面玻璃的放置

将上述净化处理后的玻璃片放在洁净的木板上，倒入少量蒸馏水，如平面玻璃已成水平，则玻璃表面会形成一层厚度均匀的水膜。如玻璃不成水平，则水会向低处流动，可调整木板位置使玻璃片水平，然后用玻璃棒刮去玻璃片上的水层，备用。

3. 银氨溶液的配制

在一洁净的烧杯里，倒入 100 mL 2% 的硝酸银溶液，再慢慢滴加 2% 的氨水，边滴边搅拌，直至最初生成的白色 AgOH 沉淀溶解。再加 70 mL 3% 的 NaOH 溶液，搅拌均匀后，再滴加 2% 的氨水直至溶液完全清澈为止，最后再加蒸馏水稀释至 500 mL。

四、银镜的制作

取一定量上述银氨溶液，逐滴滴加甲醛溶液（每毫升银氨溶液加入 1 滴 40% 的甲醛溶液）。振荡均匀后，迅速倒在已搁平的平面玻璃上，等待 15 ~ 20 min 后，反应完毕，形成镜面。小心取下玻璃，弃去镜面上已反应的溶液，再用水淋洗除去镜面上的剩余溶液，放在通风处晾干即成平面镜。为了保护镜面，也可在晾干后及时刷上保护漆，以防止镜面上的银被氧化并避免拿动时擦掉银的镀层。待保护漆干后，即正式制成了明亮的平面镜。

五、实验注意事项

1. 平面玻璃片实验前一定要洗净，这是本实验成败的关键。若洗的不洁净，不能形成光亮的银镜，而是一层不均匀的黑色或灰白色疏松的银粒子附在玻璃片上，所以必须按上述方法洗净。

2. 配制银氨溶液时切记氨水一定不能过量，否则溶液中 Ag^+ 浓度太小，不但不易形成银镜，而且还会生成雷酸银（AgONC）。雷酸银在受热或者撞击时有爆炸的危险，而银氨溶液本身也将失去灵敏性。

为了防止 $NH_3 \cdot H_2O$ 过量，可以加入 OH^- 调节溶液的 pH 使其 pH 范围为 13 ~ 14。

3. 银氨溶液要现用现配。因银氨溶液放置过久，会生成黑色的氮化银（Ag_3N）、叠氮化银（AgN_3）、亚氨基银（Ag_2NH）等爆炸性沉淀。当受震动时即分解发生爆炸。故此，实验过后剩余的溶液不能久置，可以加入稀硝酸酸化破坏，然后倒入水槽，再用水冲掉。其化学反应方程式为：

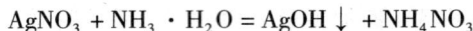

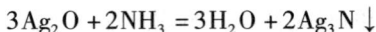

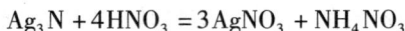

$$AgNO_3 + NH_3 \cdot H_2O = AgOH \downarrow + NH_4NO_3$$

$$2AgOH = Ag_2O + H_2O$$

$$3Ag_2O + 2NH_3 = 3H_2O + 2Ag_3N \downarrow$$

$$2Ag_3N = 6Ag + N_2 \uparrow$$

$$Ag_3N + 4HNO_3 = 3AgNO_3 + NH_4NO_3$$

4. 甲醛的用量不宜过多，过多会使液体变黑（由银析出的速度太快引起的）。

5. 溶液配好以后，应立即小心慢慢地倒在放平的玻璃片上，不能流出来，以保证镀层的厚度。如玻璃片稍有倾斜或倒得过快都会使溶液流出来。这样溶液太浅，形成的银镜太薄或不均匀。

6. 做过的平面镜，如果不要了，可以滴几滴稀硝酸在镜面上，银镜便可除去，玻璃片可供再用。

7. 如用试管做此实验，可按中学教科书中规定的步骤去做。可用乙醛代替甲醛做此实验：向盛银氨溶液的试管中滴入 3 ~ 5 滴乙醛溶液，轻微振荡后，把此试管放入盛有热水的烧杯里温热。此时不要摇动。如试管洗得很洁净，不久便可看到试管内壁上附着一层明亮的银镜。如试管不洁净、加热时振荡或加入醛的量不恰当，就会生成黑色疏松的银的沉淀。下面是试管实验的原料配比（供参考）：

表 5-18　银镜反应试管实验的原料配比

原料	2% $AgNO_3$	5% NaOH	2% $NH_3 \cdot H_2O$	乙醛
用量	6 mL	1 滴	逐滴滴入至沉淀刚消失	3 ~ 5 滴（轻微振荡并温热）
	8 mL（再加 1 滴）	1 滴		5 ~ 6 滴（水浴温热）

六、问题与讨论

1. 银镜反应的原理：在上述反应里，$AgNO_3$ 与 $NH_3 \cdot H_2O$ 反应生成银氨络合物。乙醛很容易被氧化成羧酸，甚至可以被弱氧化剂氧化。本实验中银氨溶液就是一种弱氧化剂，它跟乙醛反应，把乙醛氧化成乙酸，乙酸跟氨反应生成乙酸铵，而银氨络合物的银离子被还原成金属银，附着在玻璃片上，形成了"银镜"，所以此反应叫"银镜"反应。其反应过程如下：

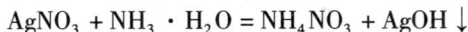
$$AgNO_3 + NH_3 \cdot H_2O = NH_4NO_3 + AgOH \downarrow$$
$$2AgOH = Ag_2O + H_2O$$

$$Ag_2O + 4NH_3 \cdot H_2O = 2Ag(NH_3)_2OH$$

$$CH_3CHO + 2Ag(NH_3)_2OH \longrightarrow CH_3COONH_4 + 2Ag \downarrow + 3NH_3 + H_2O$$

2. 上述银镜反应的实验中为什么既要加氨水，又要加氢氧化钠溶液呢？

因为 $AgNO_3$ 与 $NaOH$ 作用可生成 $AgOH$，而 $AgOH$ 不稳定，立即又分解成 Ag_2O，但黑色 Ag_2O 沉淀的生成，对反应的进行是不利的。为此要加入氨水使 Ag_2O 转化为可溶的氢氧化二氨合银 $Ag(NH_3)_2OH$ 络合物。当 $Ag(NH_3)_2OH$ 与醛反应时，醛基被氧化成羧基。

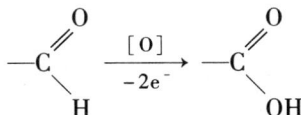

这里的 $[O]$ 是由 OH^- 转变来的：$2OH^- \underset{+2e^-}{\overset{-2e^-}{\rightleftharpoons}} H_2O + [O]$。$[O]$ 比较活泼，在上述氧化还原反应中，可将醛基中碳原子放出的 2 个电子转递给 Ag^+，使 Ag^+ 还原成 Ag。而 $[O]$ 进入醛基，使醛基被氧化为羧基。

由此可见，过量的 OH^- 离子的存在，能加快醛的氧化，所以在做银镜反应的实验时，为了加快银镜的生成，既要加氨水又要加氢氧化钠溶液。但 $NaOH$ 也不能加得过多，过多了效果也不好。

实验七　几种塑料制品材料的简易鉴别

一、实验目的

通过简易的燃烧实验使学生了解七种常见塑料的性能与区别方法，并学会正确使用的方法。

二、实验用品

聚苯乙烯塑料筷（或梳子）一段、聚氯乙烯雨衣（或塑料鞋底或塑料台布）一块、聚乙烯包装食品用的柔软塑料袋（或面盆）一片、聚丙烯玻璃纸似的塑料袋（或塑料水壶）一片、有机玻璃纽扣一个（或有机玻璃板一块）、酚醛塑料（电木）电器开关座（或电木梳）一块、赛璐珞眼镜框一段、酒精灯、镊子、废铁片、火柴、蒸发皿。

三、实验准备

将上述各塑料制品各取一段或一片洗净、晾干，备用。把废铁片放在酒精灯旁边，用于承接各塑料制品燃烧后的产物。

四、实验操作及现象

点燃酒精灯，分别取上述各塑料制品，用镊子夹住，在酒精灯火焰上点燃。注意观察它们燃烧时的难易程度、火焰颜色、燃烧时散发的气味、燃烧后本身的状态变化以及离火后能否继续燃烧的现象等，以便将它们一一区别开来。

1. 取一段干燥洁净的塑料筷子，用镊子夹住，在酒精灯火焰上点燃时，很容易燃烧，发出无色光，散发出苯乙烯气味，产生浓厚的黑烟，并有炭末飞溅（本身熔化并滴下黑色熔化物）。然后把白瓷蒸发皿底部放在火焰上时，蒸发皿底部有一层黑烟，离开酒精灯火后还能继续燃烧。此筷子是聚苯乙烯

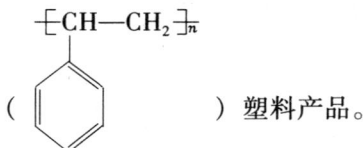

$\left(\begin{array}{c} \left[CH-CH_2\right]_n \\ \end{array} \right)$ 塑料产品。

2. 聚乙烯、聚丙烯都是最轻的塑料，比水还轻，燃烧时现象相似但仍有区别：

①取一片干燥洁净的包装食品用的柔软塑料袋，用手摸一摸有蜡状感，柔软光滑。用镊子夹住放在酒精灯上点燃，立即燃烧，发出无色光，没有烟，但有股蜡烛燃烧的气味，且边燃烧边熔融，有石蜡液体滴落，离开酒精灯火焰，还能继续燃烧。此塑料薄膜是无毒的聚乙烯（$\left[CH_2-CH_2\right]_n$）塑料。

②取一片干燥洁净的塑料薄膜，用手摸此薄膜，如似玻璃纸有发脆的感觉。用镊子夹住放在酒精灯上点燃，很容易燃烧，发出无色光，燃烧时有石油气味。当把蒸发皿底放在火焰上时，底部有少量黑烟。同时边燃烧边熔化并有液体滴落，离开酒精灯火焰还能继续燃烧。此塑料薄膜是无毒的聚丙烯

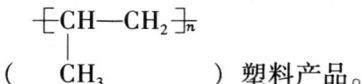

$\left(\begin{array}{c} \left[CH-CH_2\right]_n \\ | \\ CH_3 \end{array} \right)$ 塑料产品。

3. 取一片干燥洁净的雨衣（或塑料台布或鞋底），用镊子夹住在酒精灯上点燃时，不容易燃烧。燃烧时火焰上部呈黄色，底部呈绿色，并有股刺激性的氯化氢气味。燃烧的同时，本身变软，离开灯火时，自行熄灭。此塑料雨衣是聚氯乙烯（$\left[\begin{array}{c} CH_2-CH \\ | \\ Cl \end{array} \right]_n$）塑料产品。

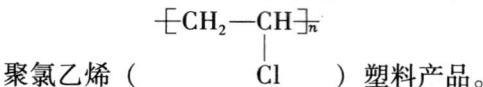

4. 取一干燥洁净的有机玻璃纽扣，用镊子夹住放在酒精灯上点燃时，很容

易燃烧。火焰呈浅蓝色而焰端又带白色，虽无烟，但有火星溅出。燃烧时有股强烈的花果香味，本身软化起泡，离开酒精灯火焰能继续燃烧。此有机玻璃钮扣是聚甲基丙烯酸甲酯（

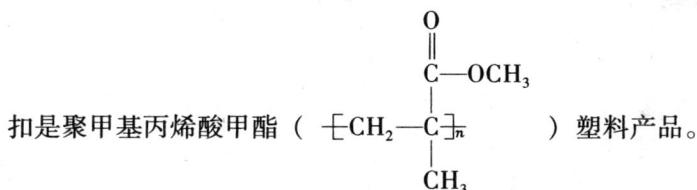

$$\left[CH_2\!-\!\underset{\displaystyle CH_3}{\overset{\displaystyle \overset{O}{\overset{\|}{C}\!-\!OCH_3}}{C}}\right]_n$$

）塑料产品。

5. 取一块电器开关座，用镊子夹住放在酒精灯上点燃时，很难燃烧。燃烧时火焰呈黄色并有火星溅出。同时散发出木材烧焦和药皂的气味。随着燃烧，本身膨胀变大并起裂，离开酒精灯火焰后自行熄灭。此电器开关座是酚醛塑料

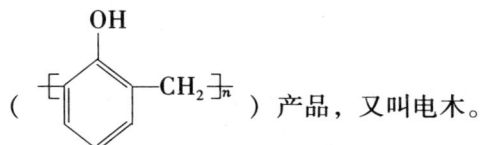

（

$$\left[\underset{\displaystyle OH}{\overset{}{\bigcirc}}CH_2\right]_n$$

）产品，又叫电木。

6. 取一段眼镜框，用镊子夹住放在酒精灯上点燃时，燃烧极为迅速。燃烧时发出炫目的白色火焰。由于燃烧速度极快甚至难以观察，离火后能继续燃烧。此赛璐珞眼镜框是硝酸纤维素塑料产品。

五、正确使用各种塑料制品

上述各塑料制品的共同特点是一般不耐热（个别塑料例外，如密胺塑料制成的餐具可在沸水中煮），加热至100 ℃ ~ 110 ℃时就易变形。另外，遇火燃烧难易程度虽不同，但还是都会燃烧的。各种塑料虽有相同之处，但各有其独特的个性，所以使用时应根据其特性区别对待，正确使用。

1. 聚乙烯塑料盆、聚氯乙烯水瓶壳等，不能放在正在使用的煤气灶旁。因煤气燃烧时散发出的热量，会使它们熔化、变形而损坏。因此，放置时应远离火源。

2. 聚氯乙烯制成的各种鞋底弄湿时，不能放在火炉上烤，以免软化而损坏，只能晒干或晾干。同理，熨衣服时，不能把热熨斗放在聚氯乙烯的台布上，避免烫坏台布。

3. 聚氯乙烯塑料雨衣，不宜在阳光下曝晒，因为聚氯乙烯在强太阳光曝晒下，受到紫外线照射会发生分解，放出氯化氢。同时，受热也会使增塑剂挥发，致使雨衣变硬变脆而破裂，因此此类雨衣只能在通风处晾干。

4. 聚苯乙烯塑料筷子等不宜在沸水中蒸煮消毒，也不能在消毒柜中高温消毒，以免受热软化变形。只能用消毒剂消毒、清洗。另外聚苯乙烯制品敲击时有清脆的金属声音，掉在地上容易破碎，所以使用时应防止跌落。

5. 聚丙烯塑料耐热性较好些，用它制成的塑料袋能盛放刚出锅的热油条或

煎饼。所以卖油条所用的袋子是聚丙烯塑料袋，其他塑料袋不能使用。

6. 收音机、电视机等家电外壳，都是塑料制品，应放在没有太阳光直射的避光处，不要放在窗口旁边太阳光能晒到的地方。因为光和热都会加速它们的老化。

7. 有机玻璃板虽比重小，透光性能好又不易破碎，但其表面硬度低、不耐磨，故不宜用力摩擦，以防磨损造成表面不光滑。

8. 赛璐珞眼镜框是硝化纤维（胶棉）和樟脑的酒精溶液相混合制成的透明塑胶。常温时为坚硬的物体，加热时易软化并易着火。所以，修理眼镜框时，只能用微灯火小心烘烤，使其软化便于校正，不能用高温烘烤，因为用高温烘烤时会使其迅速软化、变形甚至燃烧。用赛璐珞可以制成很多物品，如梳子、钢笔杆、伞柄、盒子、照相底片、电影胶片等。此外，赛璐珞是很好的绝缘体，可以用在电工技术上。

9. 熨烫衣衫时，热熨斗不能碰到有机玻璃纽扣或电木纽扣。因为此类纽扣遇热会熔化变形。所以熨衣时应小心。

10. 用于装食品的袋子应选用聚乙烯塑料薄膜袋，不能用聚氯乙烯塑料袋。因为聚氯乙烯塑料添加剂中，一般含铅及有机增塑剂等有害毒物，不能与食品接触，只能做雨衣、台布等。但是在聚氯乙烯中添加无毒添加剂制成的塑料袋，也可包装食品和药物。

六、实验注意事项

1. 实验后剩余的废塑料制品，不能采用燃烧的方法处理。因为塑料制品大多数为有机碳氢化合物，燃烧时会产生大量有毒气体和烟雾，人们吸入后会引起中毒，所以只能由专人收购回收处理。

2. 上述各种塑料燃烧实验都会产生有毒气体或烟雾，所以应在通风橱中或在通风条件较好的实验室内进行，同时操作者应站在上风口处，以防事故发生。

七、问题与讨论

1. 塑料制品为什么会夏软冬硬?

塑料制品之所以有一定的柔软性，是因为其中加了增塑剂。增塑剂是一种高沸点的酯类，它能使塑料制品分子间的吸引力减弱，使分子间的活动较容易从而使塑料具有柔软性，但由于气温的变化，高分子材料会发生热胀冷缩。在夏季高温时，塑料中的增塑剂和稳定剂会发生热振动或迁移运动，使塑料体积有增大的趋势，并且其分子链松散，分子间引力减弱，分子链容易滑动，故夏季显得柔软；冬季气温低时，塑料体积趋于缩小，其分子链间的距离缩短，分子间引力加大，分子间相对移动困难，降低了塑料的柔软性，因而冬季出现发硬现象。

2. 塑料制品为什么容易起电？

一般说来，任何两种不同的物体都可以因摩擦而带电，而塑料、橡胶、毛皮、丝绸之所以较其他物体容易带电，主要是因为它们都是绝缘体，由于摩擦在它们上面引起的多余电荷不易消失，成为静电停留在某个位置上，因而容易起电。用合成纤维做的衣服，也容易起电，有时在黑暗中脱这样衣服，可以听到放电声，甚至可以看到火花。

实验八　多种纤维常用的鉴别方法

随着化学工业和纺织工业的发展，市场上出现了越来越多的新型衣料，如棉、毛、丝、麻、化学纤维、合成纤维，以及纯纺、混纺等。面对这五花八门的纤维衣料，如何选择、如何识别真伪，是我们所面临的生活实际问题。

一、简易鉴别法

鉴别纤维可以先用简便易行的方法初步判断。如从织物中抽几根单丝，若纤维短且长短不一，可能是棉花、羊毛等天然纤维；若长度在 25 mm，大致可以确定是纯棉纤维；若长度一致可能是人造纤维、合成纤维；如果是长丝，可在舌头上粘点水将丝线润湿，若在湿的地方容易拉断，可能是粘胶纤维，若不一定断在湿的地方，则可能是蚕丝，若不论纤维干或湿都不易拉断，则可能是涤纶、腈纶等合成纤维。

二、燃烧法

进一步鉴别纤维，可用燃烧法。通过观察各纤维燃烧的难易、燃烧状况、燃烧时的气味和燃烧剩余物的形状，作出较准确的判断。鉴别方法如表 5 – 19。

表 5 – 19　燃烧法鉴别

类别	主要成分	燃烧难易程度	燃烧状况	燃烧气味	燃烧剩余物状态
棉纤维或粘胶纤维	纤维素（$C_6H_{10}O_5$）n（与纸的成分相同）	一点即燃	离开火焰继续燃烧	纸烧焦味	燃烧后保持原线型，残留灰白色灰烬，手触灰碎
锦纶织品	聚酰胺 $-[NH(CH_2)_5-C(=O)]_n-$	慢慢燃烧	边熔融边徐徐燃烧	放出氨的臭味	吹熄火焰，纱头上出现亮棕色似玻璃熔珠
涤纶织品（的确良）	聚对苯二甲酸乙二酯（含 C 量高） $-[CH_2CH_2OOC-\bigcirc-COO]_n-$	接触火焰能燃烧	边熔融边冒黑烟	芳香气味	燃烧时滴下熔融物，灰烬为黑褐色，玻璃球状易捻碎
腈纶织品	聚丙烯腈 $-[CH_2-CH(CN)]_n-$	接触火焰能燃烧	边收缩边熔融、边燃烧火焰有闪光	氮的氧化物的特殊气味	灰烬是脆而不规则的黑色块状物

续表

类别	主要成分	燃烧难易程度	燃烧状况	燃烧气味	燃烧剩余物状态
维纶织品	聚乙烯醇缩甲醛 $\left[CH-CH_2-CH-CH_2 \right]_n$ $\underset{O-CH_2-O}{\qquad}$	燃烧很缓慢	先收缩变形,火焰很小,冒浓黑烟	刺鼻的电石气味	灰烬呈不定形的黑褐色的硬块
丙纶织品	聚丙烯 $\left[CH-CH_2 \right]_n$ $\underset{CH_3}{\qquad}$	燃烧缓慢	边熔融边缓慢燃烧,火焰明亮呈蓝色	石蜡气味(受热分解出丙烯)	没有灰烬,燃烧剩余物呈透明球状
氯纶	聚氯乙烯 $\left[CH_2-CH \right]$ $\underset{Cl}{\qquad}$	不易燃	先收缩熔融难以燃烧	难闻气味(分解出氯乙烯及氯化物)	灰烬呈不规则的块状物
毛料及蚕丝织物	蛋白质(与人的毛发成分相同)	一点即燃	燃烧时先卷缩	烧毛发的臭味	灰烬呈黑色膨胀颗粒,易粉碎

表 5-20 7 种纤维织品的熨烫温度

织品名称	熨烫温度(℃)
粘胶纤维	120~160
锦纶纤维	120~140
涤纶纤维	140~160
腈纶纤维	110~130
维纶纤维	120~130
丙纶纤维	90~100
氯纶纤维	50~70

实验九 几种胶的制取方法

一、万能胶的制取

1. 制取方法

①取 4 份重量的木工胶捣碎,放在水中浸泡一昼夜,然后放在水浴锅里隔水煮 1~2 h(不可煮沸)至木工胶完全溶解为止,备用。

②在另一容器内放 1 份重量的熟石灰、3 份重量的糖和 9 份重量的水,混合均匀后,放在酒精灯上煮沸。煮沸后取下静置 2~3 天,备用。

③将上述静置后澄清的溶液倒在另一个干净的容器内,再将溶解的木工胶倒入此容器中并不断搅拌,制成万能胶。

2. 应用范围

此种万能胶不会凝结，可以用来粘纸、硬纸板、玻璃、瓷器和其他材料。

二、糊精胶的制取

1. 制取方法

取 3 份重量的糊精放入一容器内，用 4~5 份重量的冷水搅拌均匀，然后进行加热。边加热边搅拌，且同时放入 1 份重量的甘油，制成糊精胶。

制成后的糊精胶应放在密封的容器中保存。

2. 应用范围

此糊精胶能保存较长时间，可以用来粘纸、硬纸板、把织物粘在纸板上、把皮革粘在织物上等。

三、玻璃用胶的制取

1. 粘接玻璃用胶的配制和使用

（1）配制方法

配方一：取 1 份重量的酪素和 6 份重量的水玻璃，并把它们调成均匀的糊状即成。

配方二：取 1 份重量的生石灰、1 份重量的水、3 份重量的蛋白和 5 份重量的石膏，并将它们搅拌均匀呈糊状即成。

（2）使用方法

使用时将这种糊浆涂在被粘合玻璃的边缘上，让两边缘紧密接触，待自然干透即可。

2. 填塞玻璃裂缝用胶的配制和使用

（1）配制方法

配方一：取 6 份重量的水玻璃、1 份重量捣碎的玻璃屑和 2 份重量的氟石（粉碎研细），把它们混合均匀即成。

配方二：取 8 份重量的松香和 12 份重量的石膏，将它们搅拌混合均匀即成。

（2）使用方法

使用时将此胶涂在玻璃裂缝处，再擦去表面多余的胶，然后令其自然干透即可。

四、瓶口封帽胶（火棉胶）的制取

1. 配制方法

把 40 g 火棉放入试剂瓶内，加入 250 mL 无水乙醇，边加边振荡，使之润湿。待 15 min 后，加入 750 mL 无水乙醚，搅拌促使溶解。然后密封，放置在阴凉处，静置一定时间至火棉溶解，最后将清液移入另一试剂瓶里密封即可。

2. 使用方法

把要封口的试剂瓶塞上塞子，然后将火棉胶液涂刷在塞子的瓶口上。或将塞好的瓶口向火棉胶液中蘸一蘸，晾干即可。

五、骨胶的制取

1. 首先将兽骨清洗、晾干，粉碎到 2 ~ 4 cm 的块度。

2. 将洗净、晾干的碎骨放在汽油、苯或乙醚中浸渍，提出油脂。

3. 将上述除去油脂的兽骨捞出来，放在一个容器里，然后再加入稀盐酸进行脱钙，使其中的磷酸钙转化为氯化钙、磷酸二氢钙等，这时骨头变软。

4. 取出软化后的骨头，放入沸水中煮，煮好后倒出煮液，再浸泡数日，然后将煮液、浸液蒸发浓缩即成胶冻，最后再用热风除去胶冻中的水分，就得到了干的骨胶。

六、阿胶的制取

1. 首先将猪皮（驴皮、马皮、羊皮均可）放在水中浸泡数日，去毛并反复洗涤，直到无腥臭异味时捞出。

2. 将处理后的猪皮切成条块状，放在热水中煮 2 天左右，直至汁液渐渐浓稠，猪皮渐渐溶解。

3. 取出上述汁液，用微火加热并不断搅拌进行浓缩。当浓缩到一定稠度时，加进香油、冰塘、黄酒等调味品，搅拌均匀，冷却后即成冻胶，再经过热风干燥即成阿胶。

实验十　环氧树脂粘合剂的配制与研究

为了制取实验室需要的成本低、应用广的粘合剂，本实验选择了环氧树脂粘合剂进行配制与研究。

一、配制原理

环氧树脂分子中活泼的环氧端基和羟侧基都可以成为交联的基团，在乙二胺等伯胺类、酸、苯酚（均含活泼氢原子）等固化剂的作用下，环氧可以开环交联，形成新的化学键，由线型结构形成体型结构，从而结合成一个牢固的整体。

为了增加该粘合剂的柔韧性，可以再增加增塑剂，如邻苯二甲酸二丁酯。同时还需加入一些填充剂，除可以降低成本外，还可以提高和改善粘合剂的性能。如加入三氧化二铝、滑石粉可增加胶接强度；加入铝粉、滑石粉可增加导热性；加入三氧化二铝、石棉粉可增加粘度。

二、原料配方

以质量比为 100∶16∶8 的比例投入原料 E－44 环氧树脂、邻苯二甲酸二丁酯和乙二胺，另外再加入适量填充剂。

三、调制步骤

调制时可分三步进行，下面以 10 g 环氧树脂为标准基数为例进行调制。

1. 称取 E - 44 环氧树脂 10 g，放在坩埚中，加入约 1.6 g 邻苯二甲酸二丁酯，充分搅匀（搅拌玻璃棒应做成螺旋圆形）。

2. 在上述混合物中，再加入乙二胺（无水）约 0.8 g 并充分调匀。

3. 根据不同需要再加入填充剂，边加边搅拌至混合物比较稠厚为止。

四、粘合工艺过程

1. 首先将粘接物件（如玉器、铁器、陶瓷、硬质塑料、木器、有机玻璃等）的表面进行清洁处理：先擦掉物件表面的灰尘，然后除油，再用稀盐酸蘸洗以除锈，最后把需粘接的部位用砂纸打磨光滑，洗净、晾干。

2. 轻轻地在粘接物件表面涂上一层上述粘合剂，再将两者叠合，轻轻压紧放置在平稳的台面上，让其固化 24 h 即可。

五、粘合剂配制和使用时的成败关键

1. 选用的环氧树脂应分子量较小、粘度较小，如 E - 44、E - 42 等。

2. 乙二胺固化剂的用量需严格控制。如加入太少，则硬化时间很长；若加入过量，则会影响粘合剂的粘合强度，使其变脆。

3. 填充剂加入之前，最好进行干燥，且研得越细越好。

4. 填充剂用量不宜过多，且必须边加边搅拌均匀。最好在加入少量填料后搅拌，将粘合剂中的气泡释放出来后，再继续加填料，搅拌均匀。否则会因加入的填料过多、搅拌不均匀，降低粘合剂的粘合强度。

5. 使用粘合剂之前，必须先将粘接物件进行清洗干净，然后才能涂抹，其涂抹厚度以 0.1 mm 为宜。

6. 粘合剂必须现用现配，且配好后应尽快使用，最好不要超过两个小时。

7. 因环氧树脂粘合剂只耐 120 ℃的温度，且干固后脆性较大，所以粘接的物件不宜在高温、高压条件下使用。

实验数据见表 5 - 21。

表 5 – 21　环氧树脂粘合剂粘接效果的实验数据

| 序号 | 原料用量（g） | | | | | | | | 硬化时间（h） | 胶的性状 | 粘接物件 | 粘接效果 |
	E-44	邻苯二甲酸二丁酯	乙二胺	三氧化二铝粉	铝粉	滑石粉	氧化锌粉	石棉				
1	10	1.70	0.85	1.00	—	—	1.00	—	24	一般	玉器、铁器	好、牢
2	10	1.65	0.85	1.50	—	0.50	1.00	—	24	稍稠	不锈钢	牢
3	10	1.60	0.85	—	1.00	—	—	—	24	一般	玻璃、木器	较好
4	10	1.60	0.95	1.20	—	1.55	—	—	24	稠	塑料、木器	坚牢、硬
5	10	1.60	0.80	—	0.55	—	—	—	24	稍稀	陶瓷	好、牢
	10	1.60	0.80	—	0.55	—	—	—	24	稍稀	玻璃、木器	较好
6	10	1.70	1.00	2.20	—	—	—	—	24	一般	泡沫塑料、铁器	好
7	10	1.65	0.90	1.00	—	—	—	—	24	一般	有机玻璃反应器	牢
8	10	1.55	1.00	—	—	—	—	2.50	24	一般	木器	一般
9	10	1.60	1.00	—	—	3.10	—	—	24	一般	木器、玻璃	一般
10	10	1.50	0.80	—	—	—	2.00	—	24	一般	软塑料	差
11	10	1.55	1.00	2.10	—	—	—	—	24	一般	皮革、硬塑	硬、脆
12	10	1.60	0.90	—	1.90	—	—	—	24	稠	橡胶、塑料	脆

注：①表中 5 号粘合剂另加入玻璃粉，7 号粘合剂另加入有机玻璃粉。

②从上表中可见该粘合剂对玉器、硬质塑料、陶瓷器、木器、玻璃、铁器、有机玻璃等制品的粘接效果很好。

③各种比例的粘合剂对各种鞋底都有良好的粘接力，这里不再列出。

④本实验是安徽师范大学化学系徐善余同学 1994 年的毕业论文。

实验十一　自制汽水

一、实验用品

碳酸氢钠（小苏打）、柠檬酸或酒石酸、白糖、冷开水、1 000 mL 汽水瓶（玻璃瓶或塑料瓶）、茶杯、茶匙（或玻璃棒）。

二、配制过程及现象

1. 配制白糖水

在一洁净的茶杯里放入 25 g 白糖，再加入 25 mL 冷开水，搅拌使其溶解，再加水稀释至 60 mL，备用。

2. 在一洁净的汽水瓶中，放入 2 g 小苏打（按 1 000 mL 水计），倒入上述 60 mL 糖水，充分振荡使小苏打溶解。然后再加入 2 g 左右的柠檬酸，最后再加冷开水至 1 000 mL，立即盖严瓶盖，振荡汽水瓶使柠檬酸完全溶解。在柠檬酸溶解的过程中，便可以看到汽水瓶里有大量气泡上升至水面，这时汽水已制成，可以饮用。

三、现象分析

气泡的产生，是因为小苏打和柠檬酸发生了化学反应，形成了碳酸，碳酸易分解成 CO_2 和 H_2O。碳酸是一种很弱的酸，所以汽水稍微带有刺激性酸味。当然汽水中的酸味，除碳酸外，还有柠檬酸的酸味。当人们喝下汽水后，肚内的"高温"使 CO_2 的溶解度降低，部分 CO_2 逸出。由于人的胃肠对 CO_2 难以吸收，所以喝下汽水后，便不断打嗝，将 CO_2 从口腔里排出，这样 CO_2 便带走体内一部分热量，使人感到清凉，尤其是冰汽水更能解暑。

四、注意事项

1. 所用的全部用具应是洁净、无毒、无污染的。

2. 小苏打、柠檬酸和白糖应是可食用的药品，不能用化学药品代替。

3. 汽水虽能解渴，但一次不能饮用过多，过量会伤胃。因为喝过多会冲淡胃液，降低胃液的消化力，不仅会引起消化障碍，还会使血液量增多，增加心肾负担，更会导致心慌、乏力、排尿增多等。因此，饮用汽水时应注意。

附　录

附录一　化学谜语（20 首）

1. 矮小圆将军，
   头上有个孔；
   口渴不饮水，
   腹肌也不充；
   不仅爱吸气，
   且吸气中氢；
   头上点把火，
   怒气冲太空。

   （打一实验：用罐头盒做氢氧爆炸实验）

2. 一支雄师千百万，
   抢渡大河不见面；
   爬梯围攻"白纸城"，
   冲杀出城入"瓷湖"；
   大火烧身怒气冲，
   现出原形更洁净。

   （打一基本操作过程：溶解—过滤—蒸发—结晶）

3. 两对孪生一瓶装，
   不怕刀枪最怕光；
   大的一对十七岁，
   一对小的一岁壮；
   见到镁条燃烧时，
   惊叫一声飞天上。

   （打一化学反应：氢氯爆炸反应

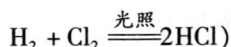

$H_2 + Cl_2 \xrightarrow{\text{光照}} 2HCl$）

4. 蓝色玫瑰一朵朵，
   风和日晒开得艳；
   若遇阴天下雨时，
   蓝花变红开满园；
   阴晴天气两样色，
   永远盛开不凋谢。

   （打一盐及其水化物：$CoCl_2$ 和 $CoCl_2 \cdot 4H_2O$ 的晴雨花）

5. 本是一家人，
   烈火将家分；
   一个化气冲上天，
   一个变灰在地面；
   灰水一起作用大，
   爬上墙壁建大厦；
   气遇灰水思旧情，
   重又结合一家人。

   ［打一化合物并写出反应的化学方程式：$CaCO_3$

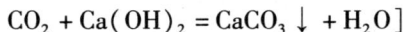

   $CaCO_3 \xrightarrow{\text{煅烧}} CaO + CO_2$
   $CaO + H_2O = Ca(OH)_2$
   $CO_2 + Ca(OH)_2 = CaCO_3 \downarrow + H_2O$］

6. 色与翡翠比美，
   名居百鸟之上；

不能展翅去飞翔，
怎耐石头模样；
自幼生来怕热，
遇火怒气扬扬；
身受酷热泪汪汪，
现出焦黑惨状。

[打一化合物俗名：孔雀石，即
$Cu(OH)_2CO_3$]

7. 性格数它脾气暴，
又像油来又像胶；
每喝水后就发烧，
气体遇它可干燥；
衣服碰到会烧焦，
氧化功能数它高。

（打一化合物：浓 H_2SO_4）

8. 兄弟性格有差异，
哥哥刺鼻弟弟酸；
倘若空中两相遇，
留下一团白雾烟。

（打一化学反应：氨与浓盐酸的
反应）

9. 一瓶气体真稀奇，
遇热遇冷均不宜；
放入热水便生气，
红棕肤色格外深；
如若再被冷水浴，
气消红身变白体。

[打一化学原理：温度对化学平
衡的影响

$$2NO_2 \rightleftharpoons N_2O_4]$$
（红棕色）（无色）

10. 大哥乞讨为生，
遇火脸变橙红；
小弟难得安分，
空中自引焚身；
哥弟若结一体，
遇水人畜生畏。

[打三种物质，写出有关化学方
程式：钙在进行焰色反应时呈橙红
色，磷在空气中极易自燃。

Ca_3P_2 在水中极易水解：
$$Ca_3P_2 + 6H_2O = 3Ca(OH)_2 + 2PH_3 \uparrow$$
生成的 PH_3 有剧毒]

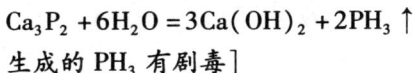

11. 一个袋袋可谓奇，
袋装食盐淀粉液；
扎紧袋口不漏水，
袋进纯水把澡洗；
静静泡了几分钟，
离子纷纷向外冲；
淀粉心急出不来，
你说稀奇不稀奇。

（打一实验操作：渗析）

12. 肚子大来腰儿圆，
玻璃帽子戴到肩，
别的不吃光喝酒，
科学实验是热源。

（打一化学仪器：酒精灯）

13. 身子生来细小，
常穿玻璃长袍；
捏它胶头红帽，
腹内液体滴掉。

（打一化学仪器：胶头滴管）

14. 透明玻璃小喇叭，
　　大嘴朝上不说话；
　　口里粘着一张纸，
　　固液经嘴两分家。
（打一化学仪器：普通漏斗）

15. 小头小脚身细长，
　　红肠一根插中央；
　　饥饱全靠冷热量，
　　低温饥来高温胀。
（打一仪器：酒精温度计）

16. 长颈老汉大圆肚，
　　喝酒定量心有数；
　　多喝一滴要呕吐，
　　不多不少才舒服。
（打一化学仪器：容量瓶）

17. 婷婷三寸小丫，
　　细身透明嘴大；
　　虽说肚量很小，
　　能装千变万化。

（打一化学仪器：试管）

18. 身似葫芦脚底平，
　　肚里导管与外通；
　　开门气泡往外冲，
　　关门气泡影无踪。
（打一化学仪器：启普发生器）

19. 家有李兄弟，
　　名中都有管；
　　一个爱喝酸，
　　一个喜欢碱；
　　液自腹中滴，
　　相当量来判。
（打一对化学仪器：酸碱滴定管）

20. 头小脚大腰身细，
　　铁腕钢身硬手臂；
　　夹管托瓶又架灯，
　　支撑角色它担起。
（打一化学仪器：铁架台）

附录二　化学口诀（5首）

1. 氢气还原氧化铜注意事项口诀
　先通氢，
　后点灯，
　先点后通要爆炸；
　先熄灯，
　后停氢，
　先停后熄铜氧化。

2. 电解、电镀时电极变化口诀
　惰性电极，
　不要考虑；

　一般电极，
　必须注意；
　阳极溶解，
　进入溶液；
　阴极沉积，
　放出氢气。

3. 盐类水解规律口诀
　盐类水解，
　水被弱解；
　有弱才解，

无弱不解；
谁弱谁解，
越弱越解；
谁强显谁性，
都弱电离度定。

4. 使用天平的方法口诀
   称前调零点，
   左物右砝码；

加码大到小，
称后要复原。

5. 乙醇脱水反应口诀
   脱水一分子生乙烯，
   脱水两分子得乙醚，
   两分子脱水又脱氢，
   便可生成了丁二烯。

附录三　化学歌谣（10首）

1. 排水集气之歌
   瓶里装水不留气，
   倒放水槽直立稳；
   开始气泡为空气，
   连续气泡方收集；
   迅速收满四瓶气，
   拖长时间无气集；
   收集完毕先移管，
   后撤火源方安全。

2. 氢气的制取之歌
   不纯锌粒稀硫酸，（注）
   加入启普发生器；
   开启导管即反应，
   贸然点火定伤人；
   点燃之前需验纯，
   取支试管集满气；
   "哨声"说明气不纯，
   "卟声"才是纯氢气。

   （注：粗锌与稀酸易发生原电池反应）

3. 氢气还原氧化铜之歌
   黑氧化铜装管内，
   接上氢气发生器；

装置完毕先通氢，
通氢适量再点灯；
由黑变红先撤灯，
继续通氢至管冷；
先点后通要爆炸，
先停后撤要氧化。

4. 酸、碱、盐溶解性之歌
   酸类易溶除硅酸，
   碱类钾钠钡和铵，
   钠钾铵盐都可溶，
   还有全部硝酸盐；
   盐酸盐不溶银亚汞，
   硫酸盐钡盐生沉淀，
   其余碳硅磷酸盐，
   溶解于水很困难。

5. 氨的催化氧化之歌
   浓氨水五毫升，
   导管液面遇，
   1:1稀氨水，
   导管要插深；（注1）
   装置要干燥，
   原料要脱水，

催化预热够,
绿色变灰绿;（注2）
鼓气速适宜,
切莫太性急,
棕色气体现,
立即收尾气。

注1：入液 0.5cm；

注2：三氧化二铬做催化剂。

6. 过滤方法之歌
过滤先备过滤器,
圆形滤纸折四分,
打开形成圆锥形,
放入漏斗轻校正；
纸边低于漏斗口,
锥尖对准漏斗角, .
手指轻压纸润湿,
滤纸漏斗要贴紧；
铁环搁置过滤器,
下放烧杯接滤液,
漏斗管口靠杯壁,
滤液沿管流杯里；
玻棒用做引流绳,
过滤之液上倒入,
一角二低三紧碰,（注）
过滤原则要遵循。

注："一角"：指滤纸锥尖角与漏斗角对准。"二低"：滤纸边缘低于漏斗边缘约 0.5 cm，过滤液面低于滤纸边缘。"三紧碰"：指盛过滤液烧杯口紧碰玻璃棒，玻璃棒末端斜靠在有三层滤纸的一边中间处，漏斗管口紧碰盛滤液的烧杯内壁。

7. 苯酚性质之歌
苯酚俗名石炭酸,
无色晶体味特殊；

空气氧化显粉红,
它对皮肤有腐蚀；
溶于乙醚和乙醇,
微溶冷水溶强碱；
影响苯环易取代,
两种方法来检验；
一遇铁盐色变紫,
二滴溴水生沉淀。

8. 分子量测定减小偏差的方法之歌
四氯化碳要纯净,
锡箔、棉线应"节省",（注1）
汽化完全是关键,
温度、压强需看清,
小心冷却细"称、量",（注2）
烧瓶一定要"干、净",（注3）
若需更近精确值,
范氏方程来校正。

注1：主要为了少吸水分；

注2："量"指测量烧瓶容积；

注3："干"指干燥。

9. 部分无机物的保存之歌
钾钠要存煤油中,
溴碘瓶口石蜡封,
氢氟酸与双氧水,
装入密封塑料瓶,
浓硝酸和硝酸根,
棕色瓶装避光存,
白磷深存冷水里,
固碱密封防风化。

10. 烷、烯、炔之歌
烷、烯、炔,

碳碳"链条"带；
单、双、叁，
双叁加成单取代。
芳香环，
"乌龟盖"，
取代还比加成快；
不饱和"兄弟"手拉手，
自己加成聚起来。
烷、苯遇上灰锰氧，
稳坐"钓鱼台"；
烯、炔撞上灰锰氧，
双键、三键就拆台。
苯环若把侧链带，
高锰酸钾颜色改。

附　　表

附表一　部分常见化合物的俗名和主要化学成分

类别	俗名	主要化学成分	类别	俗名	主要化学成分
1. 钾化合物	钾碱 黄血盐 赤血盐 灰锰氧 火硝、钾硝石	K_2CO_3 $K_4[Fe(CN)_6] \cdot 3H_2O$ $K_3[Fe(CN)_6]$ $KMnO_4$ KNO_3	2. 钠化合物	食盐 苏打 小苏打 大苏打、海波 苛性钠、烧碱 钠硝石 芒硝	$NaCl$ Na_2CO_3 $NaHCO_3$ $Na_2S_2O_3 \cdot 5H_2O$ $NaOH$ $NaNO_3$ $Na_2SO_4 \cdot 10H_2O$
3. 钙化合物	电石 白垩、大理石 方解石、石灰岩 氟石 生石灰 熟石灰、消石灰 漂白粉 无水石膏 石膏、生石膏 熟石膏、烧石膏	CaC_2 $CaCO_3$ $CaCO_3$ CaF_2 CaO $Ca(OH)_2$ $Ca(ClO)Cl$ $CaSO_4$ $CaSO_4 \cdot 2H_2O$ $2CaSO_4 \cdot H_2O$	4. 镁化合物	卤盐 泻盐 光卤石 滑石 白苦土、烧苦土	$MgCl_2$ $MgSO_4 \cdot 7H_2O$ $KCl \cdot MgCl_2 \cdot 6H_2O$ $3MgO \cdot 4SiO_2 \cdot H_2O$ MgO
5. 铝化合物	钢玉、矾土 红宝石、铝胶 明矾、白矾 高岭土 绿宝石	Al_2O_3 Al_2O_3 $KAl(SO_4)_2 \cdot 12H_2O$ $Al_2O_3 \cdot 2SiO_2 \cdot 2H_2O$ $3BeO \cdot Al_2O_3 \cdot 6SiO_2$	6. 锌化合物	锌白、红锌矿 闪锌矿 锌矾	ZnO ZnS $ZnSO_4 \cdot 7H_2O$
7. 硅化合物	石英、水晶、砂子 打火石、玛瑙、硅胶 橄榄石	SiO_2 SiO_2 Mg_2SiO_4、Fe_2SiO_4	9. 钡化合物	重晶石 钡垩石	$BaSO_4$（矿石） $BaCO_3$
8. 铁化合物	赤铁矿 菱铁矿 磁铁矿 绿矾 滕氏蓝 普鲁士蓝 黄铁矿	Fe_2O_3 $FeCO_3$ Fe_3O_4 $FeSO_4 \cdot 7H_2O$ $Fe_3[Fe(CN)_6]_2$ $Fe_4[Fe(CN)_6]_3$ FeS_2	10. 铬化合物	铬绿 红矾 铬黄	Cr_2O_3 $K_2Cr_2O_7$ $PbCrO_4$
			11. 锰化合物	硫锰矿 软锰矿	MnS MnO_2

续表

类别	俗名	主要化学成分	类别	俗名	主要化学成分
12. 铅化合物	铅黄、密陀僧 红铅、铅丹 方铅矿	PbO Pb₃O4 PbS	13. 汞化合物	甘汞 升汞 三仙丹 朱砂、辰砂 雷汞	Hg_2Cl_2 $HgCl_2$ HgO HgS $Hg(ONC)_2$
14. 铜化合物	孔雀石、铜绿 胆矾、铜矾 赤铜矿 辉铜矿 黄铜矿	$CuCO_3 \cdot Cu(OH)_2$ $CuSO_4 \cdot 5H_2O$ Cu_2O Cu_2S $CuFeS_2$	15. 砷化合物	砒霜、白砒 雄黄 雌黄	As_2O_3 As_2S_2 或 As_4S_4 As_2S_3
			16. 铵化合物	硝铵、铵硝石 硫铵 碳铵	NH_4NO_3 $(NH_4)_2SO_4$ NH_4HCO_3
17. 有机化合物	电石气 甘油 蚁酸（甲酸） 冰醋酸 福尔马林	C_2H_2 $C_3H_5(OH)_3$ HCOOH 100% CH_3COOH （固体） HCHO	有机化合物	香蕉水 糖精 氟利昂 （氟冷剂） 六六六 DDT、滴滴涕	$CH_3COOC_5H_{11}$ $C_6H_4COSO_2NH$ 甲烷和乙烷的氯氟衍生物的混合物 (CCl_2F_2，$CHClF_2$，$CClF_3$ 等) $C_6H_6Cl_6$ $(ClC_6H_4)_2CH(CCl_3)$

附表二　可燃气体的着火点和混合气体的爆炸范围（在一个大气压下）

气体（蒸气）		着火点（℃）	混合爆炸时气体的含量（体积百分比,%）	
			与空气混合	与氧气混合
氢气	H_2	585	4.1～75	4.5～95
一氧化碳	CO	650	12.5～75	13～96
硫化氢	H_2S	260	4.3～45.4	—
氨	NH_3	650	15.7～27.4	14.8～79
甲烷	CH_4	537	5.0～15	5～60
乙烷	C_2H_6	510	3.0～14	4～50
甲醇	CH_3OH	427	6.0～36.5	—
乙醇	C_2H_5OH（蒸气）	558	4.0～18	—
乙烯	C_2H_4	450	3.0～33.5	3～80
乙炔	C_2H_2	335	2.3～82	2.8～93
乙醚	$C_4H_{10}O$（蒸气）	343	1.8～40	—
苯	C_6H_6	538	1.5～8.0	—

附表三　化学武器

毒剂分类	名称	化学名	状态和气味	战争使用状态	危害性
神经性毒剂	塔崩	二甲氨基氰磷酸乙酯	无色水样液体，工业品呈红棕色，微果香味	蒸气态或气溶胶态	此类毒剂通过呼吸道、眼睛、皮肤等进入人体，并迅速与胆碱酯酶结合使其丧失活性，引起神经系统功能紊乱，出现瞳孔缩小、恶心呕吐、呼吸困难、肌肉震颤等症状，重者可迅速致死
	沙林	甲氟膦酸异丙酯	无色水样液体，无或微果香味	蒸气态或液滴态	
	棱曼	甲氟膦酸特己酯	无色水样液体，微果香味，工业品有樟脑味	蒸气态或液滴态	
	维埃克斯（VX）	S－（2－二异丙基氨乙基）－甲基硫代膦酸乙酯	无色油状液体，无或有硫醇味	液滴态或气溶胶态	
糜烂性毒剂	芥子气	2，2′－二氯乙硫醚	无色油状液体，工业品呈棕褐色，大蒜气味	液滴态或雾状	此类毒剂主要通过呼吸道、皮肤、眼睛等侵入人体，破坏肌体细胞组织造成呼吸道粘膜坏死性炎，皮肤糜烂、眼睛畏光，甚至失明等。这类毒剂渗透力强，中毒后需长期治疗才能痊愈
	氮芥气	三氯三乙胺	无色油状液滴，工业品呈褐色，微鱼腥味	液滴态或雾状	
	路易斯气	氯乙烯二氯胂	无色油状液体，工业品呈深褐色，天篮葵味	液滴态或雾状	
失能性毒剂	毕兹（BZ）	二苯基羟乙酸－3－奎宁环酯	白色或淡黄色结晶，无嗅	烟状	此类毒剂是一类暂时使人的思维和运动机能发生障碍，从而丧失战斗力的化学毒剂。主要通过呼吸道吸入中毒，使瞳孔散大、头痛、产生幻觉、思维减慢、反应呆痴等
刺激性毒剂	西埃斯（CS）	邻－氯代苯亚甲基丙二腈	白色结晶，无味	烟状	此毒剂是一类刺激眼睛和上呼吸道的毒剂，可分为催泪性和喷嚏性毒剂。催泪性毒剂有CS、CN；喷嚏性毒剂有亚当氏气。此类毒剂作用迅速强烈。中毒后出现眼痛流泪、咳嗽、喷嚏等症状，通常无致死的危险
	CN	苯氯乙酮	无色结晶，荷花香味	烟状	
	亚当氏气	吩砒秦化氯	金黄色结晶，无味	烟状	

续表

毒剂分类	名称	化学名	状态和气味	战争使用状态	危害性
全身中毒性毒剂	氢氰酸	氰化氢的水溶液	有苦杏仁味	蒸气态	此毒剂是一类破坏人体组织细胞氧化功能，引起组织急性缺氧的毒剂。主要通过呼吸道吸入中毒。引起恶心呕吐、头痛抽风、瞳孔散大、呼吸困难等，严重者可迅速死亡
	氯化氢	氯化氢	无色，有刺激性气味	气态	
窒息性毒剂	光气	$COCl_2$	无色气体，有烂干草或烂苹果味	气态	此类毒剂是指损害呼吸器官，引起中毒性肺气肿而造成窒息的一类毒剂。有光气、氯气、双光气等。在高浓度的光气中，中毒者在几分钟内，由于反射性呼吸，心跳停止而死亡

注：①抗日战争期间，侵华日军先后在我国13个省78个地区使用化学毒剂2 000余次，其中大部分是芥子气。

②二战期间，德国法西斯曾用氢氰酸一类毒剂残害了集中营里250万战俘和平民。

③化学武器的防护。化学武器虽然杀伤力大，破坏力强，但也是可以防护的。其防护措施有：探测通报、破坏摧毁、防护、消毒和急救。

④禁止化学武器公约。化学武器的使用给人类及生态环境造成了极大的灾难。因此，从它首次被使用以来就受到国际舆论的谴责，被视为一种暴行。1874年的布鲁塞尔会议提出禁止化学武器的倡议，1899年海牙和平会议上通过的《海牙海陆战法规惯例公约》中规定：禁止使用毒物和有毒武器。1925年在日内瓦又签订了《关于禁用毒气或类似毒品及细菌方法作战协定书》。中国在1929年就加入了《日内瓦协定书》。1989年1月7日在巴黎召开了举世瞩目的禁止化学武器的国际会议，会议通过的《最后宣言》确认了《日内瓦协定书》的有效性。中国是《日内瓦协定书》的缔约国。中国既不拥有也不生产化学武器。中国一贯反对使用化学武器，反对任何形式的化学武器扩散，反对任何国家在化学武器问题上制造借口威胁别国的安全。

参考文献

[1]成都工学院有机化学教研室．有机化学课堂演示实验[M]．北京：人民教育出版社,1978.

[2]陈槐荣．化学魔术[J]．化学教学,1983(4):40—44.

[3]大连工学院有机化学教研室．有机化学实验[M]．北京：人民教育出版社,1978.

[4]葛继瑞．中学化学实验问答[M]．北京：北京师范大学出版社,1983.

[5]韩国栋．化学游艺会[M]．北京：北京少年儿童出版社,1985.

[6]韩维和,孙巧丽．两个化学趣味实验[J]．中学化学教学参考,1994(12):36.

[7]蒯世定．滴水炼铜[J]．化学教学,1990(1):44.

[8]课程教材研究所化学课程教材研究开发中心．义务教育课程标准实验教科书·化学:九年级上册[M]．北京：人民教育出版社,2001.

[9]课程教材研究所化学课程教材研究开发中心．义务教育课程标准实验教师教学用书·化学:九年级上册[M]．北京：人民教育出版社,2001.

[10]课程教材研究所化学课程教材研究开发中心．义务教育课程标准实验教师教学用书·化学:九年级上册[M]．北京：人民教育出版社,2007.

[11]科学小实验编辑委员会化学编写小组．科学小实验:化学1[M]．上海：上海科学技术出版社,1965.

[12]《科学小实验》编写组．科学小实验:化学1[M]．上海：上海人民出版社,1971.

[13]刘遂生．趣味的化学实验[M]．北京：科学普及出版社,1957.

[14]李远蓉．化学武器[J]．化学教育,1996(10):1—4.

[15]南忠太,杨慧仙．中学化学趣味活动[M]．呼和浩特：内蒙古教育出版社,1983.

[16]人民教育出版社化学室．全日制普通高级中学教科书·化学:第一—三册[M]．北京：人民教育出版社,2001.

[17]人民教育出版社化学室．全日制普通高级中学教师教学用书·化学:第一—三册[M]．北京：人民教育出版社,2000.

[18]沈开惠.用水点燃硝化棉[J].化学教学,1986(5):48.

[19]天津大学普通化学教研室.无机化学课堂演示实验[M].北京:人民教育出版社,1979.

[20]田韭.初中化学教学课堂实验[M].南京:江苏人民出版社,1959.

[21]田锡中.化学俱乐部[M].上海:上海教育出版社,1964.

[22]汪成范.中学化学教学问题解析[M].武汉:湖北教育出版社,1986.

[23]汪成范.中学化学实验原理和技术[M].武汉:湖北教育出版社,1983.

[24]王希通.化学实验教学研究[M].北京:北京高等教育出版社,1990.

[25]王一川.生活中的化学[M].上海:文汇出版社,1993.

[26]薛启冥,张树彬.化学工业毒物简明手册[M].增订二版.北京:化学工业出版社,1969.

[27]许绍彭.农村实用化学化工知识与技术[M].上海:上海市科学普及出版社,1992.

[28]严志弦.无机化学上册[M].北京:人民教育出版社,1965.

[29]应礼文,胡学复,庄守端.趣味化学实验第一集[M].北京:科学普及出版社,1980.

[30]《中学化学课外活动手册》编写组.中学化学课外活动手册[M].上海:华东师范大学出版社,1984.

[31]塞德布罗门.无机化合物的性质表解[M].余大猷,译.北京:商务印书馆,1960.

[32]E. C. 哈钦斯基.有机化学:第三册[M].大连工学院有机化学组研究生,译.北京:商务印书馆,1954.

[33]Ю. В. 卡尔雅金,И. И. 安捷洛夫.无机化学试剂手册[M].于忠,张天禄,丁汝训,译.北京:化学工业出版社,1958.

[34]Б. В. 涅克拉索夫.普通化学教程:上册[M].北京大学化学系无机化学教研室,南开大学化学系无机化学教研组,北京工业学院化工系无机化学教研组,译.北京:高等教育出版社,1956.

[35]Б. В. 涅克拉索夫.普通化学教程:中册[M].北京大学化学系无机化学教研室,南开大学化学系无机化学教研组,北京工业学院化学系无机化学教研组,译.北京:商务印书馆,1954.

[36]Б. В. 涅克拉索夫.普通化学教程:下册[M].北京大学化学系无机化学教研室,南开大学化学系无机化学教研组,北京工业学院化工系无机化学教研组,译.北京:高等教育出版社,1955.

[37]Bergquist W. A visual illustration of oxidation numbers and moles:Using balloons to demonstrate moles of electrons[J]. Journal of Chemical Education,1993,60

(7):586.

[38]Heideman S. The electrolysis of water:an improved demonstration procedure [J]. Journal of Chemical Education,1986,63(9):809—810.

[39]Hobbs G D,Woodyard J D. A colorful extraction experiment[J]. Journal of Chemical Education,1982,95(5):386.

[40]Llorens-Molina J A. Electrolytic migration of ions[J]. Journal of Chemical Education,1988,60(12):1090.

[41]Maric D,Strajnar F. A demonstration of an autocatalytic reaction [J]. Journal of Chemical Education,1983,60(11):994.

[42]Raw C J G,Kubik J P,Tecklenburg R E. Color oscillations in the formic acid-nitric acid-sulfuric acid system [J]. Journal of Chemical Education, 1983, 60 (11):994.

[43] Ross Kelly T. A simple,colorful demonstration of solubility and acid/base extraction using a separatory funnel[J]. Journal of Chemical Education,1993,70(10): 848.

[44] Thomas N C. A chemiluminescent ammonia fountain [J]. Journal of Chemical Education,1990,67(4):339.